Marion Gräfin Dönhoff
Vier Jahrzehnte politischer Begegnungen

Marion Gräfin Dönhoff

Vier Jahrzehnte politischer Begegnungen

Orbis Verlag

Genehmigte Sonderausgabe 2001
Orbis Verlag für Publizistik, München,
in der Verlagsgruppe Bertelsmann GmbH
www.orbis-verlag.de

Aktualisierte Neuausgabe
© der Originalausgabe *Gestalten unserer Zeit,*
Politische Portraits: Deutsche Verlags-Anstalt,
Stuttgart 1990

Umschlaggestaltung: Norbert Pautner, München
Satz und Bindung: GGP Media, Pößneck
Printed in Germany
ISBN 3-572-01240-6

Inhalt

Vorwort

Meine Heimat ist Ostpreußen. In jenem ländlichen, agrarischen Bereich habe ich mein erstes Leben verbracht und dort zwei große Besitzungen verwaltet.

Mein zweites Leben, das 1946 begann, spielt sich im Gegensatz dazu in der städtisch-intellektuellen Welt ab. Ich wurde Journalistin und dies in einer Zeit, in der es keinen faszinierenderen Beruf gab und wenige ebenso wichtige Aufgaben.

Im eigenen Land handelte es sich darum, den zerstörten, orientierungslosen Bürgern nach Jahren der geistigen und moralischen Verrohung Perspektiven aufzuzeigen. Nicht durch neue Heilsbotschaften, sondern durch objektive Analyse und die Darstellung verschiedener Möglichkeiten zur Lösung der Probleme, so daß der Bürger die Möglichkeit bekam, sich selbst ein Urteil zu bilden.

Außenpolitisch gesehen ging es darum, nach der langen Isolation die Nachbarn und die weitere Welt erst einmal wieder kennen- und verstehen zu lernen und sie gleichzeitig von der Veränderung Deutschlands und der Deutschen zu überzeugen.

Reisen konnten sich Privatleute damals kaum leisten – ich war also sehr privilegiert, weil die ZEIT, zu deren Redaktionsstab ich gehörte, mich in die verschiedenen Kontinente schickte. Bei diesen Reisen, die oft Wochen, manchmal Monate dauerten (Fliegen war viel zu teuer), lernte man Land und Leute besser kennen als heute.

Die Beziehungen mit einigen Politikern und Intellektuellen, die in diesem Buch geschildert werden, liegen Jahre, Jahrzehnte zurück und sind zum Teil auch schon in Büchern und Artikeln erschienen, aber sie zeigen die Wurzeln der heutigen Probleme auf.

Ich meine, es ist interessanter, nicht Fortsetzungen anzufügen, wie das bei einigen möglich wäre, sondern sie so zu lassen, wie ich sie als Zeitzeugin erlebt habe.

Hamburg, im Februar 2001   Marion Dönhoff

Macht und Verantwortung

Es gibt eine merkwürdige Dialektik
zwischen Macht und Ohnmacht, die bewirkt,
daß die Mächtigen zur Stabilisierung ihrer Macht
oft zu Mitteln greifen,
die gerade das Gegenteil provozieren,
und die dem Ohnmächtigen,
vor dem sie schließlich angstvoll zu zittern beginnen,
Kraft und große Souveränität verleiht.

Autorität auch ohne Macht

Richard von Weizsäcker

1990

Jeder zollt ihm Respekt, viele verehren ihn wegen seiner nach-
denklichen Reden, seines abgewogenen Urteils, seines Stils. Auch
ich verehre den Bundespräsidenten wegen dieser Qualitäten; aber
meine Bewunderung gilt Richard von Weizsäcker um einiger
Geschichten willen, die auf seine frühere Zeit zurückgehen. Die
erste berichtete Hermann Priebe, Professor für Agrarwesen in
Frankfurt. Er war, gleich Richard von Weizsäcker, beim Regiment IR 9, dem Stolz Preußens, das nach dem 20. Juli 1944
19 Offiziere im Widerstand gegen Hitler verloren hat. Im Gefolge
jenes Datums war auch Priebe monatelang im Zuchthaus in
Berlin. Schließlich wurde er zur Bewährung an die Front kom-
mandiert. Aber schon bald reute die Gestapo diese Entscheidung,
er wurde nach Berlin zurückbeordert. Der Regimentsadjutant
Richard von Weizsäcker, der keinen Zweifel hatte, was dies zu
bedeuten habe, vernichtete kurzentschlossen den Befehl, ohne
dem Betroffenen davon Kenntnis zu geben.

Zuvor hatte sich etwas ereignet, was ich für eine Legende
halten würde, wenn nicht einer der sechs jungen Offiziere, um die
es sich dabei handelte, sie mir selbst erzählt hätte. Ort des
Geschehens: eine primitive Datscha vor Leningrad, in der sich der
Stab des Regiments befindet, zu dem Weizsäcker gehört. Der Chef
des Regiments ist unterwegs. Sechs junge Offiziere sitzen zusammen in dem Raum, der als Geschäftszimmer dient; an der Wand
hängt ein Hitler-Bild. Sie unterhalten sich, diskutieren heftig.
Plötzlich zieht einer von ihnen seine Pistole und schießt auf das
Führer-Bild. Glas splittert – das Bild ist zerstört.

11

Totenstille – tiefes Erschrecken. Da hört man die Stimme des Regimentsadjutanten von Weizsäcker: »Ehe wir darüber nachdenken, was man jetzt tun kann, schießen wir erst einmal alle auf das Bild, damit es nicht nur einer gewesen ist.« Sprach's, zog seine Pistole und feuerte den ersten Schuß – die anderen folgten.

Eine weitere Geschichte, die ich aus anderen Gründen imponierend finde, berichtet seine Schwester Adelheid Eulenburg. Ihr Bruder war in der ersten wirren Nachkriegszeit ohne Passierschein zu Fuß auf dem Wege nach Berlin. An der Zonengrenze wurde er angehalten und in einen Raum gewiesen, der bereits vollgestopft war mit Leuten, die dort seit vielen Stunden warteten, ohne zu wissen, ob sie überhaupt je Erfolg haben würden.

Unter ihnen befand sich eine pfiffige junge Frau. Mit ihr zusammen entwarf Weizsäcker den Plan, gemeinsam auszubrechen: Sie werde vorgeben, hochschwanger zu sein, und er sich als ihr Verlobter ausweisen. Also wurden Namen und Daten eingeübt, und dann behauptete die Frau plötzlich: »Es geht los . . .« Die erschreckten Grenzwächter ließen sie sofort ziehen, mitsamt ihrem »Verlobten«, der das Gepäck trug.

Als er zurückkreiste – wieder ohne Passierschein –, fragte er an der Zonengrenze einen wartenden Verwundeten, ob er ihn über die Grenze tragen dürfe, nahm ihn auf den Rücken, trug ihn hinüber, und keiner von beiden wurde kontrolliert.

Seinen scharfen Blick und seine praktische Phantasie erlebte ich, als wir im Winter 1945/46 zu dritt – Weizsäcker, Axel von dem Bussche und ich – nach Nürnberg zum Internationalen Gerichtshof fuhren, weil wir sehen wollten, wie sich die ehemaligen Nazi-Größen Streicher, Göring, Ribbentrop und Genossen, die in dem Hauptkriegsverbrecherprozeß vor Gericht standen, dort ausnahmen und wie die Alliierten Recht sprachen.

Wir konnten extravaganterweise mit einem Auto nach Nürnberg fahren, weil Axel von dem Bussche, der als junger Offizier in den letzten Monaten des Krieges ein Bein und drei Finger der rechten Hand verloren hatte, ein uralter DKW zur Verfügung stand. Axel war es, der sich im Herbst 1943 zu einem Attentat auf Hitler bereiterklärt hatte. Vorgesehen war, daß er sich bei einer bestimmten Vorführung zusammen mit Hitler in die Luft

Richard von Weizsäcker

sprengen würde. Es kam schließlich nicht dazu, weil in der Nacht zuvor Berlin von alliierten Fliegern weitgehend zerstört worden war und alle Veranstaltungen abgesagt werden mußten. So fuhr er damals unverrichteter Dinge zurück an die Front, wo er schwer verwundet wurde.

In jenen ersten Nachkriegszeiten war eine Reise durch das zerbombte Deutschland ein abenteuerliches Unterfangen. Irgendwo unterwegs mußten wir über Nacht bleiben, Hotels gab es nirgends. Wir kamen in einem Bunker unter: zweistöckige eiserne Bettgestelle mit einem Drahtgewebe ohne Matratze, jeder bekam eine Decke. In der Nacht wachte ich von lautem Geklirre auf. Als ich schließlich alle Sinne beieinander hatte, stellte ich fest, daß ich selbst, vor Kälte zitternd, mit meiner Schüttelei das Eisengestell zum Klappern gebracht hatte.

Am nächsten Tag kamen wir vor dem Palais de Justice an, in dem das Gericht tagte. Vor dem Eingang standen, rechts und links, zwei amerikanische Panzer – das Geschütz auf die Besucher gerichtet.Ich saß hinten im Auto und hörte,wie plötzlich einer der beiden Freunde sagte: »Jetzt müßte man die Panzer umdrehen.«

»Ja«, rief der andere ganz entzückt, »die Besatzung raus und wir rein.«

»Was ist denn in euch gefahren?« Ich verstand sie nicht mehr. Ihre Erklärung: »Jene Verbrecher haben sich an uns genauso versündigt wie an den anderen, darum müssen wir mit am Richtertisch sitzen.« Nun, in diesem Fall war ich froh, daß Weizsäkkers Fähigkeit zu rascher Entscheidung nicht zur Ausführung gelangte.

Richard von Weizsäcker hat das Schicksal der Deutschen während der letzten fünfzig Jahre in allen Phasen durchlitten. Am zweiten Tag des Krieges, im September 1939, fiel sein Bruder, der beim selben Regiment stand. Der 19jährige Richard hielt in jener Nacht in der Tucheler Heide die Totenwache bei ihm. Schwere Zeiten folgten im Winter 1941/42 in Rußland. Das Regiment – Normalbestand 2500 Mann – hatte am Schluß eine Gefechtsstärke von nur noch 300 Mann.

Im November 1944, als der Endkampf im Finnischen Meerbusen um die Halbinsel Sworgo begann, traf ein Befehl Hitlers ein:

»Es kommt mir keiner von der Insel, es sei denn, nach Sibirien.«
Nach fünf Tagen blutigen Grauens mußten die Deutschen aufge-
ben, zu den wenigen Überlebenden gehörte Weizsäcker. Neue
Schrecken folgten: Im April '45 wurde sein Regiment im Endkampf um Ostpreußen eingesetzt. Hauptmann von Weizsäcker
kam als einer der letzten, verwundet, über den Brückenkopf
heraus. Er wurde auf die Nehrung transportiert und dann von
Danzig nach Kopenhagen.

Als der Krieg endlich zu Ende war, warteten neue, deprimieren-
de Ereignisse auf ihn. Sein Vater, Staatssekretär im Auswärtigen
Amt unter Ribbentrop, wurde im »Wilhelmstraßen-Prozeß« in
Nürnberg vor Gericht gestellt. Ernst von Weizsäcker, ein Mann,
der seine Aufgabe darin gesehen hatte zu versuchen, Hitlers Krieg
zu verhindern, und der sich bemühte, als dieser dann doch ausgebrochen war, wenigstens die unsinnigsten Maßnahmen abzumil-
dern, wurde von den Amerikanern für Hitlers Angriffskrieg mitverantwortlich gemacht. Während anderthalb Jahren arbeitete
der Student der Jurisprudenz, Richard von Weizsäcker, bei Hell-
mut Becker, dem Verteidiger seines Vaters. Damals mußte er noch
einmal in die Schrecken der Nazi-Zeit eintauchen und sich mit
jener unauflöslichen Problematik von Schuld, vergeblichem Bemühen und unvermeidlicher Verstrickung beschäftigen.

Nachdem er sein Studium mit dem Assessor- und Doktorexam-
en abgeschlossen hatte, ging er zunächst für einige Jahre in die
Industrie, wo er sehr bald führende Stellungen bekleidete. Auf die
Dauer aber konnte ihn dies nicht befriedigen. Sein Sinn stand nach
Aufgaben, die die Allgemeinheit betrafen, nach Politik im weite-
sten Sinne.

Dieses Verlangen hat ihn auf weit verzweigte Wege geführt:
Kirchentagspräsident, Bundestagsabgeordneter (er war 1954 in
die CDU eingetreten), Mitglied des Bundesvorstands der Partei
(übrigens jedesmal mit der höchsten Stimmenzahl gewählt), Leiter
der Grundsatzkommission der CDU (niemand in der CDU hat
soviel über die ethischen Grundlagen und die theoretische Basis
der Partei nachgedacht wie er); ferner Vizepräsident des Bundes-
tages, Regierender Bürgermeister von Berlin und schließlich Bundespräsident. Zwei Dinge waren ihm in seinem politischen Leben

stets von existentieller Wichtigkeit: das Schicksal Deutschlands in langfristiger Perspektive und die Auseinandersetzung mit den Grundwerten der modernen Gesellschaft.

Er war es, der im Frühjahr 1972 die Ratifizierung der Brandtschen Ostverträge gerettet hat. Die Sache war damals sehr schwierig, weil Regierung und Opposition im Parlament über die gleiche Anzahl von Sitzen verfügte; jeder hatte 248 Stimmen. Weizsäcker hatte zusammen mit Erik Blumenfeld und einem dritten in der Fraktionssitzung den Zorn der CDU-Kollegen entfesselt, weil er für Ratifizierung plädierte. Die Abstimmung mußte verschoben werden. Schließlich gelang es Weizsäcker mit zwei Reden im Plenum, die CDU/CSU zur Stimmenthaltung zu bewegen und damit die Ratifizierung zu ermöglichen.

Als Regierender Bürgermeister von Berlin war er der erste in diesem Amt, der im September 1983 in die DDR reiste, wo er in seiner Eigenschaft als Ratsmitglied der Evangelischen Kirche in der Wittenberger Stadtkirche, der Kirche Martin Luthers, sprechen durfte. Seit 1946 wurde ihm nun auch als erstem wieder die Ehrenbürgerwürde von (Gesamt-)Berlin verliehen – am 29. Juni 1990 in der Nikolaikirche in Ost-Berlin.

Überall, gerade auch in Berlin, hat ihn seine Fähigkeit zum Vermitteln und zum Kompromiß, bei zäher Verhandlung und liebenswürdiger Form, schwere Situationen meistern lassen. Dabei kam ihm die seltene Mischung von Skepsis und Güte zu Hilfe, von großem Ernst und schnellem Witz, von stets präsentem Humor einerseits und dem Wissen um die Abgründigkeit der Menschen und ihrer Geschichte andererseits.

Als er nach Berlin kam, galt die Stadt als unregierbar: Hausbesetzungen, Bauskandale, Korruption, Filz. »Die Stadt geht langsam vor die Hunde«, war eine weit verbreitete Meinung. Die Jahre von 1981 bis 1984 reichten natürlich nicht aus, um die Situation grundlegend zu verändern, aber das Klima hat er doch verändert; es wurde menschlicher, weniger aggressiv, und am Schluß gab es nur noch 20 besetzte Häuser, nicht mehr 170.

Weizsäcker ist als moralische Autorität unangefochten. Ich weiß von keinem anderen in diesem Lande, dem alle zuhören, wenn er spricht: die Jungen und die Alten, die Rechten und die

Linken. Der Grund dafür ist seine Lauterkeit und seine Glaubwürdigkeit; sicher auch die vielseitigen Erfahrungen, die er in den verschiedensten Bereichen gesammelt hat und die ihm ein oft probates, stets nüchternes Urteil ermöglicht haben. Der Eindruck schließlich, daß ihm das Ganze mehr am Herzen liegt als seine Partei, die *res publica* mehr als die eigene Karriere, trägt ebenfalls zu jener Glaubwürdigkeit bei.

Daß er nach und nach zu einer überparteilichen Integrationsfigur geworden ist, hängt, so meine ich, mit dieser besonderen Art von Autorität zusammen. Sie beruht nicht auf Macht, sondern speist sich aus tieferen Quellen.

Als ein Mensch mit religiösen Bindungen ist er nicht der Versuchung ausgesetzt, denen die meisten Mächtigen verfallen, die auf keine Signale mehr achten, sondern allein *ihre* Erkenntnisse für relevant und *ihren* Willen für entscheidend halten. Von solcher *arrogance of power* ist der, der eine höhere Macht über sich weiß, weit entfernt. Und auch von der anderen Anfechtung, der Leute in einsamer Höhe oft anheimfallen, ist er verschont geblieben: Den Kontakt mit unten hat er nicht verloren, davor hat ihn sein *bon sens*, sein gesunder Menschenverstand, bewahrt. Mit Vergnügen nimmt er jede Gelegenheit wahr, die Gedanken und Empfindungen auch abseits stehender Menschen zu ergründen. Müßte man diese Eigenschaften in zwei Worten zusammenfassen, so würden sie, denke ich, Maß und Vernunft heißen.

Hat Richard Weizsäcker denn keine Feinde? Feinde, die ihm Böses wünschen, glaube ich nicht; aber Leute, die sich über ihn ärgern, gibt es genug, auch und gerade in seiner Partei. Da gibt es solche, die finden, daß er eigentlich ein *outsider* in ihrem Kreise sei. Sie meinen, er solle nicht soviel über Ethik nachdenken, sondern lieber etwas für die Partei tun. Er sei, so heißt es, in den Niederungen der Politik ein vornehmer Mensch geblieben, der schöne Reden halte; aber darauf könne sich die Politik nicht beschränken. Und da sind andere, die meinen, er solle nicht immer wieder an die Schuld der Deutschen erinnern: 45 Jahre, fast ein halbes Jahrhundert, das sei nun wirklich genug.

Weizsäcker denkt da ganz anders. In seiner berühmten Rede am 8. Mai 1985 sagte er, wohl im Hinblick auf den Historikerstreit: »Gewiß, es gibt kaum einen Staat, der in seiner Geschichte immer frei blieb von schuldhafter Verstrickung in Krieg und Gewalt. Der Völkermord an den Juden jedoch ist beispiellos in der Geschichte. Die Ausführung des Verbrechens lag in der Hand weniger. Vor den Augen der Öffentlichkeit wurde es abgeschirmt. Aber jeder Deutsche konnte miterleben, was jüdische Mitbürger erleiden mußten, von kalter Gleichgültigkeit über versteckte Intoleranz bis zu offenem Haß. Wer konnte arglos bleiben nach den Bränden der Synagogen, den Plünderungen, der Stigmatisierung mit dem Judenstern, dem Rechtsentzug, den unaufhörlichen Schändungen der menschlichen Würde?«

Sein Resümee: »Wir alle, ob schuldig oder nicht, ob alt oder jung, müssen die Vergangenheit annehmen, wir müssen uns erinnern, denn ohne Erinnerung kann es keine Versöhnung geben.«

Der Bundespräsident hat keine Machtmittel, er kann nur durch seine Persönlichkeit wirken, durch seine Reden und sein balanciertes Denken, das zur Orientierungshilfe für die Bürger geworden ist. Richard von Weizsäcker ist ein eindrucksvoller Redner: klar in der Analyse, stets eine Dimension tiefer pflügend als andere, skeptisch, aber voller Zuversicht, nüchtern, doch stets mitfühlend, und immer bei allen Argumenten den anderen – ob Freund oder Feind – stets mitdenkend. Wenn man Macht als die Fähigkeit, Entscheidungen anderer zu beeinflussen, definiert, dann hat dieser Bundespräsident, der *ex officio* so wenige Kompetenzen hat, besonders viel Macht.

In seiner Person ist in gewisser Weise die Spannung zwischen Macht und Moral aufgehoben. Das mag auch damit zusammenhängen, daß er ein wirklichkeitsnaher Politiker ist und kein blindwütiger Idealist oder Purist, im Gegenteil, er warnt vor Idealisierung.

In einem Interview mit Jürg Altwegg antwortete er auf die Frage: »Sind Sie aus moralischen Impulsen Politiker geworden?«: »Mit dem Wort ›Moral‹ muß man vorsichtig sein. Wenn man verkennt, daß es in der Politik vielfach um Interessen geht, dann gerät man in die Gefahr, die Wirklichkeit zu idealisieren. Wer in der Politik die Moral nicht nur zum Antrieb, sondern zum einzigen Ziel seiner Arbeit macht, der wird unfehlbar zum überheblichen Ideologen.« »Demokratie«, sagt er, »bedeutet, das Zusammenleben der Menschen, so wie sie sind, zu organisieren, nicht aber aus den Menschen etwas machen zu wollen, was sie nicht sind. Die Leute, die gewählt werden, sind Repräsentanten, nicht Olympier.«

Und zur Identität der Deutschen, über die er viel nachgedacht hat, meint Weizsäcker: »Identität muß schon sein.« Die Bundesrepublik könne ja nicht eine Gemeinschaft von Lotto-Tippern sein, die ihr Heil in Gewinn und Reichtum suchen, oder von Kosmopoliten, die in Scharen alljährlich ins Ausland reisen, auf der Flucht vor der eigenen Geschichte und Gesellschaft. Oft beschäftigt ihn auch die Rolle der Intellektuellen, insbesondere das Verhältnis von Kultur und Politik, sowohl zueinander wie gegeneinander. In einem Gespräch mit Ulrich Greiner, dem Feuilletonchef der ZEIT, antwortete er auf die Frage, was er unter politischer Kultur verstehe, daß für ihn Kultur eine Lebensweise sei, eben darum mache es auch Sinn, von politischer Kultur zu sprechen. Es handele sich nämlich bei Kultur nach seinem Verständnis nicht primär um Kunst, also Musik, Literatur und Malerei; Kultur müsse vielmehr dem Wortstamm entsprechen, »anbauen und pflegen«, also einander mit möglichst hoher Sensibilität zu begegnen.

Einwand von Greiner: »Kunst ist aber nicht nur Kultur im Sinne von beherrschter Menschlichkeit, sondern ist auch Widerstand, Obstruktion, Zerstörung. Das gilt für die gesamte moderne Kunst. Das erklärt doch den Zwiespalt zwischen Geist und Politik.« Die Antwort Weizsäckers: »Der Politiker kümmert sich in kleinem, anstrengendem Bemühen um die Bewältigung von Tagesfragen, die gegenüber dem Vollkommenen von nur sehr relativer Bedeutung sind. Der Künstler, der nach dem Ganzen fragt und nach den tieferen Wurzeln, will das Vollendete hervorbringen. Das ist ein Anspruch, der ihn immer wieder in Verzweiflung treibt und ihn auf Widerstand und Zerstörung des real Existierenden, also des Unvollkommenen sinnen läßt.«

Bei der Feier von Helmut Kohls sechzigstem Geburtstag im April 1990 hat mancher sich gewundert, daß Altbundespräsident Carstens auf der langen Rednerliste verzeichnet stand, nicht aber der amtierende Bundespräsident, der ebenfalls zugegen war. Als alle Redner geendet hatten, stand Weizsäcker auf und sagte: »Ein Mitglied der CDU/CSU hat neulich erklärt, der Bundespräsident könne reden, wann er will und was er will; von dieser Genehmigung mache ich jetzt Gebrauch . . . «, und dann brachte er seine Glückwünsche zum Ausdruck.

Manche Politiker neiden Weizsäcker die Gelassenheit, mit der er gelegentlich zu außenpolitischen Problemen Stellung nimmt. So hat ein Wort zur polnischen Westgrenze in seiner Weihnachtsansprache 1989 den Zorn des Präsidenten des Bundes der Vertriebenen, Czaja, und einiger anderer herausgefordert. Der Bundespräsident sagte damals: »Auch wenn keiner von uns für einen gesamtdeutschen Souverän zu sprechen vermag, so können, müssen und wollen wir doch für uns selbst klar und eindeutig reden: Und das heißt, an der heutigen polnischen Westgrenze wird sich nach dem Willen von uns Deutschen jetzt und in der Zukunft nichts ändern. So hat es auch der Bundestag gesagt. Und so steht es auf den Plakaten in Leipzig, Dresden und anderswo.«

Czaja berief sich auf den »Verfassungsgehorsam« des Bundespräsidenten und erklärte, dieser habe kein in der Verfassung verankertes Recht, »selbstherrlich . . . über die Zukunft und die Heimat der Ostdeutschen zu entscheiden«.

In einem Interview mit der *Welt* hat Weizsäcker seine Kompetenz hinsichtlich der Außenpolitik selbst definiert. Er sagte: »Von den Aufgaben, die mir zufallen, ist eine zwar nicht öffentlich hörbar, aber der Tagespolitik relativ nahe: die Außenpolitik. Hinter dem, was das Grundgesetz die völkerrechtliche Vertretung der Bundesrepublik nennt, steht ein nahezu täglicher Kontakt mit ausländischen Besuchern, sowie meine vielen Reisen ins Ausland. Diese Kontakte sind Bestandteil der Außenpolitik der Bundesrepublik und erfolgen in engster und problemfreier Abstimmung mit der Bundesregierung.«

Vernunft regiert auch seine außenpolitische Einstellung. Schon in den sechziger Jahren ist er für Entspannung eingetreten, desgleichen für ein Europa, das über die »Blockgrenze« hinausgreift.

In Weizsäckers Freude über die jüngste Entwicklung in der DDR mischt sich die Sorge, die angestrebte Einheit könne sich in wirtschaftlicher Zielsetzung erschöpfen und das Positive verschütten, was die Bürger der DDR einzubringen vermögen. Sie kämen doch nicht nur als Nehmende, sondern ganz gewiß auch als Gebende in ein neu sich bildendes Europa. Wir müßten ihre Selbstachtung stärken, nicht sie unterminieren; es gehe nicht an, daß sie unsere Verhaltensweise, unsere Urteile und Wertvorstellungen einfach übernehmen müssen. Das Ganze sollte schon mehr sein als die beiden einzelnen Teile, meint er.

Weizsäcker sieht eine große Chance darin, daß die Möglichkeit zur Einheit Deutschlands sich just in dem Moment entwickelt, in dem die Integration Europas sozusagen in Arbeit ist. Das werde uns vor der Überbetonung des Nationalen schützen und die Errichtung eines neuen Sicherheitssystems erleichtern.

Im übrigen: »Die Leute von drüben, die noch nicht gewohnt sind, vor der Kamera gleich zu antworten, bringen uns bei, wie wohltuend es ist, wenn sie erst denken und dann sprechen. Und Parteien, die sich neu bilden, zeigen uns, daß es gilt, sich zunächst zu fragen, was um der Sache willen zu geschehen hat, und erst danach, wie man Stimmen dafür gewinnt.«

Ein einsamer, souveräner Mensch

Willy Brandt

1992

Über viele Jahre hat Willy Brandt gegen Adenauer und die CDU, die sich allein von starker Politik, also von militärischen Maßnahmen eine Lösung für das geteilte Deutschland versprachen, seinen Glauben an Entspannung und Normalisierung verteidigt.

Wer war dieser Willy Brandt, der mit so großer Konsequenz und mit immer dem gleichen Elan seine politische Konzeption schließlich durchgesetzt hat? Er war ein im Grunde einsamer, verschlossener Mensch, der schon früh Ersatz für die Familie in der sozialistischen Jugendbewegung gefunden hatte und der als neunzehnjähriger Junge 1933 allein auf sich gestellt aus Lübeck emigrierte.

In einem Fernsehinterview hat er einmal auf eine Frage von Günter Gaus geantwortet: »Ich will es nicht dramatisieren, das mit der schwierigen Kindheit ... Ich möchte es nicht schwieriger machen, als es war. Man hat gut für mich gesorgt, das war es nicht. Aber ... man unterschied sich von anderen.« Mit kleineren Worten läßt großer Schmerz sich kaum beschreiben. Und an anderer Stelle: »Ich hatte viele Freunde, aber im Grund keinen, der mir wirklich nahe war ... Lange Jahre gewohnt, mit mir allein auszukommen, fiel es mir nicht leicht, meine Gefühle und innersten Gedanken mit anderen zu teilen.«

Als die SPD sich 1930 entschloß, das Kabinett Brüning zu tolerieren, um es nicht in die Arme der Rechtsradikalen zu treiben, empfanden viele der Jungen dies als Verrat am Sozialismus. Die Fähigkeit zum Pragmatismus, diese Voraussetzung aller Politik, ist von idealistischen Ideologen noch nie estimiert worden. Auch

Willy Brandt

der siebzehnjährige Lübecker, der schon mit sechzehn in die Partei aufgenommen worden war, obgleich die Altersgrenze damals bei achtzehn lag, schloß sich zornig der Sozialistischen Arbeiterpartei (SAP) an, die links von der SPD stand. Bald wurde er deren politischer Leiter. Zusammen mit seinen Kumpanen druckte und verteilte er nachts Flugblätter. Gleich nach der Machtergreifung 1933 wurden einige seiner Kameraden verhaftet.

Herbert Frahm, der erst im Untergrund den Namen Willy Brandt angenommen hat, reist heimlich nach Dresden, um an einer illegalen Konferenz seiner Partei teilzunehmen. Am 31. März muß er sich zur Flucht entschließen. Ein Fischer bringt ihn nachts von Travemünde über die Ostsee nach Dänemark. Die nächsten Jahre verbringt er in Norwegen, lernt fließend Norwegisch und kommt 1936 zurück nach Deutschland. Als norwegischer Student getarnt, lebt er in Berlin und arbeitet dort mit der Widerstandsbewegung zusammen. 1937, vorübergehend in Spanien, schreibt er Berichte für seine Parteifreunde in Paris, um dann nach Oslo zurückzukehren, bis er – inzwischen ausgebürgert – im April 1940 durch die Invasion der Deutschen wieder zur Flucht gezwungen wird. Irgendwo im nördlichen Norwegen gerät Brandt vorübergehend – als norwegischer Soldat verkleidet – in deutsche Kriegsgefangenschaft, wird aber nach ein paar Wochen unerkannt entlassen und flüchtet nach Schweden. Sein Resümee dieser Zeit: »In der deutschen Armee gab es Nazis – und Deutsche.« Andere Emigranten hatten ganz andere Kommentare.

An einen schwedischen Freund schrieb er damals: »Wenn es so wäre, wie einige sagen, daß das gesamte deutsche Volk nur aus Nazis besteht, dann hätte Hitler es sicherlich nicht nötig gehabt, mit Hilfe von Terror, Gestapo und Konzentrationslagern zu regieren.« Ende 1946 kam Brandt als Presseattaché der norwegischen Militärmission in das zerstörte Berlin. Wegen der fremden Uniform hatte er viele gemeine Angriffe erdulden müssen.

Als ihm die SPD im Jahr darauf anbot, die Verbindungsstelle des Parteivorstandes zu den Alliierten Dienststellen in Berlin zu übernehmen, entschloß er sich, wieder deutscher Staatsbürger zu werden. Jahrelange innerparteiliche Kämpfe in Berlin folgten. Im

September 1953 stirbt Ernst Reuter. Otto Suhr wird sein Nachfolger, und als dieser vier Jahre später auch stirbt, wird Willy Brandt Regierender Bürgermeister von Berlin.

Jahre später, 1966, als Außenminister, leitete er ein neues Kapitel in unserer Geschichte ein. Die juristischen Fiktionen, mit denen bis dahin Außenpolitik betrieben worden war, legte er beiseite und leitete die Entspannung ein. Von der CDU wurde der Wahlkampf des Jahres 1969 noch immer defensiv mit den alten Argumenten geführt, die SPD trat dagegen offensiv unter der Fahne der Ostpolitik an.

Brandt hat den außenpolitischen Spielraum der Bundesrepublik, die vier Legislaturperioden in den Fesseln der Hallstein-Doktrin gelegen hatte, entscheidend erweitert. Zuvor war fünfzehn Jahre lang kein Brief zwischen den beiden deutschen Regierungen hin- oder hergegangen. Jetzt kam die Politik endlich in Bewegung. Und sogleich wurde die DDR von Angst vor den Folgen der Entspannung befallen. Außenminister Otto Winzer bezeichnete Egon Bahrs »Wandel durch Annäherung« als »Aggression auf Filzlatschen«. Auch die Sowjetunion stellte fest, daß sie dem Westen gegenüber zum ersten Mal die Initiative verloren hatte. Die Hoffnung, die in Polen und in der ČSSR daraufhin das Volk beflügelte, führte zu Unruhen, die Moskau bewiesen, daß der Zusammenhalt des östlichen Lagers im Zeichen der Entspannung nur schwer aufrechterhalten werden könne. Darum rollten am 21. August 1968 die sowjetischen Panzer nach Prag.

Als Willy Brandt dann im Oktober 1969 Bundeskanzler wurde, verkündete er als Ziel seiner Politik »enge Zusammenarbeit mit den westlichen Verbündeten, Förderung der westeuropäischen Integration und Verständigung mit dem Osten«. Dann ging es Schlag auf Schlag: im August 1970 Vertrag mit Moskau; im Dezember Vertrag mit Warschau und zwei Jahre später der Grundlagenvertrag mit der DDR.

Wenn ich an Willy Brandt in Zusammenhang mit Berlin denke, dann sehe ich eine ungewöhnlich beeindruckende Szene vor mir. Es war im Herbst 1956 während des ungarischen Aufstandes. Brandt war damals Präsident des Abgeordnetenhauses. Die Berliner Partei hatte zu einer abendlichen Kundgebung vor dem

Schöneberger Rathaus aufgerufen, um gegen die Brutalität zu protestieren, mit der die sowjetischen Panzer den Aufstand in Budapest niederwalzten. Die etwa 100 000 Menschen, die zusammengeströmt waren und von denen die meisten wahrscheinlich an ihre im anderen Teil der Stadt unterdrückten Verwandten und Freunde dachten und die darum bitter und aggressiv gestimmt waren, ergriff am Ende der Kundgebung eine Welle der Emotion.

Man hört plötzlich Pfiffe, Rufe und Sprechchöre: »Zum Brandenburger Tor!« Und: »Russen raus!« Am Brandenburger Tor, noch auf der westlichen Seite, befindet sich das Denkmal für gefallene russische Soldaten, das damals ständig von einer russischen Ehrengarde bewacht wurde. Die Menge hatte sich bereits in Bewegung gesetzt, fackelschwingende junge Leute voneweg. Die Polizei war machtlos. Es gehörte nicht viel Phantasie dazu, sich vorzustellen, wie das ausgehen würde.

Brandt realisierte sofort das Ausmaß der Gefahr. Er stürzte weg vom Balkon des Rathauses auf die Straße, sprang in einen demolierten Lautsprecherwagen der Polizei, fuhr in Richtung Brandenburger Tor und brachte es tatsächlich fertig, die erregte Menge aufzuhalten. Gemeinsam sang man das Lied vom guten Kameraden, auf diese Weise löste das Ganze sich schließlich auf; und am Ende gelang es Brandt sogar, die Demonstranten, die schon bis zur Sektorengrenze vorgedrungen waren, zur Umkehr zu bewegen und dadurch eine Katastrophe zu verhindern.

Brandt war Regierender Bürgermeister von Berlin zu einer Zeit, als diese Stadt im Westen ein Synonym für Freiheit war, ein Symbol, zu dem die Staatsmänner aus aller Welt pilgerten. Er war Regierungschef während Chruschtschows Ultimatum und auch, als die Mauer gebaut wurde. In all diesen Jahren gab er – wie einst Ernst Reuter – den Bürgern Mut und Zuversicht.

Ohne die Alliierten oder die Bonner Regierung zu konsultieren, hatte er 1958 Chruschtschows Ultimatum sofort als unannehmbar zurückgewiesen. Und während der Kubakrise 1963 schickte er, ebenfalls von sich aus, ein Telegramm an Präsident Kennedy, er solle sich nicht wegen Berlin erpressen lassen.

Willy Brandt hat seine Souveränität und seine Unabhängigkeit oft unter Beweis gestellt. Wenn es hieß, er habe nicht genug Menschenkenntnis und suche nicht immer die richtigen Mitarbeiter aus, so läßt sich das nicht bestreiten; die Behauptung hingegen, er habe sich gescheut, Entscheidungen zu treffen, stimmt jedenfalls für die Zeit seiner Kanzlerschaft von 1969 bis 1974 nicht.

Es ging vielmehr Schlag auf Schlag: Kaum in Bonn angetreten, schickte er im Januar 1970 Staatssekretär Egon Bahr zur Vorbereitung des deutsch-sowjetischen Vertrages nach Moskau. Im Februar begann Staatssekretär Duckwitz in Warschau zu verhandeln. Der deutsch-russische Vertrag wurde im August in Moskau unterschrieben, der deutsch-polnische im Dezember in Warschau. Die Verhandlungen mit beiden Regierungen waren außerordentlich schwierig; die mit Polen vor allem wegen der Grenze. Bonn sah sich nicht in der Lage, die Oder-Neiße-Grenze vor gesamtdeutschen Friedensverhandlungen endgültig festzulegen.

In einer Fernsehansprache aus Warschau am Tag der Unterschrift sagte Bundeskanzler Brandt: »Die Flucht vor der Wirklichkeit schafft gefährliche Illusionen. Ein klares Geschichtsbewußtsein duldet keine unerfüllbaren Ansprüche. Es duldet auch nicht jene ›geheimen Vorbehalte‹, von denen der Ostpreuße Immanuel Kant in seiner Schrift *Zum ewigen Frieden* gewarnt hat. Wir müssen unseren Blick in die Zukunft richten und die Moral als politische Kraft erkennen. Wir müssen die Kette des Unrechts durchbrechen. Indem wir dies tun, betreiben wir keine Politik des Verzichts, sondern eine Politik der Vernunft.«

Damals fand jener Kniefall statt, der so viele Kommentare hervorrief. Ein Korrespondent des Londoner *Guardian* schrieb später in einem Interview: »Ich fragte ihn nach dem Augenblick in Warschau im Dezember des vergangenen Jahres, als er im ehemaligen jüdischen Ghetto auf das steinerne Mahnmal für die fünfhunderttausend dort von den Nazis ermordeten Juden zuging, den Kopf senkte und dann auf die Knie fiel. Woran hatte er gedacht, als er kniete? Er sagte: ›Die Geste sollte für sich selbst sprechen. Sie war nicht geplant, es geschah einfach. Und ich schäme mich deswegen nicht.‹«

Alfred Grosser schrieb damals in *L'Allemagne de notre Temps*: »Zu dieser Zeit galt der deutsche Kanzler nicht nur, wie es *Time* hervorhob, als ›der Mann des Jahres‹, sondern als der einzige große europäische Staatsmann schlechthin.«

In seiner Rede vom 21. März 1971 zur Eröffnung der ›Woche der Brüderlichkeit‹ hat er noch einmal klar gesagt: »Als ich Anfang Dezember in Warschau stand, lag auf mir die Last der jüngsten deutschen Geschichte, die Last einer verbrecherischen Rassenpolitik. Ich habe dann getan, was Menschen tun, wenn die Worte versagen, und ich habe so – für meine Landsleute mit – der Millionen Ermordeter gedacht. Aber ich habe auch daran gedacht, daß Fanatismus und Unterdrückung der Menschenrechte – trotz Auschwitz – kein Ende gefunden haben.«

Viele draußen – und auch viele drinnen – meinten damals, erst jetzt, da sich gezeigt habe, daß ein ausgebürgerter Emigrant in Bonn zum Kanzler gewählt werden kann, beginne das neue Deutschland wirklich.

Willy Brandt ist es gelungen, ungeachtet vieler Enttäuschungen, mehr humane Regungen und menschliches Verständnis zu bewahren, als dies den Politikern im Allgemeinen möglich ist. Auch ich habe dies einmal zu spüren bekommen:

Willy Brandt hatte Günter Grass, Siegfried Lenz, Henri Nannen und mich eingeladen, ihn auf jener Reise nach Warschau zu begleiten. Ich hatte zugesagt, denn schließlich war ich seit vielen Jahren für eine aktive Ostpolitik eingetreten. Aber je näher das Datum rückte, desto ungemütlicher war mir zumute: Zwar hatte ich mich damit abgefunden, daß meine Heimat Ostpreußen endgültig verlorengegangen ist, aber selber zu assistieren, während Brief und Siegel darunter gesetzt werden, und dann, wie es nun einmal unvermeidlich ist, ein Glas auf den Abschluß des Vertrages zu trinken, das erschien mir plötzlich mehr als man ertragen kann.

Was tun? Mein Name war mit denen der anderen Mitreisenden genannt worden. Wenn ich jetzt absagte, könnte dies als eine politische Manifestation angesehen werden und dem Kanzler Ärger bereiten. Ich schob die Entscheidung immer wieder hinaus und schrieb ihm erst im letzten Moment – mit sehr schlechtem Gewissen. Groß war daher meine Erleichterung, als ich nach seiner Rückkehr aus Warschau einen handgeschriebenen Brief bekam, in dem Willy Brandt sagte, er habe mein Verhalten gut verstehen können. Und dann stand da auch der Satz: »Was das ›Heulen‹ angeht: Mich überkam es an meinem Schreibtisch, als ich die Texte für Warschau zurechtmachte. Was ich dann dort und von dort nach hier sagte, ist wohl auch verstanden worden. Ich darf jedenfalls hoffen, daß Sie es verstanden haben und wissen: Ich habe es mir nicht leicht gemacht.«

Ein so souveräner, so menschlicher Politiker hätte wahrlich ein anderes Ende verdient, als es durch die Affäre Guillaume eintrat. Vielleicht aber war eine gewisse Gutgläubigkeit, die an Naivität grenzt, die Kehrseite seiner ungewöhnlichen Humanität.

Ein unbestechlicher Beobachter
des Weltgeschehens

George F. Kennan

1990

Im Januar 1947 – George Marshall war seit kurzem Außenminister, Dean Acheson sein Unterstaatssekretär – wurde George Kennan eines Tages zu Acheson gerufen, der ihm mitteilte, General Marshall habe beschlossen, einen Planungsstab im State Department einzurichten, und er, Kennan, solle dessen erster Direktor werden.

Kennan, der zuletzt Botschaftsrat in Moskau gewesen war, hatte noch keinen selbständigen größeren Posten gehabt. Sein Name war außerhalb des State Department nur den Rußland-Spezialisten bekannt. Als aber im gleichen Jahr in der Juli-Ausgabe von *Foreign Affairs* ein Artikel erschien, der den Titel trug »Sources of Soviet Conduct«, und als die *New York Times* dann noch herausfand, daß der Autor, der mit Mr. X gezeichnet hatte, George Kennan war, der Chef des neuen Planungsstabs, da änderte sich dies mit einem Schlag.

Die Kommentatoren griffen zu Papier und Feder. In allen europäischen Kabinetten wurde der Artikel, seine Analyse und die Perspektiven, die er aufzeigte, diskutiert. Jedermann meinte, nun endlich das offizielle Konzept Washingtons zu erfahren – dabei handelte es sich im Grunde nur um Kennans persönliche Meinung. Dennoch sollte jene Spekulation sich bestätigen, denn Kennans Schlußfolgerungen wurden sehr bald zur offiziellen Politik. Seine Analyse war das Fundament für die von Truman und Acheson eingeleitete Politik der Eindämmung des sowjetischen Imperialismus.

Nie zuvor und nie wieder seither hat ein Artikel eine solche

George F. Kennan

Resonanz, eine so nachhaltige Wirkung gehabt. Immer wieder wurde er nachgedruckt, Jahre hindurch zitiert. Walter Lippmann schrieb im Sommer und Herbst jenes Jahres eine Serie von zwölf Folgen, die sich kritisch mit Kennans Gedanken auseinandersetzte. Und auch heute, Jahrzehnte danach, weiß jeder politische Kommentator, was gemeint ist, wenn vom Artikel des Mr. X die Rede ist.

Ein Wort zur Genesis dieser sensationellen Niederschrift: James Forrestal, *Secretary of the Navy,* hatte Kennan einen Aufsatz über Rußland geschickt mit der Bitte, ihn sein Urteil wissen zu lassen. Kennan fand es einfacher, seine in vielem abweichende Meinung in einem eigenen Papier zum Ausdruck zu bringen, denn während der letzten zwei Jahre in Moskau hatte er nichts anderes getan, als über das Wesen der sowjetischen Macht nachzudenken und darüber, welche Probleme sie für die amerikanische Politik aufwirft. Als er bald darauf über dieses Thema vor dem »Council on Foreign Relation« in New York sprach, wo auch Ham Armstrong, der Chefredakteur von *Foreign Affairs,* ihn hörte, bat dieser ihn, einen Artikel dazu zu schreiben. Kennan fragte Forrestal und das State Department um Erlaubnis und schickte Armstrong das für Forrestal konzipierte Papier.

Er schickte es, ohne die geringste Ahnung zu haben, was da auf ihn zukommen würde, und vor allem ohne schließlich die geringste Freude an seinem Erfolg zu haben. Einiges war mißverstanden worden: er fand seine Empfehlung, *containment of Russia* – Eindämmung Rußlands –, als Grundorientierung gedacht, zur Doktrin erhoben. George Kennan, der selber sagt: »When I think about foreign policy, I do not think in terms of doctrines. I think in terms of principles«, litt schwer. Als hoher Beamter des State Department konnte er zu all diesen Interpretationen nicht Stellung nehmen, auch nicht auf Lippmanns Serie antworten. Am Ende lag er mit Magengeschwüren im Hospital: »Ich fühlte mich wie einer, der einen Felsbrocken auf einer Bergspitze losgetreten hat und nun hilflos zusehen muß, wie dieser seinen verhängnisvollen Lauf ins Tal unaufhaltsam fortsetzt.«

Im ersten Band seiner Memoiren schildert Kennan, was ihm vorgeschwebt hat, als er den X-Artikel schrieb. Er fand, daß

Amerika während des Krieges und auch in der Periode danach der sowjetischen Expansionslust zu viele Konzessionen gemacht hatte, in der Hoffnung, auf diese Weise eine positive Zusammenarbeit zwischen Amerika und der Sowjetunion für die Nachkriegszeit sicherstellen zu können. Er fürchtete, daß viele Leute und manche Regierungen, die die Vergeblichkeit dieses Bemühens beobachtet haben, alle Hoffnung würden fahren lassen und sich dem Defätismus anheimgeben könnten, anstatt sich gemeinsam gegen die sowjetische Expansion zu wappnen. Eben darum *containment of Russia* als wichtigste Aufgabe. In dem Artikel hieß es, es sei notwendig, die Russen mit einer wirklichen Gegenkraft zu konfrontieren.

Nun hatte Kennan aber nicht so sehr militärisches als vielmehr politisches *containment* gemeint – hier saß das Mißverständnis. Sein Plan war es nicht, rund um die Sowjetunion militärische Stützpunkte aufzubauen, um auf diese Weise jede Aggression zu verhindern. Er war überzeugt, daß die Sowjetunion keine Lust hätte, noch weitere Gebiete zu annektieren. Die Sowjets haben sich einmal, in Finnland, die Finger verbrannt, so räsonierte er, auch scheuten sie die Verantwortung, die eine offene Invasion mit sich bringe, und arbeiteten darum sehr viel lieber politisch über Agenten und Strohmänner. »Wenn ich politisch sage«, fügte er hinzu, »heißt dies keineswegs ohne Gewalt, aber es heißt, daß die Gewalt innenpolitisch ist, nicht international – daß es sich also, wenn man so will, um eine Polizeiaktion handelt, nicht um ein militärisches Unternehmen.«

Zwei Grundüberzeugungen ziehen sich durch alles, was Kennan während der letzten vierzig Jahre in Artikeln, Interviews, Büchern und bei *hearings* im Senat immer wieder und mit großer Konsequenz vorgetragen hat. Erstens: es ist falsch, alle Energien immer nur auf das Militärische zu konzentrieren. Zweitens: viel wichtiger ist die geistige, soziale und ökonomische Situation eines Landes.

Er war gegen die Errichtung der Nordatlantischen Allianz und der NATO, jedenfalls in der schließlich vollzogenen Form. Er meinte, durch die ständige Diskussion des militärischen Ungleichgewichts und durch die Stimulierung militärischer Rivalität werde die Gefahr, die man bannen wolle, erst richtig heraufbeschworen. Auch war er überzeugt, der Aufbau einer umfangreichen Militärmaschine werde die notwendige Konzentration auf das wirtschaftliche Wiederaufbau-Programm behindern und große Teile der dafür dringend benötigten finanziellen Mittel beanspruchen. Heute sieht er sich bestätigt: »Die militärische Rivalität sowohl auf den Meeren als auch hinsichtlich der Nuklearwaffen erhält jetzt ihr eigenes Momentum; unaufhaltsam bewegt sie sich vorwärts wie ein Objekt im Weltraum« (riding along on its own momentum like an object in space).

Überdies hielt Kennan den Prager Coup im März 1948, der ja die Gründung des Nordatlantik-Paktes ausgelöst hatte, für kein so einschneidendes Ereignis. Er hatte diese Entwicklung schon im Herbst 1947 kommen sehen. Am 7. November 1947 hatte er Marshall eine Analyse der Weltsituation übergeben, in der er voraussagte, die glücklicherweise erfolgreiche »Eindämmung« der Sowjetunion müsse ja dazu führen, daß Moskau nun an der westlichen Peripherie des Imperiums die Schotten dichtmachen werde. Solange der Kommunismus immer weiter nach Westen vordrang, diente es, so meinte er, den russischen Interessen, in der ČSSR zu zeigen, wie »frei« man im östlichen Orbit leben könne – nun aber werde dies anders werden: »Wir müssen uns darauf gefaßt machen, daß sie die demokratischen Institutionen einfach wegfegen werden, um die kommunistische Macht zu konsolidieren.«

Kennan fand es auch falsch, Deutschland wiederzubewaffnen, weil er befürchtete, Osteuropa und die Sowjetunion könnten dann aus Angst vor Deutschland zu einem Block zusammengeschweißt werden, wodurch die Teilung nicht nur Deutschlands, sondern Europas verewigt würde. Er hat schließlich den Krieg in Vietnam tief beklagt, weil er ihn von Anfang an für ungerechtfertigt und überflüssig hielt und für sinnlos auch im Sinne der Protagonisten dieses Unternehmens; er meinte, daß dieser Kriegsschauplatz die Aufmerksamkeit von den eigentlich wichtigen Problemen, der Kontrolle und schrittweisen Eliminierung der Atomwaffen, ablenken werde.

In einem einstündigen Fernseh-Interview mit Eric Sevareid im

Juli 1975 antwortete Kennan auf die Frage, wie er sich erkläre, daß es überhaupt zu Vietnam hatte kommen können: »Ich komme beim Nachdenken immer wieder zurück auf die hypnotische Kraft des Syndroms, das wir ›Kalter Krieg‹ nennen. Es ist dem politischen Leben Amerikas in der Zeit des McCarthyismus und während der Auseinandersetzung über unsere China-Politik aufgezwungen worden. Mir scheint, daß seither jede Regierung Angst hatte, sie könne beschuldigt werden, nicht antikommunistisch genug zu sein.«

Dies sagt ein Mann, der nicht naiv nach Osten blickt, sondern einer, der Rußland, seine Geschichte und Zeitgeschichte wie ganz wenige andere kennt und der sehr früh feststellte, daß der sowjetische Imperialismus nur dann gestoppt werden kann, wenn er auf Widerstand stößt. Immer schon hatte Kennan vor dem Machtanspruch der Sowjets gewarnt.

Dean Acheson schreibt in seinen Erinnerungen »Present at the Creation«, George Kennan, der damals *Chargé d'Affaires* in Moskau war, habe auf Anforderung einen Kommentar zu der überraschend feindlichen Rede gekabelt, die Stalin am 9. Februar 1946 gehalten hatte. Der Außenminister schreibt: »Ein langer, wahrhaft bemerkenswerter Bericht, der einen tiefen Eindruck auf das Denken innerhalb der Regierung machte – auch wenn es noch ein ganzes Jahr dauerte, bis die Regierung sich entschloß, entsprechend den Beweisen für die Kennanschen Thesen, die dann vorlagen, zu handeln. Kennan diagnostizierte auch den Grund der sowjetischen Neurotik, mit der Moskau die weltpolitischen Probleme betrachtet: Jahrhunderte von Furcht – physischer Furcht der Bürger und politischer Furcht der Herrscher. Für die Regierung – sowohl zaristischer als auch bolschewistischer Prägung – war immer Infiltration durch den Westen die größte Gefahr.«

Acheson fährt fort: »Kennan sagte voraus, sowjetische Politik werde es sein, jedes Mittel zu nutzen, um den Westen zu unterwandern, zu teilen und zu schwächen; die Mittel würden die kommunistischen Parteien, die Diplomatie, die internationalen Organisationen einschließen; die Sowjets würden alles, was ihnen nicht paßt, blockieren, Finten ersinnen, schwache Stellen ausfindig machen . . . «

George Kennan meint, es sei ein großer Fehler gewesen, die amerikanische Öffentlichkeit so schlecht vorbereitet zu haben auf den Umschwung von der Kriegsallianz – »die tapferen und beklagenswerten russischen Verbündeten« – zur Rivalität der Nachkriegszeit – »die bösen sowjetischen Störenfriede«. Die Konsequenz der daraufhin einsetzenden Enttäuschung sei jener aggressive Antikommunismus gewesen, der Ende der vierziger Jahre durch Moskaus immer neue Vorstöße in Osteuropa reichlich Nährstoff bekam. Als eine Art Faustregel im Umgang mit Russen formulierte er einmal: »Nur diejenigen können mit den Russen auskommen, die bewiesen haben, daß sie ebensogut ohne sie auskommen können.«

Hieß seine eine Grundregel: Nicht alles auf das Militärische konzentrieren, so war seine andere, bei vielen Äußerungen immer wieder durchscheinende Überzeugung die Komplementärgröße zu der ersten, nämlich: Die geistig-moralische und sozial-ökonomische Verfassung eines Gemeinwesens ist wichtiger als die militärische Stärke. Er meint, wenn man der tiefsitzenden Angst der Leute nachgehe, dann stelle man fest, daß sie sich gar nicht von außen bedroht fühlten, sondern daß ihre Unsicherheit vielmehr aus dem Inneren wachse, aus dem Bewußtsein, die eigene Zivilisation sei schwach geworden: »Die Schwäche einer übertrieben materialistischen Zivilisation, die Unfähigkeit, sich zusammenzureißen und der Bevölkerung im Frieden irgendeine Disziplin oder gar ernsthafte Opfer abzuverlangen.«

Vielleicht kann man diesen Grundzug George Kennans nur dann verstehen, wenn man sich Rechenschaft darüber gibt, daß er das Endprodukt einer langen Reihe landgebundener Generationen ist. Alle seine Vorfahren waren Farmer. Wie sehr er selber noch diesem Lebenskreis verhaftet ist, merkt man erst, wenn man bei ihm auf seiner Farm in Pennsylvania ist oder wenn man ihn in Norwegen, der Heimat seiner Frau, besucht, wo die beiden stets einige Wochen im Sommer verbringen.

Dort auf dem Lande, in Pennsylvania oder Norwegen, da lebt Kennan nicht wie ein Botschafter auf seinem Sommersitz, sondern wie ein Bauer, der alles selber bastelt, der gelernt hat, sich zu bescheiden. In derben Stiefeln und alter Joppe stapft er umher, baut an einem Schuppen, legt eine neue Steintreppe an, zimmert ein Fenster, konstruiert eine Seilwinde. Seine Werkstatt, in der alles erdenkliche Handwerkszeug sauber der Größe nach aufgehängt ist, verrät eine gewisse Pedanterie. Sich abfinden und sich einschränken, diese Tugenden hat er dort auf dem Lande, wo nicht alles machbar, nicht alles für Geld zu haben ist, schätzen und praktizieren gelernt.

Aus diesem Gefühl stammt wohl auch die Antwort, die er einmal auf die Frage gab, warum denn der Marxismus für die Jugend trotz Prag und Solschenizyn noch immer soviel Anziehungskraft besitze. Kennans Antwort: »Ich kann mir dies nur als die sublimierte Form einer Aversion gegen die moderne Gesellschaft erklären; gegen ihren Materialismus, ihren Mangel an Idealen, ihren ständigen Appell, den sie nicht an die Bereitschaft, für das Ganze Opfer zu bringen, richtet, sondern an private, egoistische Zielsetzungen. Ich denke, wir alle zusammen haben die Jugend in mancher Beziehung sitzengelassen, und ich meine, daß viel mehr dies als irgendein tiefes Verständnis für den Marxismus der Grund dafür ist, daß sie sich dieser Slogans bedient.«

Seitdem ich George Kennan Anfang der fünfziger Jahre bei Ernst Kantorowicz in Princeton kennenlernte, habe ich mich oft gefragt, worin eigentlich das Charisma besteht, das er unbestreitbar besitzt. Wieso hat er, so frage ich mich, einen so starken Einfluß auf junge Leute, auch wenn sie manche bittere Wahrheit von ihm zu hören bekommen? Wie kommt es, daß die jeweilige Regierung in Washington seit Roosevelts Zeiten und bis heute mit gespannter Aufmerksamkeit lauscht, wenn er deren Politik kritischer Betrachtung unterzieht?

Ist es der Historiker, dessen glasklare, emotionslose Analyse der jeweiligen Situation fasziniert, oder die kenntnisreiche, differenzierte Betrachtungsweise des weltoffenen Diplomaten oder schließlich die brillante Darstellung, die den großen Schriftsteller verrät, der, auch wenn er nicht ein bedeutender Historiker und ein einflußreicher Diplomat wäre, mit seinen Werken in das Pantheon eingehen würde?

Ich weiß, daß er dies alles auch ist, aber wichtiger bei der Beantwortung jener Frage scheint mir etwas anderes zu sein. Das, was George Kennan zu einer ziemlich einmaligen Erscheinung macht, ist seine moralische Autorität:

Seine Unbestechlichkeit Erfolg und Ruhm gegenüber. (Als ich ihm vor Jahren einmal voller Stolz vom Erfolg der ZEIT berichtete, sagte er nur: »Oh Marion, beware of success!«)

Ferner sein Unangefochtensein durch Rücksichtnahme auf Karriere oder Popularität. Es ist erstaunlich, mit welcher Bedenkenlosigkeit ein übertrieben korrekter Beamter und eher schüchterner Mensch sich nie gescheut hat, offene Kritik an der höchsten Führung zu üben, wenn die Sache dies nach seiner Meinung erforderte – beispielsweise bei der Deutschlandpolitik oder bei Vietnam.

Schließlich seine Unabhängigkeit gegenüber allem, was gerade Mode ist, was bewundert oder kritisiert wird; was als modern, kultiviert oder als reaktionär verdammt wird. (Er findet, Apartheid ohne soziale Diskriminierung entspreche bei Rassenverschiedenheit dem normalen Bedürfnis aller Beteiligten.)

Jeder denkende Mensch meidet Klischees, aber George Kennan entlarvt auch die, die man noch gar nicht als solche erkannt hat: »Daß der Frieden unteilbar ist« – wer hätte diese Metapher nicht schon benutzt –, »dies«, sagt er, »ist einfach nicht wahr und war zu keiner Zeit wahr. Immer wird es Konflikte geben, und die Sicherheit kann nur darin liegen, diese Konflikte zu isolieren und zu entschärfen. Wenn man darauf wartet, daß der ungeteilte Frieden sich einstellt, dann muß man in alle Ewigkeit darauf warten, anstatt zu handeln.« Oder: »Von allen Klischees, die zum Repertoire der NATO gehören, gibt es keines, das weniger mit der Wirklichkeit zu tun hat als das Gerede von einer ›nuklearen Erpressung‹. Wo, wann, gegen wen ist sie denn je eingesetzt worden?« so fragt er.

»Sie behaupten, George sei emotionslos«, sagte ein gemeinsamer Freund, mit dem ich über Kennan sprach, und fuhr fort: »Ich kenne niemanden, der so sehr Stimmungen unterliegt, der so leicht deprimiert ist, so sehr an der Welt, der Menschheit, dem eigenen Schicksal leidet.«

Es ist richtig, Kennan ist im Grunde ein melancholischer, sensibler Mensch, den jedes Ereignis in Schwingung versetzt, aber das meine ich nicht. Solche Emotionen befähigen ihn, das Tragische im Ablauf der Geschichte zu spüren, die hoffnungslose Diskrepanz zwischen Denken und Handeln, zwischen Planen und Vollenden. Dies ist es, was George Kennan eine Dimension mehr verleiht, als die meisten Beobachter besitzen. Aber wenn es ums akademische Analysieren geht – und daran dachte ich –, dann ist er ganz unbestechlich, ganz unangefochten durch eigene Wünsche, Absichten oder Emotionen.

Es ist wahr, er hat es schwer mit seiner Dünnhäutigkeit. Immer ist er von allen Spannungen, Katastrophen und Unbilden betroffen – ob sie sich auf weltpolitischer Bühne ereignen oder im Familien- und Freundeskreis. Sich selbst gegenüber ist er von äußerster Radikalität in seinen Forderungen. Für andere hingegen bringt er viel Geduld auf. Er versteht es, zuzuhören, auch dann noch, wenn er längst gemerkt hat, daß es sich nicht lohnt; er drängt niemandem seine Erkenntnisse auf, hält nie belehrende Vorträge, aber er weiß sehr genau, was sein Urteil wert ist. Mit anderen Worten: Er kennt seinen Rang und ist dennoch von äußerster Bescheidenheit.

Im Februar 1945 – in Jalta tagte die Kriegsallianz im Hochgefühl und Überschwang des bevorstehenden Sieges über Hitler – erhielt Chip Bohlen, der als Berater und Dolmetscher Roosevelts an der Konferenz teilnahm, einen Brief von George Kennan aus Moskau, den er in seinem Buch »Witness to History« erwähnt. Bohlen schreibt: »Kennan, der sechs Monate zuvor als Botschaftsrat an die Botschaft nach Moskau gegangen war, war von tiefem Pessimismus erfüllt. Er hielt nichts von den optimistischen Äußerungen, die im Licht der militärischen Erfolge allenthalben gemacht wurden. Er sah voraus, daß die Konflikte unvermeidbar sein würden, die aus dem Wunsch der Alliierten, in Europa gesicherte, unabhängige Nationen zu etablieren, einerseits und dem sowjetischen Drängen nach Westen andererseits entstehen mußten.«

Kennan hatte damals schon eine Reihe von Vorstellungen hinsichtlich der politischen Richtlinien, die er dem Freund in Jalta an die Hand gab. Was Deutschland anbetraf, so war sein Rat, daß die Vereinigten Staaten die Teilung Deutschlands als Faktum akzeptieren, weil es unmöglich sei, gemeinsam mit den Russen eine Verwaltung zu führen, daß aber sofort begonnen werden müsse, zusammen mit England und Frankreich eine westeuropäische Föderation zu gründen, die Westdeutschland einschließt.

George Kennan hat die Fähigkeit, ganz ohne Illusionen, aber auch ohne jede Ranküne zu analysieren und zu diskutieren. In einem Interview, das *Foreign Policy* im Sommer 1972 veröffentlichte, konterte er eine Betrachtung seines Gesprächspartners: »Sie führen eine Reihe von Dingen an, die Rußland zur Last gelegt werden: die Entsendung seiner Flotte in ferne Ozeane, Programme für militärische und industrielle Entwicklungshilfe, Verträge mit den Arabern und mit Indien, ausgedehnte Handelsbeziehungen mit bestimmten Ländern. Das ist alles richtig. Aber gibt es irgendeinen Grund, warum ein Land von der Größe Rußlands und seines ökonomischen Potentials diese Dinge nicht tun sollte? Gibt es etwas in dieser Aufzählung, was wir Amerikaner nicht tun, worin wir nicht vorangegangen wären?« Irgendeine Sonderstellung für Amerika zu fordern, entspricht nicht Kennans Weltbild. Und den Missionseifer, mit dem einige seiner Landsleute vor allem zu Dulles' Zeiten die Welt zu beglücken trachteten, findet er politisch abwegig schon deshalb, weil dadurch Erwartungen geweckt und Verpflichtungen eingegangen werden, die höchst lästig sind oder werden können. Darum war er 1947 auch entschieden gegen gewisse Passagen der Truman-Doktrin, beispielsweise gegen den Satz des Präsidenten: »Ich glaube, es muß die Politik der Vereinigten Staaten sein, diejenigen freien Völker zu unterstützen, die der Unterdrückung durch bewaffnete Minderheiten oder auswärtigen Druck widerstehen.« Kennan konnte nicht verstehen, warum man die spezifische Hilfe für Griechenland in den Mantel universaler Deklarationen kleidete.

Als ihn jemand einmal fragte: »Ist es eigentlich den Russen gelungen, uns zu überrunden?«, antwortete Kennan: »Nein, wir – wie auch die Russen – haben uns unsere Niederlagen selbst beigebracht; keiner von beiden war den eigenen, anmaßenden Prätentionen früherer Jahre gewachsen.« Kennans sachliches und ungemein objektives Verhältnis zur Sowjetunion und zum Kommunismus hat die Ideologen und Fanatiker jeglicher Couleur verärgert: Die einen tadeln ihn als *appeaser,* die anderen als Kalten Krieger. Dulles nannte seine Konzeption »negativ, nutzlos und unmoralisch«.

George Kennan kümmert dies alles wenig. Er scheut sich nicht, öffentlich zu erklären, daß er gegen eine egalitäre Gesellschaft ist. Er bezeichnet sich selbst als »Elitist,« also als jemanden, der an Eliten glaubt. Er hofft, daß sein Land nie ohne eine Elite sein werde, denn was sei die Alternative anderes als graue Mittelmäßigkeit.

Zuweilen hat er Ansichten, die ihn nach landläufiger Terminologie zum »Reaktionär« stempeln – aber ich habe nie gehört oder gelesen, daß er als solcher bezeichnet worden wäre. Jedermann spürt, daß er viel zu nuanciert ist, um in solche Kategorien gepreßt zu werden. Auch gewährt Lauterkeit wahrscheinlich eher Sicherheit gegen unqualifizierte Angriffe als der übliche Panzer aus Arroganz und banalen Modewahrheiten. Manchmal bringt das, was er beispielsweise über die Dritte Welt oder über Südafrika von sich gibt, auch mich in Harnisch, aber seine Begründungen sind so differenziert, daß ich mich hinterher frage, ob nicht vielleicht doch ich unrecht habe und nicht er. In der Zeit, in der die entscheidenden Fundamente für die Epoche nach dem Zweiten Weltkrieg gelegt wurden: Truman-Doktrin, Marshall-Plan, Japan-Politik, war George Kennan als Chef des Planungsstabs im State Department instrumental und verantwortlich an den Entscheidungen beteiligt.

Es ist interessant, von ihm zu hören, wie kurz entschlossen ein so gewaltiges Werk wie der Marshall-Plan in Szene gesetzt worden ist – von den ersten Denkanstößen bis zur Verkündung sind nur fünf Wochen, allerdings intensivster Arbeit, vergangen.

Am 28. April 1947 kam George Marshall höchst deprimiert von der Außenministerkonferenz in Moskau zurück. Ihm war klargeworden, daß die Sowjets ein Interesse am wirtschaftlichen Niedergang Europas als Vorstufe zur »Machtergreifung der Kommunisten« hatten und daß es keinerlei gemeinsame Politik der Sieger geben könne. Er ließ Kennan kommen, der den Posten im Planungsstab noch nicht übernommen hatte, und trug ihm auf, einen Ad hoc Stab zusammenzustellen und in möglichst kurzer

Zeit einen Bericht zu verfassen, der die wichtigsten Empfehlungen für das, was in Europa geschehen müsse, aufzeige; denn, so die Begründung, der Zustand dort verschlechtere sich in rapider Weise.

Am 5. Mai war der Stab beisammen. Es waren etwa ein halbes Dutzend Leute, von denen jeder Zugang zu den Erfahrungen einschlägiger Experten in verschiedenen Ministerien und Abteilungen hatte. Sie arbeiteten Tag und Nacht. Am 23. Mai legten sie Außenminister Marshall ihren Bericht vor, bei dem sie zwischen kurzfristigen und langfristigen Empfehlungen unterschieden. Der Außenminister versammelte am 28. Mai die Spitzen des Amts und die zuständigen Abteilungsleiter in seinem Büro und ließ die Arbeit in allen Einzelheiten diskutieren. Dann wurde Kennan aufgefordert, zu der Kritik Stellung zu nehmen. Er begründete noch einmal die wesentlichen Richtlinien, von denen er und der Planungsstab ausgegangen waren:

1. Daß Deutschland wirtschaftlich wieder voll und ganz auf die Beine gestellt wird und daß dies einen entscheidenden Beitrag für ein wiedererstarkendes Europa abgeben solle.

2. Daß die Europäer selber die Initiative für ein solches Programm ergreifen und Verantwortung übernehmen müssen.

3. Daß das Angebot ganz Europa – also auch den Osteuropäern – gegenüber abgegeben werden soll, damit, wenn denn Europa schon geteilt werden müsse, dies durch die Antwort der Russen und nicht durch die Offerte der Amerikaner geschieht.

Diese Grundgedanken und Erkenntnisse sind dann in vollem Umfang in die berühmte Rede eingegangen, mit der General Marshall am 7. Juni 1947 in Harvard das »European Recovery Program« verkündete.

In jener ersten Phase der Nachkriegszeit, in der die Welt sozusagen neu geschaffen wurde, in der die Strukturen verändert, andere soziale Muster erprobt und neue Allianzen gebildet wurden, kam dem Planungsstab soviel Bedeutung zu, wie er seither nie wieder gehabt hat. Dies lag zum Teil daran, daß die Politiker und auch die Bürokratien in den Ministerien damals mit akuten Problemen so vollständig ausgelastet waren, daß der Planungsstab für seine langfristigen Überlegungen unangefochtenen Spielraum bekam, und zum anderen lag es in der Person George Kennans.

Anders als die meisten Politiker und fast alle politischen Beobachter, die im allgemeinen nur die Anregungen anderer weiterdenken oder ergänzen, ist er ein originärer Denker. Damals, an jenem Wendepunkt der Geschichte, hat er die Welt und ihre Entwicklungstendenzen sowie die Akteure und deren Ambitionen neu zu durchdenken vermocht – nicht als Politiker, der von tausend Dingen abhängig ist, sondern als kreativer Mensch mit großem historischen Wissen und politischer Phantasie.

Nachdem die Planung für Europa konzipiert und von höchster Stelle verkündet worden war, wandte sich die Aufmerksamkeit des Planungsstabs im Herbst 1947 Asien und dem anderen besetzten Gebiet – Japan – zu. Kennan sah die Entwicklung sehr zutreffend voraus: »Solange die chinesischen Kommunisten eine Minderheitsbewegung sind, die um ihr Leben kämpft . . ., müssen sie gute Beziehungen zu Moskau unterhalten. Sollten sie zu einer Mehrheit werden, sollte es ihnen gelingen, einen größeren Teil Chinas unter ihre Kontrolle zu bekommen, dann könnte es sein, daß ihre Beziehung zu Moskau von da ab nicht viel anders sein wird als heute diejenige Tschiang Kai-scheks – denn dann wären sie viel eher in der Lage, eine unabhängige Position Moskau gegenüber einzunehmen.«

In Washington gab es damals kein Konzept für Japan. Die Vorstellung war ganz einfach, daß nach vollzogener Entmilitarisierung und nach Sicherstellung der Reparationsleistung die Besetzung beendet und ein Friedensvertrag abgeschlossen werden würde. Im Juli 1947 hatte das State Department auf Vorschlag McArthurs an die elf Mitglieder der »Far Eastern Commission« Einladungen zu einer Vorkonferenz geschickt, die den Entwurf des Friedensvertrags vorbereiten sollte. Russen und Nationalchinesen widersprachen diesem Plan heftig. Glücklicherweise, meint Kennan, denn wäre zu diesem Zeitpunkt ein Friedensvertrag zustande gekommen, wäre also Japan geräumt und dann sich selbst überlassen worden, hätte niemand sagen können, was aus dem Land werden würde. Nicht nur, weil es in einem vollständig wehrlosen Zustand und nach Abtretung der Kurilen und Südsa chalins an die Russen auch noch von sowjetischen Stützpunkten eingekreist war, sondern weil auch die kommunistischen Fortschritte in China nicht ohne Einfluß auf Japan hätten bleiben können.

Niemand, weder in Washington noch bei den Alliierten Regierungen, hatte sich den Kopf darüber zerbrochen, auf welche Weise das Land sich werde schützen können. Der Chef des Planungsstabs, George Kennan, legte darum im Oktober jenes Jahres seine Besorgnis in einem Papier für Außenminister Marshall nieder und schlug vor, die Vorbereitung eines Friedensvertrages einstweilen zurückzustellen.

Ende 1948 wurde Kennan von Marshall nach Japan geschickt, um die Situation zu studieren. Seine Schilderungen waren niederschmetternd: Millionen ausgebombter Leute, die Besatzungskosten auf etwa ein Drittel des staatlichen Budgets angestiegen, Chaos in der Industrie, wo laut Befehl die großen Konzerne aufgelöst werden mußten, ohne daß gesagt worden wäre, was weiter geschehen solle. Säuberungsprozesse, die ein gigantisches Ausmaß angenommen hatten – allein 120 000 Lehrer, insgesamt 700 000 Personen waren bereits mit Methoden und nach Gesichtspunkten, die für niemanden durchsichtig waren, »entnazifiziert« worden, und noch war das Ende dieser Massenveranstaltung nicht abzusehen.

Kennans Bericht enthielt detaillierte Empfehlungen: Lockerung des Besatzungsregimes, mehr Verantwortung für die Japaner; weniger Reformen, mehr wirtschaftlicher Wiederaufbau; Stopp der Reparationen und der Reinigungsprozesse; Reduzierung der Besatzungsarmee und der Besatzungskosten auf ein Minimum; Verstärkung der japanischen Polizei, Ausrüstung einer starken Küstenwache und maritimer Polizeikräfte. Bei all seinen Empfehlungen behielt er immer das Ziel vor Augen, letzten Endes mit den Russen zu einem Arrangement zu kommen: Rückzug der amerikanischen Verbände aus Japan (mit Ausnahme von Okinawa) gegen gewisse russische Zusicherungen in Korea.

Jene Empfehlungen, die Ende 1948 vom »National Security Council« und vom Präsidenten genehmigt wurden, sind dann zur Grundlage der neuen Politik in Japan geworden.

Im ersten Band seiner Memoiren schreibt George Kennan abschließend: »Ich habe das Gefühl, daß, nach der Arbeit am Marshall-Plan, mein Anteil am Zustandekommen dieser Veränderungen der wichtigste konstruktive Beitrag gewesen ist, den ich für die Regierung in all den Jahren habe leisten können.«

Damit allerdings sollte seine offizielle Tätigkeit auch ihr Ende finden. Am 1. Januar 1949 hatte Dean Acheson die Führung des State Department übernommen. Kennans Beziehungen zu diesem Chef waren anders und schwieriger als die zu Marshall. Und als im Herbst 1949 die obere Etage des State Department plötzlich verlangte, daß die Papiere des Planungsstabs von den Unterstaatssekretären und Abteilungsleitern diskutiert werden sollten, ehe sie den Außenminister erreichten, daß sie also diesem nicht mehr direkt vorgelegt werden dürften, sah Kennan keinen Sinn mehr in seiner Tätigkeit. Der Zweck des Planungsstabs war es ja gerade gewesen, den Minister mit Informationen und Ansichten zu konfrontieren, die er auf dem üblichen Instanzenweg nicht bekam.

Es fiel Kennan um so leichter, das State Department zu verlassen, als er hinsichtlich des Atlantik-Paktes anderer Auffassung war als das State Department, weil er, wie schon dargestellt, die Gefahr einer russischen Offensive nach Westen nicht gegeben sah.

Sein Konzept ging – im Gegensatz zum State Department – von zwei Voraussetzungen aus. Erstens: Deutschland darf nicht wiederbewaffnet werden und muß außerhalb der NATO bleiben. Zweitens: es muß alles getan werden, um den Weg für eine spätere Überwindung der Teilung Europas offenzuhalten. Der Abfall Titos von Moskau im Juni 1948 bestärkte ihn in der Ansicht, es müsse möglich sein, in Europa eine Zone militärischer Neutralität zu schaffen, aus der sich zu gegebener Zeit sowohl die Amerikaner als auch die Russen zurückziehen könnten. Weder die US-Regierung noch die europäischen Alliierten teilten seine Meinung: »Meine Freunde, denen die Teilung Europas weniger Kummer bereitete – manchen machte sie sogar Freude –, dachten nur daran, wie sie einen sowjetischen Angriff, den die Militärs für Anfang der fünfziger Jahre voraussagten, am besten abschrecken könnten.«

Im Juni 1949 verließ Kennan Washington. Noch schied er nicht endgültig aus dem Dienst aus, sondern trat einen langen, unbezahlten Urlaub an, der nur im Mai 1952 unterbrochen wurde, als das State Department ihn zum Botschafter in Moskau ernannte. Aber schon nach acht Monaten wurde er von Moskau zur *persona non grata* erklärt und mußte die Sowjetunion wieder verlassen. Als Dulles dann im Frühling 1953 plötzlich erklärte, für George Kennan sei kein Platz mehr im diplomatischen Dienst und auch nicht in der Administration – Kennan hatte nämlich in einer Rede dessen Wahlkampfparolen vom *roll back* des Kommunismus und der »Befreiung der Satelliten« scharf angegriffen –, wurde der ehemalige Diplomat als Historiker nach Princeton zum «Institute for Advanced Studies« geholt, wo damals die weltbewegenden Geister der Zeit arbeiteten: Albert Einstein, Robert Oppenheimer, Johann von Neumann . . .

Das Institut – kein riesiges Gebäude, eher ein großes Landhaus – liegt in einem Park am Rande von Princeton, es ist eine einzigartige Einrichtung. Es gibt dort keine Studenten und auch keinerlei Verpflichtungen für die Berufenen. Es ist einfach ein Platz, der denen, die zu außerordentlicher Leistung befähigt sind, ein Gehalt und ideale Arbeitsmöglichkeiten bietet: Spezialbibliotheken, Schreibkräfte, ruhige Arbeitsräume. Dort sind viele Bände des Kennanschen Œuvres entstanden.

Eigentlich ist es unverzeihlich, daß das State Department nicht versucht hat, Botschafter Kennan mit allen Mitteln zu halten; schließlich war er einer der ersten Karriere-Diplomaten Amerikas. 1924 war der diplomatische Dienst als selbständige Laufbahn eingerichtet worden; im gleichen Jahr war George Kennan nach Abschluß des Studiums eingetreten. Und mit den Jahren ist er dann wirklich zu einem Modell des modernen Diplomaten geworden: Er spricht drei Fremdsprachen fließend: Russisch, Französisch und Deutsch; er kennt die Geschichte und Kultur – insbesondere die Literatur – Rußlands und Deutschlands *à fond*; er hat eine besondere Begabung zur Analyse, und seine Berichte zu lesen, ist ein Genuß. Überdies: George Kennan – großgewachsen, schlank, gutaussehend – ist charmant, liebenswürdig, musikalisch . . . welcher Auswärtige Dienst würde sich nicht glücklich schätzen, durch einen solchen Mann repräsentiert zu sein. Vielleicht aber ist es ein »Naturgesetz«, daß ein so eigenständiger Geist in den großen modernen Apparaturen keinen Platz finden kann.

Noch einmal von der Kennedy-Administration ernannt, war Kennan von 1961 bis 1963 Botschafter in Belgrad. Aber er hielt es nicht lange aus: der Kongreß, der den Jugoslawen die Meistbegünstigung verweigerte und gewisse schon zugestandene Vorteile zu streichen drohte, machte es ihm unmöglich, dort zu wirken. Er quittierte den Dienst und ging zurück nach Princeton. Längst freilich hatte sich gezeigt, daß seine Wirkungsmöglichkeit durch Artikel und Vorträge an Universitäten und im Rundfunk weit größer war als auf einem Botschafterposten. Nie zuvor habe ich erlebt, daß vom gesprochenen Wort soviel Wirkung ausgehen kann wie von seinen *Reith-Lectures* im Jahr 1957. Er war damals für ein Studienjahr in Oxford und hatte diesen jedes Jahr von der BBC ausgestrahlten Zyklus von sechs halbstündigen Vorträgen übernommen. Jeden Sonntagabend saßen die politisch interessierten Hörer gebannt am Rundfunk, von Woche zu Woche wuchs ihre Zahl – schließlich waren es Millionen, nicht nur in England, auch auf dem Kontinent.

Was sie zu hören bekamen, war eine Bilanz der Ost-West-Beziehungen aus ganz neuer Sicht. Zwei Themen waren besonders brisant: sein Vorschlag, beide – die östlichen wie die westlichen – Besatzungstruppen zurückzuziehen, also ein *disengagement* herbeizuführen, wozu eine Rede Chruschtschows vor dem Parlament der DDR am 8. August 1957 eine gewisse Anregung bot, und seine Warnung, die kontinentaleuropäischen Mitglieder der NATO nicht mit taktischen Atomwaffen auszurüsten, weil dadurch später mögliche Abrüstungsverhandlungen enorm erschwert würden. Denis Healey sagte damals, daß seit den berühmten Reden Churchills die *Reith-Lectures* von George Kennan die bei weitem größte Breiten- und Tiefenwirkung gehabt haben. Kennan selbst war von dem Widerhall seiner Vortragsreihe vollkommen überrascht. Als ich ihn kurze Zeit danach in Oxford besuchte, meinte er, er habe sehr lange überlegt, ob er die Reihe wirklich übernehmen solle, denn er hätte immer gefürchtet, daß diese Vorträge ganz langweilig sein würden.

Natürlich war die Resonanz nicht nur positiv. Das offizielle Washington und selbstverständlich auch das damalige Bonn waren wütend: George Kennan sei unrealistisch, sei naiv – Acheson bezeichnete die *disengagement*-Idee als »furchtsame und defätistische Rückzugspolitik«. Die *Neue Zürcher Zeitung* füllte dreimal hintereinander alle vier Spalten ihrer ersten Seite mit zornigen Kommentaren. Sie wetterte gegen »die studierstubenbedingten Vorstellungen George Kennans«, gegen seinen Neutralismus und seine »gewagt optimistische Einschätzung der Immunität innerlich gesunder Staaten«. Es wäre interessant zu wissen, wer angesichts der Situation in Italien, Spanien und Portugal auch heute noch daran zweifelt, daß soziale und ökonomische Gesundheit den Staaten besseren Schutz gegen kommunistische Pressionen gewähren als militärische Stärke.

Die in den *Reith-Lectures* dargelegte Hauptthese war im Grunde die gleiche, die er schon in den vierziger Jahren vertreten hatte: Den Russen steht der Sinn nicht nach weiteren militärischen Eroberungen, sie halten politische Expansion für risikoloser. Darum muß alles für die wirtschaftliche Gesundung und die soziale Entspannung der europäischen Staaten getan und unter allen Umständen verhindert werden, daß die Teilung Europas zur Permanenz wird. Sein Vorschlag: *disengagement* der Großmächte, also das Auseinanderrücken der östlichen und westlichen Militärmacht.

Immer war er der Meinung gewesen, das Wichtigste sei es, die Russen wieder aus Zentraleuropa herauszubringen. Er konnte nicht verstehen, warum die Europäer sich von den Amerikanern so abhängig dünkten, daß sie lieber die russischen Divisionen in Kauf nahmen, als auch die US-Truppen abziehen zu sehen.

Das Argument: Die Russen gehen nur hinter die Weichsel, die Amerikaner müssen hinter den Ozean zurück, war für seine Lagebeurteilung unerheblich. Und auf den Einwand, konventionell seien die Russen den Europäern turmhoch überlegen, lautete seine Antwort: Auch während des vorigen Jahrhunderts haben sie stets eine Militärmacht unterhalten, die weit größer war als notwendig – »Das war schon 1840 und 1880 so; es war nach der Revolution von 1917 nicht anders als vor der Revolution.« Neu und bedrohlich sei nur die Tatsache, daß die Russen zum erstenmal mit ihren Armeen im Herzen Europas stehen. Wenn es gelänge, sie zum Rückzug zu bewegen, dann wäre, so meinte er, die Situation für Westeuropa nicht viel anders als während der ausgehenden Zaren-Zeit.

Bis zur Mitte der fünfziger Jahre erschien es mir durchaus zweifelhaft, ob Kennans Theorien den verängstigten Europäern (»Die Sowjets rollen doch in zwei Tagen durch bis zum Atlantik«, hieß es damals) psychologisch ausreichende Sicherheit gewähren könnten. Aber 1958, nach Stalins Tod, nach den Ereignissen in der DDR, in Ungarn und Polen, die doch alle bewiesen, daß es keinen monolithischen Kommunismus mehr gab, und angesichts des großen wirtschaftlichen Wiederaufschwungs in Europa erschien mir seine Theorie höchst einleuchtend. Die Entrüstung über ihn aber, so meinte ich, konnte doch nur ein Zeichen dafür sein, daß das Denken der Kritiker auf den alten Schienen eingerostet war und sie von neuen Fakten keine Notiz nahmen. Wie fehl am Platz der Vorwurf war, er sei ein naiver Träumer, zeigen schon wenige Passagen aus jener Vortragsreihe:

»Mir scheint es prinzipell sehr viel wichtiger, die russischen Truppen aus Mittel- und Osteuropa herauszubringen, als eine neue deutsche Armee aufzustellen, die den Russen, solange sie da sind, widerstehen kann.«

»Gewalt ist und bleibt ein unvermeidlicher Begleiter unseres Daseins. Die Alternative zur unentrinnbaren Gewalt ist nie und nimmer Gewaltlosigkeit . . . Aus allem, was ich gesagt habe, folgt darum nicht, daß man einseitig auf die atomare Abschreckungswaffe verzichten soll – aber militärische Vorkehrungen sind nicht Selbstzweck, sondern Mittel zum Zweck.«

»Die NATO ist kein Ersatz für Verhandlungen. Der Gegensatz zu den Sowjets ist so komplex, daß wir uns nicht auf ein einziges Mittel verlassen können: weder nur auf Politik noch allein auf militärische Maßnahmen.«

Nichts in der Ostpolitik war während der letzten 25 Jahre bei uns so umstritten wie die sowjetische Note vom März 1952. Nicht nur damals, auch heute entzünden sich gelegentlich noch vehemente Kontroversen an diesem Thema. Darum fragte ich George: »Kannst du mir einmal erklären, warum die drei Siegermächte die sowjetische Note vom 10. März 1952 sogleich abgelehnt haben, anstatt die dahinterstehenden Absichten erst einmal auszuloten?«

Mit dieser Note, über die jahrelang diskutiert wurde und die die Bundesrepublik zeitweise in zwei Lager zu spalten drohte, hatten die Russen offenbar erreichen wollen, daß die Ratifikation des Deutschlandvertrags und des Vertrags über die Europäische Verteidigungsgemeinschaft erst einmal aufgeschoben wurde. Der Lockpreis: ein der Note beigefügter Friedensvertrag, der die Wiedervereinigung Deutschlands vorsah sowie den Rückzug aller fremden Truppen binnen Jahresfrist; dafür sollte den Deutschen gestattet werden, eigene Streitkräfte, soweit sie zur Verteidigung notwendig sind, zu unterhalten; zur Bedingung wurde gemacht, daß Deutschland keinerlei Militärbündnis eingeht, das sich gegen einen der ehemaligen Kriegsgegner richtet; schließlich wurden Deutschland im Friedensvertrag die demokratischen Rechte einschließlich der Pressefreiheit garantiert.

Kennan antwortete, daß eine Koalition zu schwerfällig sei, um auf derartig plötzliche Angebote reagieren zu können. In diesem konkreten Fall sei die gemeinsame Politik – Eingliederung Deutschlands in die NATO – von langer Hand vorbereitet worden. Alle seien darauf festgelegt gewesen, vor allem England und Frankreich, die damals mehr Angst vor Deutschland gehabt hätten als vor der Sowjetunion. Es würde also viel zu lange gedauert haben, die drei Regierungen und danach auch noch die drei Hochkommissare zu einem neuen Übereinkommen zu bringen. Auf diese Weise haben wir leider nie erfahren, welchen Preis die Russen für den Nicht-Beitritt Deutschlands zur NATO zu zahlen bereit gewesen wären.

Gerd Bucerius, Verleger der ZEIT, der 1952 noch CDU-Abgeordneter war und den die Frage, ob Adenauer damals richtig gehandelt habe, lange Zeit quälte, hat Kennan gelegentlich gefragt: »War es richtig, daß Adenauer und die CDU/CSU-Fraktion beschlossen, erst die beiden Verträge zu ratifizieren und dann mit den Russen zu verhandeln – schon um nicht den Rapallo-Komplex der Verbündeten zu wecken –, oder hätten Sie uns zur umgekehrten Reihenfolge geraten?«

George Kennans Antwort: »Wenn man wirklich hätte herausfinden wollen, ob die Russen es ernst meinten, dann hätte man die Sache offenhalten und sie, solange man noch eine gewisse Handlungsfreiheit besaß, mit dem Kreml diskutieren müssen. Es war müßig zu glauben, daß ein Deutschland, das Teil der EVG oder der NATO geworden war, noch in der Lage sein könnte, mit den Russen die Frage zu besprechen, die sie am allermeisten interessierte: die Frage der militärischen Zukunft Deutschlands und seiner Allianz.«

In den siebziger Jahren hat Kennan sich mit der Epoche beschäftigt, die zum Ersten Weltkrieg führte: mit dem letzten Viertel des vorigen Jahrhunderts – insbesondere mit der russisch-französischen Allianz. Monatelang ist er herumgereist und hat in den Archiven gearbeitet: in Paris, Moskau, Wien und Bonn sowie in Helsinki, wo eine außerordentlich reiche Sammlung russischer Zeitschrifen archiviert ist.

Er hat alte russische Provinzzeitungen gelesen und sich im Hinblick auf den Coburger Ferdinand von Bulgarien sogar um das Hausarchiv in Coburg gekümmert. Übrigens ist dabei ein Nebenprodukt angefallen: die Geschichte von der Wahl des jungen Prinzen Alexander von Battenberg zum bulgarischen Herrscher, die sich vor dem Hintergrund der französischen und russischen Machenschaften, gewürzt mit Bismarcks Pfeffer, umrankt von der Liebesgeschichte Alexanders mit einer preußischen Prinzessin, wie ein Polit-Krimi liest. Man muß hoffen, daß er dieses Kabinettstück historischer Recherchen, das ganz neue Zusammenhänge aufdeckt, einmal gesondert herausgeben wird.

Wahrscheinlich war George Kennan in gewisser Weise erleichtert, als ihn das Schicksal aus der praktischen Politik entließ und er sich als Historiker und politischer Beobachter der Zeitgeschichte zuwenden konnte. Vor 20 Jahren schrieb er im ersten Band seiner Memoiren den unvergeßlichen Satz: »It helps to be the guest of one's own time and not a member of his household.« Kennan ist ein wunderbar einfühlsamer »Gast« mit vielen Antennen. Er spürt das Kommende, längst ehe es sich manifestiert, und vermag das Vergangene in einer Tiefendimension zu deuten und zu artikulieren, wie es sonst allenfalls nur Dichter können.

In seinem letzten, 1989 erschienenen Buch beschreibt er in dem Kapitel »Wiedersehen mit Berlin« einen Abend, an dem wir 1960 gemeinsam über das Trümmerfeld von Ost-Berlin wanderten. Diese wenigen Seiten sind von so tiefer Einsicht, sind so eindringlich geschrieben, beschwören die Tragik des menschlichen Daseins und die Aussichtslosigkeit, dem Leben einen Sinn zu geben, in so endgültiger Form, daß ich hier daraus zitieren möchte. Es sind die Gedanken und Visionen eines Menschen, der Chronist, Moralist und Dichter zugleich ist:

»Mittlerweile war die Abenddämmerung hereingebrochen, jenes lang dahin dämmernde Zwielicht nördlicher Nächte. Unter den Bäumen dunkelte es schon, aber der Himmel war noch hell. Ein Hauch von Gold erfüllte die Luft. Vor uns lag der große Platz, der an die riesige Ruine des wilhelminischen Doms grenzt. Der weite Raum wirkte unendlich still und leer. Nur ein Liebespaar, das unter den Bäumen am Zeughaus stand, entfernte sich betroffen, als wir uns ihm näherten. Um uns herum nichts als Ruinen, die Skelette riesiger alter Bauten, halbdunkle Silhouetten vor dem hellen Himmel. Im ursprünglichen Zustand mögen es anmaßende Imitationen gewesen sein, jetzt vermittelten sie den Eindruck einer so majestätischen Größe, wie ich es noch nie gesehen hatte – nicht einmal in Rom.

Die Einmaligkeit dieses Momentes wurde uns beiden so deutlich, als hätte ein Blitz die Landschaft erleuchtet. Nie zuvor hatte ich solche Stille und Schönheit erlebt, solche Traurigkeit und Zeitlosigkeit. Tod – der Tod war greifbar nah, erfüllte die Luft, ein schweigsamer, erhabener, schwer lastender Tod – sonst nichts.

Hier hatte die unermeßliche Tragödie des Zweiten Weltkrieges, die Millionen Toten, das Meer der Trauer und des Kummers, das Verlöschen von Glauben, Leben und Hoffnung ihre Endgültigkeit gefunden. So überwältigend war dieser Eindruck, daß wir nur noch zu flüstern wagten, so, als befänden wir uns in einer feierlichen Kathedrale.

Niemand, keine Menschenseele war mehr in Sicht. Doch nein,

hoch oben, auf den obersten Stufen der gewaltigen Treppe, die zu den Überresten des Domes führte, sahen wir auf dem Sockel einer geborstenen Marmorsäule drei halbwüchsige Jungen sitzen. So bewegungslos, als seien sie selbst Statuen, schweigend, unendlich allein und verlassen; ihre verlorenen, trotzigen Gestalten brannten sich tief in mein Gedächtnis ein, so daß ich sie heute noch vor mir sehe: die Ellbogen aufs Knie gestützt, das Kinn in der Hand ruhend, ein Sinnbild der Verlassenheit des Menschen und seiner Ziellosigkeit, die Verkörperung seiner Einsamkeit, Hilflosigkeit und Wehmut – seiner Unfähigkeit zu begreifen.

Schweigend fuhren wir zurück über die totenstille Straße, die einst ›Unter den Linden‹ hieß, zum Brandenburger Tor, durch den Tiergarten. Als wir zurückkamen in das helle Licht und geschäftige Treiben West-Berlins, erschien uns dies alles verspielt und trivial: eine großsprecherische Zivilisation, aufgedonnert und vergänglich. Nichts von alledem schien mehr von Belang.«

Kennan hat weit mehr als ein Dutzend gelehrter Bücher über Rußland geschrieben und ist – dies sollte man über seiner literarischen Begabung nicht vergessen – einer der bedeutendsten Sowjetologen Amerikas: kompetent, präzis, klar, – ein Kenner von Geschichte, Kultur und Philosophie Rußlands, der Russisch spricht wie seine Muttersprache. Er war in Rußland zur Zeit der großen Stalin-Prozesse; er war in Berlin, als Hitler Amerika den Krieg erklärte. Unter Truman diente er als Botschafter in Moskau, und unter Kennedy führte er die Botschaft in Belgrad.

Das Dichterische, Sensible, Emotionale ist nur die eine Seite von George Kennan; er ist gleichzeitig ein Historiker hoher Qualität, eine Mischung von politischem Praktiker und weitschauendem Visionär. Im Korea-Krieg warnte er – wie sich bald herausstellte: mit Recht – davor, den 38. Breitengrad zu überschreiten, weil dies die Sowjets oder die Chinesen zum Eingreifen zwingen würde.

Und Vietnam? Schon 1950, noch zur französischen Zeit, warnte er Acheson in einem Memorandum, ja nicht die Aktivitäten der Franzosen zu garantieren, »die weder sie noch wir, noch auch wir gemeinsam meistern können«.

Im Jahr 1967 schrieb er zum Abschluß einer Betrachtung über Deutschlands gefährliche Hinneigung zum Nationalismus: »Wenn es denn vereinigt werden sollte, dann muß Deutschland Teil einer größeren Einheit werden. Eine Wiedervereinigung Deutschlands wäre nur erträglich als integraler Teil eines wiedervereinigten Europas.«

Vor einigen Jahren erschien in Amerika ein Buch von Walter Isaacson und Evan Thomas »The wise men – six friends and the world they made«. Die sechs Weisen, die von den Autoren als die Architekten des amerikanischen Jahrhunderts bezeichnet werden, waren jedenfalls die Architekten der neuen Welt, die aus den Trümmern des Zweiten Weltkrieges entstand. Neben George Kennan rechneten die Autoren dazu: Robert Lovett, John McCloy, Averell Harriman, Charles Bohlen und Dean Acheson. Der einzige heute noch lebende ist George Kennan.

Er wird bis heute, wie stets in den letzten vierzig Jahren, um seine Ansicht gefragt, wenn es um Rußland geht. Im Januar 1990 wurde er vom Senat zu einem *hearing* über die Sowjetunion geladen. Er schilderte die ungeheuren Probleme, mit denen Gorbatschow konfrontiert ist. Er sei zwar in Gefahr, aber Kennan meinte, es sei nicht sehr wahrscheinlich, daß schon bald ein anderer an seine Stelle treten werde, weil die Schwierigkeiten so groß seien und so akut, daß nicht einmal ein Rivale diesen Job anstrebe. Im übrigen, so sagte er, wäre Gorbatschow wahrscheinlich nicht mehr im Amt, wenn sein internationales Prestige nicht so große Bedeutung besäße für die Sowjetunion.

Ein Jahr zuvor hatte er ebenfalls vor dem Senat aussagen müssen. Damals, als noch viele Leute an die Gefahr einer militärischen Intervention Moskaus in Osteuropa glaubten, machte er ganz deutlich, daß dies keine realistische Option für Gorbatschow sei. Er erhob im übrigen eindringliche Vorwürfe gegen die übertriebene Rüstungspolitik der Regierung.

George Kennan sprach in seiner ruhigen, bestimmten Art, ohne Emotionen, ohne Theatralik, kenntnisreich und überzeugend. Als er geendet hatte, erhoben sich wie auf ein Kommando alle Senatoren und das ganze Publikum von ihren Plätzen, um ihm Respekt zu erweisen. Das hatte man in Washington noch nicht erlebt.

Das Mögliche möglich machen

Helmut Schmidt

1976, ergänzt 1990

Der Anfang war nicht gerade rosig: Als Helmut Schmidt 26jährig im Oktober 1945 aus englischer Gefangenschaft – »Wir hatten bis zum Wahnsinn gehungert« – nach Deutschland zurückkehrte, gab es kein Zuhause mehr. Die Wohnung in Hamburg war ausgebombt und seine Frau noch während des Krieges in eine billige Wohnung vor den Toren Berlins gezogen. Dort, in jenem kleinen Ort, liegt auch das erste Kind begraben. Berlin war damals, im Herbst 1945, eine einzige Ruinenlandschaft: riesige Gebirge von Trümmern und Schutthalden, so weit das Auge reichte, durchschnitten von tiefen Tälern, den ehemals breiten Straßen, die sich nun zu kleinen Fußwegen verengt hatten. Trampelpfaden gleich wanden sie sich bald rechts, bald links um einzelne zu Tal gerutschte Felsbrocken.

Geld hatten die Schmidts nicht, Aussicht auf bezahlte Arbeit auch nicht. Das Ehepaar beschloß, ins heimische Hamburg zurückzukehren. Zwar gab es auch dort nur Trümmer – aber wenigstens waren es vertraute Trümmer. Sie lebten vom Verkauf der Raucherkarten, später verdiente er etwas Geld mit Nebenarbeiten: Steuererklärungen für kleine Geschäftsleute und gelegentliche Schreibarbeiten für die Partei, während seine Frau Loki Lehrerin wurde.

Ein paar Wochen der Besinnung in Hamburg, dann begann Helmut Schmidt zu studieren. »Wir waren erfüllt von dem unbekannten Abenteuer geistigen Nicht-eingeengt-Seins, von der Suche nach einem neuen Deutschland, und wir genossen zum erstenmal im Leben die Wohltat der Meinungsfreiheit.« Er hatte sich immer für Architektur interessiert, hatte eigentlich Städteplaner werden wollen, aber dann mußte er das billigste Studium wählen, das, was am schnellsten ging: Volkswirtschaft. »Ich habe damals unheimlich viel gelesen und diskutiert und dabei mehr gelernt als in der Uni.« Diese Generation hatte schon zuviel hinter sich, als daß sie noch wie die vorangegangene gläubig zu den Professoren hätte aufblicken können – so gesehen begann schon damals der Umbruch, den später dann die Apo vollzog.

»Nachträglich hat sich ja nun herausgestellt, daß dies genau das richtige Studium war – oder halten Sie alles für Zufall?«

»Ich weiß nicht, ich glaube, wenn einer nicht eine ganz spezielle Begabung hat, die ausgebildet und gepflegt werden muß, dann ist es ziemlich gleichgültig, was er lernt. Wenn er was taugt, dann setzt er sich überall durch.«

»Was für Pläne und Absichten verbanden sich denn damals mit diesem Studium?«

»Überhaupt keine. Ich habe in meinem persönlichen Leben eigentlich nie geplant, aber ich hatte genug Selbstvertrauen, um zu wissen, daß ich es schon schaffen würde.«

»Und was war dieses Es?«

»Nicht unterzugehen und etwas Sinnvolles tun zu können.«

Es ist wahr, wenn man Helmut Schmidts Werdegang betrachtet, scheint sich eigentlich immer alles von selbst ergeben zu haben. So war es sicherlich ganz selbstverständlich, daß er als Student Bundesvorsitzender des SDS, des Sozialistischen Deutschen Studentenbundes, wurde; daß er nach Fritz Erlers Tod dessen Nachfolge als Fraktionsvorsitzender antrat; daß er und kein anderer als Nachfolger Willy Brandts ins Bundeskanzleramt einzog, als dieser im Mai 1974 plötzlich zurücktrat.

Und auch die andere Aussage ist zutreffend und überzeugend: Es ging ihm immer darum, etwas für sein Land und für die Allgemeinheit zu tun. Er würde nie sagen: für die Nation oder fürs Vaterland, weil das zu große Worte sind, aber im Grunde meint er genau dies. Der höchste Grad der Beschwörung, der ihm geläufigste Appell lautet: »Sie als Preuße müssen doch . . . «, wobei für ihn die Hanseaten, denen er sich sehr bewußt zugeordnet fühlt, offenbar in der Nähe der Preußen angesiedelt sind. Schmidt

Helmut Schmidt

wurzelt sehr bewußt in seiner Vaterstadt. »Bei uns in Hamburg«, pflegte er auch als Bundeskanzler zu sagen.

Im Juli 1962 stand in der Hamburger *Welt* ein Dreisterne-Artikel, der mit den Worten begann: »Wenn ich nicht Berliner wäre, so würde ich gern für immer in Hamburg bleiben wollen, vielleicht auch in München – aber wo sonst noch in Deutschland? In Frankfurt verdienen sie zuviel Geld, in Düsseldorf zeigen sie es außerdem noch, in Stuttgart sind sie mir zu eifrig und in Neu-Bonn zu aufgeblasen. Es bleibt Hamburg, diese großartige Synthese einer Stadt aus Atlantik und Alster, aus Buddenbrooks und Bebel, aus Leben und Lebenlassen . . . «

Aber dann schüttelt der Autor dieses, wie er meint, schlafende Hamburg und zürnt mit ihm. Es sei nicht getan mit Grünflächen-Idyllen in jedem Stadtteil und mit neuen U-Bahnstrecken: »Es mag genug sein für die Stadt Hamburg – es ist zu wenig für das Land, zu dem wir alle gehören.« Trotz intensiver Recherchen stellte sich erst Jahre später heraus, daß Helmut Schmidt der Autor jenes Artikels war.

Als ich jetzt die Schriften Schmidts aus der Zeit vor der Kanzlerschaft las, war ich verblüfft, wie wenig dieser sich im Laufe der Jahre verändert hat. Zwar ist er ruhiger geworden und gebraucht nicht mehr so rüde Ausdrücke wie früher, auch hat er nicht mehr so häufig jene spontanen Zornesanfälle, die manchmal merkwürdig unbegründet erschienen – eher physiologisch als intellektuell bedingt –, aber seine Grundanschauung, seine politischen und moralischen Maßstäbe sind die gleichen geblieben.

Im Jahr 1948, damals, als er in Hamburg studierte und alles noch im Fluß war, Psychologie und Soziologie noch nicht popularisiert und vulgarisiert waren, sondern ein verhältnismäßig unbekanntes Feld darstellten, das die Deutschen erst zu entdecken begannen, denkt der junge Schmidt über gesellschaftliche Entwicklungen nach und stellt fest, daß der Klassenaufbau nicht der Vorhersage des Kommunistischen Manifests entspricht. Daß es nicht das Eigentum an Produktionsmitteln ist, das Macht verleiht – siehe die machtlosen Aktionäre im Verhältnis zu den mächtigen Konzernherren –, daß es aber eine »neue Klasse« von Funktionären und Bürokraten gibt, die die Gesellschaft bedrohen. Manch einer hat dies heute noch nicht verstanden. Er argumentiert gegen diejenigen, die da propagieren, die Sozialdemokratie solle eine Klassenpartei bleiben. Er findet, sie soll sich öffnen, soll mehr werden als dies.

Schmidts Forderungen zur Universitätsreform, die er 1948 in einem parteiinternen Mitteilungsblatt der Hamburger SPD veröffentlichte, klingen auch heute noch recht modern. Unter anderem forderte er damals, daß die Universitätsverfassungen den beharrenden Kräften nur die Rolle des Gegengewichts gegenüber den Vorwärtstreibenden einräumen sollten, vor allem auch bei der Berufung neuer Lehrkräfte. Ferner: Die Vorlesung sei zwar für die Darstellung großer Zusammenhänge unentbehrlich, für die Entwicklung der Urteilsfähigkeit und des selbständigen Denkens der Studenten müßten aber viel mehr Seminare eingerichtet werden – »das erfordert Berufung und ausreichende Besoldung einer größeren Zahl junger Dozenten und Assistenten«. Schließlich stellt er fest, Universitäten seien nicht dazu da, »Eintrittsscheine für eine gehobene Laufbahn« zu erteilen. Er wettert gegen das »Berechtigungs- und Laufbahnwesen«.

Seit jenen Studententagen hat die Politik Helmut Schmidt nicht wieder losgelassen. Unter Berufung auf Max Weber ist er der Meinung, um Politiker zu werden, müsse man drei Eigenschaften besitzen: Leidenschaft, Verantwortungsgefühl, Augenmaß; er selber fügt hinzu: Einfühlungsvermögen, Beredsamkeit und Zivilcourage gehörten ebenfalls dazu. Er hat viel darüber nachgedacht, was eigentlich den Führer in der Demokratie kennzeichnet, denn er ist überzeugt, daß ohne ihn die Demokratie nicht zu überleben vermag. »Sie bedarf der Führer – von Washington und Jefferson bis zu Kennedy, von Disraeli bis zu Churchill, von August Bebel über Friedrich Ebert bis zu Fritz Erler.«

Erforderlich sind nach seiner Meinung Sicherheit des Urteils, Fähigkeit zur umfassenden Analyse und Argumente, die zu überzeugen vermögen. Der Politiker müsse die in der konkreten Situation möglichen Ziele und Wege deutlich machen können; er müsse zweitens in der Lage sein, rasch Entscheidungen zu treffen, und drittens aufzeigen können, was zur Verwirklichung getan werden müsse. Schließlich müsse er auch das Verwalten gelernt haben, sonst sei er zum Scheitern verdammt: »Adenauers hervorragende Eignung zum Regierungschef hing eben zu einem Teil mit der Verwaltungserfahrung des langjährigen Kölner Oberbürgermeisters zusammen.«

Wenn ich beschreiben sollte, warum der Politiker Helmut Schmidt ein so erfolgreicher Staatsmann ist, dann würde ich sein Bild genau aus diesen Mosaiksteinen zusammensetzen: Er, der auf vielen Gebieten kompetent ist – Wirtschaft und Währung, Außenpolitik und Sicherheit –, vermag eine Situation oder ein Problem glasklar zu analysieren; er versteht abzuschätzen, was unter den obwaltenden Umständen machbar ist; er besitzt Entschlußfähigkeit, um die entsprechenden Entscheidungen zu treffen; und er verfügt schließlich über die notwendige Beredsamkeit und Formulierungsgabe, um die Leute zu überzeugen. Seine Urteilsfindung beginnt, wie er selber bekennt, immer mit einer instinktiven Reaktion, die er dann durch eigenes Nachdenken rational und sachbezogen prüft, um danach die gewonnene Erkenntnis im Gespräch mit mehreren, einzelnen oder in der Diskussion mit einem Team zu erhärten; meist stelle sich dabei heraus, daß der Instinkt recht gehabt hat. Schmidt liebt Diskussionen, vor allem solche, die *braintrust*-Charakter haben, aber nicht um ihrer selbst willen. Seine Devise lautet: »Diskussionen müssen zu Ergebnissen, Ergebnisse zu Entscheidungen und Entscheidungen zu Taten führen.«

»Wenn sich etwas Außergewöhnliches, zum Beispiel ein Fall Guillaume, bei Ihnen ereignete, mit wem würden Sie das Bedürfnis haben, zuerst zu sprechen?«

»Nicht nur mit einem, mit mehreren, sicher mit Wehner, auch mit Brandt. Es kommt darauf an, worum es sich handelt: Beim Parlament ist meine Kontrolle Marie Schlei, in persönlichen Dingen mein Freund Berkhan, in bezug auf Außenpolitik häufig Sanne.« (Carl-Werner Sanne war Abteilungsleiter im Bundeskanzleramt.) Bei allen Genannten fügt er, quasi als Begründung, hinzu: Der oder die hat nämlich ein ganz unabhängiges Urteil. Die Bonner Korrespondenten und andere Beobachter beschreiben Helmut Schmidts Führungsstil so: Bei der morgendlichen Lagebesprechung, wie auch im Kabinett oder in Parteigremien, oft sogar auf der Rückreise von Gipfelbesprechungen oder Konferenzen, faßt der Bundeskanzler selbst die Ergebnisse für den Protokollführer zusammen und legt dann häufig dabei auch gleich das weitere Verfahren fest. Was sich als noch nicht entscheidungsreif erwiesen hat, wird in den Sitzungen ohne Umschweife abgesetzt. Seine Umgebung, also die unmittelbaren Mitarbeiter, sind so ausgesucht, daß nicht, wie zu Ehmkes Zeiten, hier und da Gerüchte entstehen – alle sind verschwiegen, schnell, präzis und leistungsfähig. Jeder faßt sich kurz, auch die Minister. Debatten, beispielsweise im Kabinett, ufern nicht mehr aus. Willy Brandt habe mit nie endender Geduld endlosen Debatten zugehört. Und oft sei solch eine lange Debatte dann mit der Bemerkung beendet worden, darüber müsse noch einmal geredet werden. »Helmut Schmidt dagegen greift sofort ein, wenn der Entscheidungsprozeß zu verschwimmen droht.«

Der Regierungschef, so sagen die Mitarbeiter, sei offen und freimütig im Gespräch, verlange dafür aber äußerste Diskretion. Sein Zwölf- bis Vierzehn-Stunden-Tag ist nach dem Prinzip der größtmöglichen Wirksamkeit eingeteilt; selten, daß einmal etwas Luft bleibt.

Der Präsident des Deutschen Forstwirtschaftsrats, der einmal bei ihm war, um über seine Sorgen zu berichten – vorgesehene Zeit: 20 Minuten –, wurde allerdings über eine Stunde festgehalten und war dann ganz beeindruckt von der Art und Weise, wie der Bundeskanzler die Gelegenheit benutzte, um etwas über ein ihm unbekanntes Gebiet zu erfahren: Wie man den Holzbestand pro Hektar mißt, mit welchen Methoden man den jährlichen Zuwachs ermittelt und so weiter.

Der Grund für die ungewöhnliche Verlängerung der Audienz mag auch gewesen sein, daß der Besucher ihm ein Bestimmungsbuch über Wasservögel mitgebracht hatte. Und so drehte sich denn die Unterhaltung eine ganze Weile um den Großen Brachvogel, um Wanderfalken und Strandläufer, während im Vorzimmer drei Minister warten mußten. Ein kritischer Kollege, dem ich diese Geschichte erzählte, meinte, zum erstenmal erscheine ihm dieser Kanzler richtig menschlich. Ornithologie ist eine geheime Leidenschaft von Helmut Schmidt. Es gibt deren auch noch weitere, beispielsweise Malerei und Musik. Er selbst spielt, wie man weiß, Orgel, und nur ungern verpaßt er interessante Ausstellungen, wobei die französischen Impressionisten und die deutschen Expressionisten seine Vorliebe sind. Als ich sein Hamburger Haus zum erstenmal nach dem Umbau, der nun doch nötig geworden war, wieder betrat, sagte ich bewundernd und ganz naiv: »Das muß aber ein erstaunlich geschickter Architekt gewesen sein.« Ich hatte Helmut Schmidt in zwanzig Jahren nie verlegen gesehen, jetzt aber schien er für einen Moment fast verwirrt: »So ein Lob habe ich noch nie bekommen – ich habe die Pläne nämlich selbst gezeichnet.«

Schmidt lebte für einen Regierungschef, noch dazu des potentesten Landes in Europa, sehr bescheiden. Er ist in dem Haus wohnen geblieben, das zu einer Siedlung der »Neuen Heimat« gehört; es befindet sich in Langenhorn, einem Vorort, in dem »man« in Hamburg eigentlich nicht wohnt. Sein Ferienhaus am Brahmsee in Schleswig-Holstein ist so winzig, daß – nachdem er Kanzler geworden war – daneben noch ein kleines Nebenhaus errichtet werden mußte für Büro und Fernschreiber und einen Schlafraum für die Leibwächter. Im ersten Sommer seiner Kanzlerschaft mußte er noch jedes Telefongespräch selber abnehmen: Der arglose Anrufer, der sich nur den Weg dorthin beschreiben lassen wollte, bekam einen rechten Schrecken, wenn ihm eine barsche Stimme: »Schmidt« entgegenschlug.

Helmut Schmidt kann sehr barsch, ja schroff abweisend sein, wenn er jemand nicht leiden mag. Überhaupt ist er in seiner Grundstimmung eher kühl und kurz angebunden, was vielleicht auf einer gewissen Unsicherheit beruht. Es fehlt ihm an Leichtigkeit – Liebenswürdigkeit ist nicht seine Stärke. Man hat oft das Gefühl, daß er ständig auf der Hut ist, jederzeit bereit, sich auf irgendeinen Unglücklichen, der sein Mißfallen erregt hat, zu stürzen. So ist er denn auch in der Diskussion oft aggressiver als nötig. Es gibt Leute, die meinen, er habe Ressentiments, die er nicht loswerden könne. Es kann aber auch sein, daß diese scheinbare Wesensart mehr eine unkontrollierte Verhaltensweise ist: die Kehrseite ständiger Konzentration und verhaltener Energie.

In für ihn sehr typischer Weise hat sich damals, 1974, der

Kabinettswechsel vollzogen. Brandt war am 7. Mai zurückgetreten und Schmidt am 16. Mai mit 267 von 492 Stimmen gewählt worden. Schon drei Tage nach seiner Nominierung hatte er das neue Kabinett beisammen. Fünf Minister waren sogleich ausgewechselt worden. Eine Woche später war die Regierungserklärung fertig. Im Kabinett änderte er sofort die Sitzordnung. Er setzte Wirtschaftsminister Friderichs und Finanzminister Apel dem Chefplatz gegenüber, »weil die immer am meisten reden müssen«. Und wenn die Fraktionsvorsitzenden hinzugezogen wurden, die bisher in solchen Fällen irgendwo am Rande saßen – was den heutigen Bundeskanzler seinerzeit offenbar geschmerzt hat –, dann wurden sie jetzt an privilegierter Stelle zwischen Friderichs und Apel placiert.

Der Zeitpunkt des Kanzlerwechsels war für Helmut Schmidt weiß Gott nicht günstig. Der große Erdrutsch der SPD bei den Hamburger Wahlen lag erst zwei Monate zurück: Die SPD war dort innerhalb von vier Jahren von 55,3 Prozent auf 44,9 Prozent gesunken, die CDU von 32,8 Prozent auf 40,6 Prozent gestiegen. Um den Trend zu wenden, blieb nicht mehr viel Zeit, denn danach folgten die Länderwahlen Schlag auf Schlag: im Juni 1974 Niedersachsen, im Oktober Bayern und Hessen. Nirgends erreichten die Verluste der SPD das Ausmaß des Hamburger Debakels, aber Einbußen von drei Prozent mußte die Partei überall hinnehmen.

Schon während der Jahre zuvor hatte Schmidt in privaten Gesprächen seinem Groll oft freien Lauf gelassen und in der Öffentlichkeit eine sehr kritische Sprache geführt. Er fand, es sei vor allem in der Periode von 1969 bis 1972 mehr versprochen worden, als man hätte halten können.

Im März 1974, zwei Monate vor dem Kanzlerwechsel, fand eine Fernsehsendung mit Merseburger und Nowottny statt, in der Schmidt dagegen polemisierte, daß die SPD als Ganzes – nicht nur die Regierung in Bonn – keinen klaren, eindeutigen Eindruck mehr mache; die SPD habe nach 1972 zu vielen neuen Mitgliedern gestattet, »irgendwelche schönen Rezepte zu verkünden und so aufzutreten, als sei dies die Meinung der Führung«.

Aufgefordert, Beispiele zu nennen, erinnerte Schmidt an den »Maklerbeschluß« (wegen des Maklerunwesens sollte der Berufsstand der Makler abgeschafft werden) und an die Aktion »gelber Punkt« (die den Eindruck erweckte, als sei allein die Gattung Einzelhändler an den Preissteigerungen schuld). Es gehe nicht an, meinte der damalige Wirtschaftsminister Schmidt, daß intelligente, wahrscheinlich gutwillige junge Akademiker in ihrer Eigenschaft als Jungsozialisten politische Programme verkündeten, die dann manche Leute als Programm der SPD ernst nähmen. Die Wähler seien nicht zur CDU gegangen, weil sie diese Partei attraktiver fanden, sondern weil sie den Eindruck gewonnen hatten, »daß die SPD die Interessen junger Akademiker wichtiger nimmt als die Interessen der Arbeitnehmer«.

Und zwei Tage nach dieser Fernsehsendung, in der Sitzung des Parteivorstandes am 8. März 1974, ist seine Kritik noch schonungsloser: »Einer der wesentlichen Eindrücke, den die Menschen in unserem Lande von Regensburg bis Flensburg haben, ist doch der, daß die SPD einen großen Teil, einen zu großen Teil ihrer Energie und Aktivität auf die innere Auseinandersetzung verwendet. Dieses Bild der dauernden inneren Auseinandersetzung, ohne daß irgendwo Klärung und Schlußstriche erfolgen oder neue Standpunkte bezogen werden und dann Schluß ist mit der Sache – dieses Bild ist seit Jahr und Tag gegeben . . .

Eines erwartet doch jeder Bürger von seiner Regierung: daß sie die klassischen Grundfunktionen des Staates anständig aufrechterhält, zum Beispiel wirtschaftliche und soziale Sicherheit. Wenn wir den Eindruck machen sollten, daß wir selbst das nicht ganz hinkriegen, dann können wir an Programmatik und Reformversprechen oben draufsetzen, was wir wollen. Wir haben zunächst einmal, wie jedwede Regierung in jedem Lande, die klassischen Staatsfunktionen für den Bürger befriedigend zu erfüllen, und dazu gehört neben wirtschaftlicher und sozialer Sicherheit auch: innere Sicherheit, innere öffentliche Sicherheit und nicht die Beschimpfung der Polizisten, die für Sicherheit sorgen.«

»Den Wählern in der Mitte das zu verkaufen, was erst 1990 geschieht, das muß man Robert Jungk überlassen und den Futurologen«, sagte er 1974. »Die Sozialdemokratische Partei ist keine futurologische Seminareinrichtung, sondern eine Partei, die alle vier Jahre und zwischendurch noch in Kommunal- und Landtagskämpfen wiederum das Vertrauen braucht, das Vertrauen ihrer eigenen Leute plus dem Vertrauen der Mitte, die sich auch anders entscheiden könnte, falls wir sie verscheuchten.«

Helmut Schmidt spürte voller Unruhe und mit wachsendem Zorn, daß die Partei allmählich zerfranste und die Bürger sich enttäuscht und ärgerlich von ihr abwandten. Er wurde immer grantiger, mußte immer häufiger ins Krankenhaus. Für jemand, der zielstrebig ist, der zu wissen meint, was falsch ist und wie es besser gemacht werden könnte, war diese erzwungene Führungs-passivität quälend. Lange schon schwankte er zwischen Wider-stand und Resignation, und da Resignation dem Wesen eines so aktiven, so ungeduldigen Menschen von Grund auf zuwider ist, geriet er immer mehr in Konflikt mit sich selbst, wurde immer frustrierter. So war es für viele eine Überraschung, daß der während der letzten Jahre häufig kränkelnde Helmut Schmidt nach Übernahme des Kanzleramts nicht unter dem Streß und der größer gewordenen Last der Verantwortung zusammenbrach, sondern ganz im Gegenteil förmlich aufblühte. Unmittelbar nach der Wahl zum Bundeskanzler, noch am selben Tag, also am 16. Mai 1974, fand eine Sitzung der SPD-Bundestagsfraktion statt, in der Helmut Schmidt eine Art Manöverkritik hielt. Er sagte, nach dem Wahlsieg vom Herbst 1972 »haben wir ein wenig das Augenmaß verloren. Wir haben mit einem Teil unserer Wäh-ler keine Tuchfühlung mehr, zum Teil deswegen, weil wir uns übernommen haben und glaubten, man könne in vier Jahren einer Koalitionsregierung das Jahrhundert in die Schranken fordern und Dinge als machbar ankündigen, für die eine Generation erforderlich ist«.

Helmut Schmidt war entschlossen, keine Zeit zu verlieren. Immer hatte er wie ein Verrückter gearbeitet. Als Fraktionschef, als Verteidigungsminister, als Wirtschafts- und Finanzminister hatte sein Arbeitstag nur selten weniger als 14 Stunden betragen, jetzt beflügelte ihn noch größere Aktivität. Wie ein Wirbelwind fuhr er in alle Gassen und Ecken, trieb die Bürokraten zur Eile, rief die Jusos zur Ordnung, redete den Unternehmern ins Gewis-sen. Auf dem Landesparteitag der SPD in Hamburg im September 1974 herrschte der Bundeskanzler die verdutzten Parteigenossen

an: »Was denkt ihr denn, was die Arbeiter interessiert bei Edel-
stahlwerk Witten AG? Oder die, die auf Kurzarbeit gesetzt sind
bei VW oder bei NSU oder in Wolfsburg oder in Emden? Was
denkt ihr denn, was die Angestellten der Hamburger Sparkasse
oder der Iduna interessiert? Oder die Leute auf Howaldt? –
Theoriedebatte ist etwas Notwendiges – mein Gott, ja; man
braucht Grundlagen. Ich bilde mir ein, in meinem Leben dazu
auch eine ganze Menge beigetragen zu haben – mit mehreren
Büchern, mit einer Reihe wissenschaftlicher Aufsätze und auch
mit einem ersten Entwurf zu einem Langzeitprogramm. Aber es
ist etwas anderes, in seinem eigenen Studierzimmer mit seinen
Genossen darüber zu reden oder dieses geistige Ringen quasi als
Hauptinhalt einer Partei der öffentlichen Meinung darzustellen.
Geht gefälligst hin in die Delegiertenversammlung der Gewerkschaften, in ihre Funktionärsversammlungen, geht gefälligst hin
zu den Zusammenkünften der Arbeitnehmer unserer Partei, um
zu begreifen, was die Arbeiter wirklich berührt. Und ersetzt dies
nicht durch theoretische Bekenntnisse zu den Interessen der Arbeitnehmer.
    Es gibt schwerwiegende weltwirtschaftliche Probleme, die 80
bis 100 Entwicklungsländer und 22 Industrieländer der Welt in
diesem Jahr 1974/75 in schwerste Bedrückung bringen mit Infla-
tion und Arbeitslosigkeit und daraus resultierenden sozialen
Strukturproblemen. Guckt doch hin nach Italien, nach England,
guckt hin nach Amerika mit beinahe schon sechs Prozent Arbeitslosigkeit! Ihr aber philosophiert über die Vergesellschaftung oder
Nicht-Vergesellschaftung! Meine Güte noch einmal, dies ist eine
Stadt, die genug Möglichkeiten hat, draußen die Welt einzufangen
und zu lernen, was daraus zu lernen ist, und auch der Welt
draußen zu helfen!
    Die Weltwirtschaft ist in eine Krise geraten, die ihr nicht
begreifen wollt. Ihr beschäftigt euch mit der Krise des eigenen
Hirns statt mit den ökonomischen Bedingungen, mit denen wir es
zu tun haben. Ja, ja, ja – es wird ja wohl auch innerhalb der
eigenen Partei ein klares Wort erlaubt sein und nicht nur unseren
Gegnern in der CDU/CSU gegenüber.«
    Diese Rede löste bei den jungen Linken große Erbitterung aus.

Konkret protestierte dagegen, daß jede Meinungsbildung mit der Drohung erstickt werde:»Wer nicht kuscht, hat die nächste Wahlniederlage auf dem Gewissen.« Die Bundesvorsitzende der Jungsozialisten, Heidi Wieczorek-Zeul, hatte Schmidt schon nach seiner ersten Regierungserklärung im Mai 1974 vorgeworfen, er löse nur kurzfristig Stimmenprobleme und verstärke die antiintellektuelle Stimmung in der Bevölkerung. Ihr Stellvertreter, Johano Strasser, meinte, die gegenwärtige Regierungspolitik der SPD sei dazu angetan, die Parteibasis zu zerstören, vielleicht sogar, die Partei zu spalten. Der SPD-Abgeordnete Ulrich Lohmar konstatierte, mit Willy Brandt sei die Strategie der inneren Reformen geopfert worden.

Der neue Kanzler stößt bei vielen Intellektuellen, nicht nur bei den Jusos, auf Abwehr und Argwohn. Er wird als »Macher« oder als »Pragmatiker« abgestempelt – wobei diejenigen, die ihn Macher nennen, es darauf abgesehen haben, ihn zu diskreditieren, während das Epitheton Pragmatiker zwar gelegentlich Anerkennung bezeugt, im allgemeinen aber auch eher abträglich gemeint ist. Alle diese Kritiker sehen nicht, daß die Situation, in der die Partei und das Land sich befanden und noch auf lange Zeit sich befinden sollten, nur mit einer Politik à la Schmidt gemeistert werden konnte.

Im August 1980 hatten sich drei Intellektuelle – Fritz Raddatz, Siegfried Lenz und Günter Grass – zu einem Streitgespräch mit Bundeskanzler Helmut Schmidt gerüstet. Der Hintergedanke: nachzuweisen, daß er nichts von Kunst verstehe und reaktionäre Kunstauffassungen habe – kurz, ihn aufs Kreuz zu legen. Bei der Lektüre der höchst interessanten Unterhaltung, die die ZEIT damals veröffentlichte, stellt sich am Schluß die Frage: Ist es nicht eigentlich der Kanzler, der die Wahlstatt als Sieger verlassen hat, oder waren es die drei Schriftgelehrten? Mindestens streiten kann man darüber.

Merkwürdig: Wenn derselbe Helmut Schmidt, wie er ursprünglich vorhatte, Architektur und Urbanistik studiert hätte und dank seiner hohen Intelligenz und ungewöhnlichen Tüchtigkeit heute sicherlich einer der großen Städteplaner Europas wäre, dann würde er als solcher von allen Intellektuellen geschätzt und geehrt werden. Als Politiker aber ist er ihnen in hohem Maße suspekt! Sie lieben ihn nicht, sie achten ihn nicht einmal, aber sie brauchen ihn.

Intellektuelle sind bereit, den Maler, der ein interessantes Bild gemalt, den Tischler, der ein seltenes Möbelstück vollendet hat, oder den Intendanten, an dessen Theater eine perfekte Aufführung inszeniert wurde, zu loben, zu preisen und zu bewundern. Ein Regierungschef aber, der die höchste aller Künste beherrscht, optimal zu führen und zu verwalten und Menschen, Dinge und Institutionen ohne allzu große Reibungsverluste maximal miteinander zu versöhnen, den kritisieren sie. Dabei gibt es nichts Befriedigenderes als mitzuerleben, wie ein Land anständig regiert wird.

Es muß wohl der antagonistische Widerspruch von Macht und Geist sein, der die Beziehung zwischen Politikern und Intellektuellen vergiftet. Wahrscheinlich ist es der Ärger des Politikers über den Intellektuellen, der angeblich niemandem verantwortlich ist und der, wie die Politiker meinen, immer nur kritisiert, ohne je beweisen zu müssen, daß er es besser machen könnte; und die Abneigung des Intellektuellen gegen den Politiker, der in seinen Augen ein anfechtbares Geschäft mit fragwürdigen Mitteln betreibt, oft dubiose Kompromisse eingehen muß, »fünfe gerade sein läßt«, stets von Freiheit redet, aber seine Zuflucht meist bei der Autorität sucht.

Bis zur Bundestagswahl im Herbst 1976 werde von der SPD viel verlangt, schrieb der Bundeskanzler in einem Artikel zum achtzigsten Geburtstag von Kurt Schumacher im Oktober 1975: »Wir werden dabei unsere Kraft nicht auf Gedankenspiele im Sandkasten des Purismus verzetteln, sondern sie in Solidarität für unsere konkrete politische Arbeit einsetzen.« Da wird der Gegensatz ganz deutlich; und dann noch einmal in dem von ihm bei dieser Gelegenheit zitierten Wort von Schumacher: »Daß unsere Partei sich nicht darauf beschränken kann, Ideen zu wählen. Die Partei steht vor dem Problem, die nächstliegenden praktischen Aufgaben zu meistern.«

Über sein Verhältnis zu den Intellektuellen befragt, ist der Kanzler ungewohnt zurückhaltend. Sie hätten es nicht gern, wenn man sie zwar anhört, aber ihren Rat dann nicht befolge. Philosophen taugten nicht zur Politik, und Politikern müsse man nachsehen, wenn sie für ihre Entscheidungen und ihr Tun nicht jedesmal die moralphilosophischen Grundlagen mitlieferten.

Was freilich der Politiker haben sollte, ist, so meint er, »ein geschärftes Empfinden für Wahrheit und Unwahrheit, für Gerechtigkeit und Ungerechtigkeit, für Gemeinnutz und Eigennutz«. Helmut Schmidt ist gewiß kein Philosoph, aber er hat ein sehr ausgeprägtes moralisches Koordinatensystem und ein bei allen Erwägungen und Entscheidungen immer wieder durchscheinendes Verantwortungsgefühl für die Allgemeinheit – die Gesellschaft, den Staat.

Er besitzt überdies eine Eigenschaft, über die nicht viele Politiker und auch nur wenige Intellektuelle verfügen – er hat Zivilcourage, und das heißt doch in seinem Fall: Er hat keine Angst, sich unpopulär zu verhalten. Er geht wie ein Terrier auf die dicksten Keiler los: Den Ideologen hat er auf dem Parteitag in Hamburg den Marsch geblasen; den Unternehmern bei der Versammlung des Bundesverbandes der Arbeitgeber im Dezember 1975 die Leviten gelesen: »Hören Sie doch auf, so zu tun, als wenn die Regierung die Löhne in Deutschland festsetzt.« Er geißelte den »verbandsoffiziellen Pessimismus« und empfahl den Unternehmern, sich weder als Ersatzpartei noch als Parteienersatz zu fühlen. Den Gewerkschaften erklärte er, daß die Gewinne der Unternehmer in diesem Jahr stärker steigen müßten als die Löhne, damit die Investitionsquote wüchse und zukünftige Arbeitsplätze geschaffen würden.

Vielleicht ist es für ihn auch leichter als für andere, keine Rücksichten zu nehmen, weil er seine Position nur sich selbst zu verdanken hat – nicht den Gewerkschaften oder der Grünen Front, nicht Katholiken oder Protestanten.

Beim Kirchentag in Frankfurt im Juni 1975 attackierte er vor den 6000 Menschen, die sich in der überfüllten Kongreßhalle drängten, seine Parteifreunde, Pfarrer Albertz und Bundesverfassungsrichter Helmut Simon. Sie hatten erklärt, daß die staatlichen Maßnahmen gegen den Terrorismus die freiheitlichen Grundrechte bedrohten. Schmidt erwiderte, Unzufriedenheit mit diesem

Staat sei überhaupt keine Entschuldigung für rechtswidrige Gewaltanwendung:»Das Grundgesetz ist in diesem Bereich nicht nur ein Angebot freiheitlicher Rechte, sondern ein System aus Angebot und Verboten, die eingehalten werden müssen.«

Bei derselben Veranstaltung stand in der Diskussion ein Mann auf, der »im Namen aller Schlesier« gegen die Preisgabe deutschen Gebietes durch die Regierung Brandt/Scheel protestierte. In der Halle erhob sich ohrenbetäubender Lärm – die Zuhörer übertönten mit rhythmischem Pseudo-Beifall den Sprecher, dem schließlich auch noch das Mikrophon abgestellt wurde. Gegen Schluß meldete sich Schmidt noch einmal zu Wort, um dem Protestierer zu antworten. In der Sache stimme er ihm in keinem einzigen Punkt zu, aber dann sagte er, an das Publikum gewandt, mit großer Schärfe:»Daß Sie den Mann hier nicht einmal haben ausreden lassen, finde ich einfach skandalös und einer demokratischen Gesellschaft unwürdig.« Der Berichterstatter notierte: Der Saal reagierte mit beschämtem Schweigen.

Helmut Schmidt ist ein strenger Präzeptor – er glaubt nämlich an die diesbezügliche Verantwortung des höchsten Amtes; er weiß, daß man Maßstäbe setzen und auch übermitteln kann, wenn man sie selbst glaubhaft vertritt und wenn man seine Zielsetzungen überzeugend darzustellen vermag. Immer neue Felder beackert er auf diese Weise: die Max-Planck-Gesellschaft, wirtschaftliche Gremien, Universitäten. Seine Fähigkeit, komplizierte Zusammenhänge, vor allem weltwirtschaftliche, einleuchtend darzustellen und Denkanstöße zu vermitteln, fasziniert die Zuhörer fast immer.

In der Paulskirche in Frankfurt am Main warnte er einmal die Mitglieder des Deutschen Sportbundes vor einer Sportideologie. Sie sollten aufpassen, daß sie sich nicht der Kampfideologie kommunistischer Gesellschaften anpaßten.

Immer hat er Sorge, Bürokratismus, Zentralisierung und staatliche Autorität könnten den Raum der Freiheit einengen. Darum verteidigt er den Wettbewerb und die Marktwirtschaft wie ein engagierter Liberaler. Als er erfuhr, daß in Hamburg Hunderte von Schauspielern ohne Engagement leben, weil angeblich die Schauspielschulen zuviel Nachwuchs ausbildeten, warnte er davor, hier regelnd einzugreifen. »Ich bin nicht sicher, ob der Staat den künftigen Bedarf an Schauspielern richtig einzuschätzen und zu planen vermag. Er hat auch den künftigen Bedarf an Öl und Kohle nicht richtig einzuschätzen vermocht ... Je mehr Berufe wir durch Zugangsprüfungen versperren, um so mehr Rigidität bringen wir in die Gesellschaft und um so mehr Freiheit geht verloren.«

Diese Weltanschauung, von einem Sozialdemokraten vertreten, ärgert natürlich viele: die Systemveränderer, die jungen Ideologen und die alten Orthodoxen. Die von der anderen Couleur, die parteipolitischen Gegner, ärgern sich auch, weil der Bundeskanzler ihnen auf einem Teilgebiet die Möglichkeit zur Polemik nimmt. Und von denen, die keinerlei Parteiinteresse haben, sind viele deshalb ärgerlich, weil sie meinen, Schmidt gäbe vor, alles zu wissen, mindestens alles besser zu wissen. Es habe gar keinen Zweck, sich mit ihm zu unterhalten, nach fünf Minuten belehre er seinen Gesprächspartner doch darüber, daß dieser nichts von dem Gegenstand der Unterhaltung verstehe.

Mag sein, daß dies in manchen Fällen zutrifft, wenn aber der Gesprächspartner kompetent oder über ein entlegenes Gebiet informiert ist, bombardiert Helmut Schmidt ihn mit Fragen und wird nicht müde, ihn auszuquetschen. Er ist eben noch immer neugierig, und man muß staunen, wie hoch sein Informationsstand in sehr vielen ganz verschiedenen Bereichen ist.

Mitte der siebziger Jahre saßen wir in einer kleinen Runde beisammen, die früher regelmäßig zusammenkam. Carl Friedrich von Weizsäcker erzählte von interessanten Messungen, die auf Hawaii vorgenommen worden sind und bei denen sich herausgestellt hat, daß der CO_2-Gehalt der Atmosphäre durch Verbrennung von Öl und Kohle während der letzten Jahrzehnte ständig gestiegen ist. Er erwähnte den Bericht eines Professors, den er vor kurzem gelesen hatte und der daraus einschneidende Veränderungen für unser Klima ableitet, konnte sich aber nicht mehr genau erinnern, wo er ihn gelesen hatte. »Meinen Sie den auf der Wissenschaftsseite der *Neuen Zürcher Zeitung*?« fragte Schmidt. Ganz recht, den meinte er. Wer wirklich unstillbares Interesse hat, findet eben immer noch Zeit, mehr zu lesen als andere, auch wenn die Akten sich jeden Tag zu neuen Bergen auftürmen.

Richtig ist natürlich, daß Helmut Schmidt über eine gute Portion Arroganz verfügt, die zu verschleiern er sich entwaffnend wenig Mühe gibt. Als ein Interviewer den Kanzler einmal fragte, ob er nicht eine Mannschaft, die ihm zuarbeite, oder wenigstens intellektuelle Gesprächspartner als ständige Begleiter entbehre, antwortete er: »Nein, intelligent bin ich selber. Ich brauche einen Beamten, der mich kontrolliert.« Und ein andermal: »Ich bin nicht vollkommen zufrieden mit meiner Partei, und die nicht mit mir. Aber ich finde keine bessere Partei, und die haben keinen Ersatz für mich.«

Die Besonderheit seiner Intelligenz besteht darin – und das kommt in jenem leicht ironischen Statement gut zum Ausdruck –, daß sie sozusagen doppelgleisig ist. Er besitzt alle Fähigkeiten des Intellektuellen zur Analyse, gleichzeitig aber auch jene praktisch zupackende Intelligenz des »gewußt wo«. Er sagte nicht nur kluge Sachen, er tat auch einfach ungemein viel gescheite Dinge, die vor ihm kein Regierungschef getan hat. So hat er auf seinen großen Reisen nach Amerika, Moskau und China jeweils zwei Unternehmer und zwei Gewerkschaftsführer mitgenommen, nicht nur als Statisten, sondern als Mitglieder des engeren Beraterkreises. Sie haben beispielsweise an der Formulierung der Reden mitgewirkt, die der Regierungschef zu halten beabsichtigte. Eine treffende Beobachtung bei solcher Gelegenheit: »Der Kanzler ist ungemein klar, was das Konzept betrifft, stürmisch, was das Tempo der Erörterung angeht, aggressiv, wenn es sich um Passagen handelt, die ihm politisch falsch oder instinktlos erscheinen.«

Helmut Schmidt war immer dann am eindrucksvollsten, wenn es darum ging, mit Katastrophen fertig zu werden. Am Anfang seiner Laufbahn steht die Flutkatastrophe in Hamburg, die im Februar 1962 über die Hansestadt hereinbrach. Über 300 Menschen ertranken, 75000 wurden obdachlos und verloren all ihre Habe. Eine solche Naturkatastrophe hatte die Stadt seit dem Mittelalter nicht mehr erlebt. Helmut Schmidt, damals Innensenator seiner Vaterstadt, riß das Gesetz des Handelns an sich. Er fragte nicht nach Zuständigkeit und Gesetz, nicht nach Kompetenzen und Dienstregeln, er übernahm das Kommando.

Herbert Weichmann, der damalige Finanzsenator, war sehr erschrocken, als sein Kollege plötzlich entschied, daß jedem Betroffenen – sie hatten ja alle keinen Pfennig zur Verfügung – als erste Hilfe sofort 50 Mark auszuzahlen seien, was in die Kasse des Finanzsenators ein Loch von mehreren Millionen riß. Weichmann Jahre später hierzu: »Natürlich hatte er nicht die Kompetenz dazu. Vom konstitutionellen Standpunkt aus hätte nicht einmal der Senat die Befugnis gehabt, weil ja die Bürgerschaft eine solche Entscheidung hätte billigen müssen. Er aber kümmerte sich nicht um den Bürgermeister, nicht um den Senator für Finanzen, er traf seine Entscheidung – und ich meine, er hatte recht.« Damals begann Helmut Schmidts Höhenflug.

Und noch einmal, im Oktober 1977, bei der Verfolgung der Terroristen, die eine Lufthansa-Boeing 737 mit 87 Passagieren in ihre Gewalt gebracht hatten, lief er zu großer Form auf. Von Donnerstag bis Dienstag wurden die Unglücklichen, eingepfercht auf den engen Raum der Maschine, um die halbe Welt gejagt: Rom, Zypern, Dubai, Aden, Mogadischu. Immer neue Ultimaten der Gangster: »Wenn nicht bis . . ., dann sprengen wir die Maschine in die Luft.«

Schmidt, fünf Nächte kaum geschlafen, schwankte keinen Augenblick. Für ihn war klar: Nachgeben kommt nicht in Frage, auch wenn ihm und dem Krisenstab ein katastrophaler Ausgang wahrscheinlicher erschien als ein glückliches Ende.

Eine Spezialeinheit – GSG 9 –, heimlich nach Mogadischu beordert, und der in vielen Abenteuern bewährte Wischnewski zum Gegenspieler der Terroristen bestellt, begann überfallartig das sorgsam geplante, nächtliche Unternehmen. In drei Sekunden waren die Türen aufgebrochen, Blendraketen, die einen Höllenlärm verursachten und minutenlang jede Sicht verhinderten, machten es möglich, die Geiselnehmer blitzartig zu überwältigen. 87 Passagiere waren frei, drei Terroristen tot. Rund um die Welt wurden des Bundeskanzlers Willensstärke und Führungskraft gepriesen,

Sein Renommee im Ausland ist nur mit Superlativen zu beschreiben. Meist ist er es, der, wenn es schwierig wird, erfolgreich in die Bresche springen muß. Mich hat am meisten beeindruckt, daß ein englischer Botschafter nach der berühmten Rede, die Helmut Schmidt vor dem Labour-Parteitag in England gehalten hatte, zu mir sagte:»You know, we would take him any day as our Prime Minister« – das von einem Engländer über einen Deutschen!

Zu jenem Ereignis, das auf dem Höhepunkt der inner-englischen Auseinandersetzung über den Austritt aus der EG stattfand, war Helmut Schmidt als Gastdelegierter gefahren. Die Antieuropäer hatten schon zuvor erklärt, sie würden den Saal verlassen, wenn er versuchen sollte, sie mit Belehrungen zu traktieren; die Diplomaten hatten ihm geraten, das Thema ganz und gar zu meiden, und letzte Warnung: Vor der Westminster City Hall, dem Tagungsort, krakeelten Demonstranten mit Plakaten – Schmidt aber sah hier eine Aufgabe, und darum wagte er es dennoch. Er gab Ratschläge erst nach geschickten ökonomischen Analysen in Form von witzigen Metaphern, seine Zurechtweisungen glichen werbenden Appellen:»Wir wissen, daß eure Entscheidung noch aussteht, aber eure Genossen auf dem Kontinent wollen, daß ihr bleibt. Werft das bitte in die Waagschale, wenn ihr von Solidarität redet.« Der Beifall wurde schließlich zur Ovation, die sogar die Erzwidersacher Europas, Tony Benn und Peter Shore, mitriß.

Die *Sunday Times*, die ihm als Kanzler eine ganze Seite widmete, nannte Schmidt den ersten westeuropäischen Führer von globaler Statur seit Charles de Gaulle. Kein anderer Regierungschef unserer Zeit sei so prädestiniert, so optimal geeignet für diesen »Job«: ein mitreißender Redner, einer der drei oder vier Bonner Parlamentarier, die zu einer wirklich improvisierten Debatte in der Lage sind, ein fast legendärer Arbeiter, ein Fachmann für Wirtschaft, Verteidigung, internationale Beziehungen und Innenpolitik.

Weil er diese Eigenschaften besitzt und weil er seine Kenntnisse und damit seine Urteilsfähigkeit auf weltwirtschaftlichem Gebiet immer *à jour* gehalten hat, ist er als Gesprächspartner und als Redner heute noch genauso gefragt wie damals, als er Kanzler war. Der heutige Herausgeber der ZEIT ist viel auf Reisen. Aber für gelegentliche Ausstellungen, häufiger für Konzerte, findet er immer noch Zeit. Der Sinn für Musisches ist trotz aller Hektik noch nicht verdorrt.

Die Kraft der Geduld

Anwar el-Sadat

1979

Als Präsident Sadat 1979 in Safaga, einer Stadt von 20 000 Einwohnern am Roten Meer, die Rede zum 1. Mai hielt, stand in der *Egyptian Gazette*:»Seit der Pharao Seti I. vor 3200 Jahren in Safaga ein Goldbergwerk eröffnete, ist Mr. Sadat der erste ägyptische Führer, der diesen Ort wieder besucht hat.« In keinem anderen Lande der Welt könnte eine solche Feststellung getroffen werden: Nirgendwo sonst gibt es soviel Kontinuität.

Für die Ägypter ist dies ein wichtiges Argument. Gerade in jenen Tagen, in denen 16 arabische Länder und der Iran ihre diplomatischen Beziehungen zu Kairo – das seit jeher das geistige Zentrum des Mittleren Ostens gewesen ist – abgebrochen haben, hörte man oft: »Wir haben schließlich eine siebentausendjährige Geschichte hinter uns und ganz gewiß noch ein paar Jahrtausende – oder mindestens Jahrhunderte – vor uns. Was kümmern uns diese Nachbarn, deren Staaten im vorigen Jahrhundert vom Zufall oder durch das Diktat irgendeines Kolonialherrn gebildet worden sind.« Nein, als Kettenreaktion von politischen und finanziellen Katastrophen, wie ein Außenstehender doch meinen könnte, wurde der Abbruch der Beziehungen nicht gewertet. Die Ölsperre? »Aber wir exportieren doch selber etwa neun Millionen Tonnen im Jahr.« Und die Finanzhilfe der arabischen Brüder? »Die war nicht so groß, wie alle Welt glaubt.« Niemand in Kairo war besorgt, niemand ratlos, niemand verzweifelt. Vielleicht waren sie nur zu stolz, es sich anmerken zu lassen, dachte ich und war gespannt, was der Präsident sagen würde.

Präsident Sadats Tageslauf war nicht weniger beansprucht

als der von Bundeskanzler Schmidt, nur war das Arbeitspensum von ganz anderer Natur. Er war kein Schreibtischarbeiter, auch kein Administrator. Anwar el-Sadat mußte ständig in den Provinzen herumreisen, die Notabeln sehen, zum Volk sprechen, die Behörden tadeln, loben, kontrollieren, anspornen, denn er war der Chef, auf den hin alles konzentriert und konstruiert war. Ohne ihn ging nichts. Es gab keine Antwort auf wichtige Fragen, ehe er nicht gesprochen hatte. So gesehen zog sich wirklich ein roter Faden von den Pharaonen zu dem Präsidenten, der im Gegensatz zu seinem Vorgänger Nasser ohne Bespitzelung, Denunziantentum und politische Gefangene auskam.

»The President has agreed to see you«, wurde mir eines Tages mitgeteilt, aber nicht wann – zwar wurde der Tag genannt, aber nicht die Stunde, das sei ganz normal, sagte der deutsche Botschafter, man dürfe halt nicht ausgehen, sondern müsse warten. »Und wo findet so ein Gespräch gewöhnlich statt?« – »Das weiß man vorher auch nicht, kann sein in Ismailia am Suezkanal oder hier in Kairo in seinem Haus, vielleicht auch in dem Regierungspalais bei den Barragen.«

Es fand schließlich bei den Barragen statt – etwa 45 Minuten außerhalb von Kairo: ein schöner, stiller Park, Uniformen sind nicht sichtbar. Ein Zivilist mit Walkie-talkie führte mich zu einer herrlichen alten Baumgruppe, unter der zwei Stühle standen.

Der Präsident erhob sich und kam mir entgegen. Der erste Eindruck: eine fragile, fast zierliche Persönlichkeit, sehr abgespannt, erschöpft. Er hatte anstrengende Wochen hinter sich, und er hatte am Tag zuvor bei 45 Grad im Schatten zwei Stunden lang zu 30 000 Arbeitern gesprochen. Eine erregte Rede mit heftigen Angriffen auf die arabischen Nachbarn: »Ghaddafi, the Libyen lunatic« (der libysche Narr) – »die saudischen Verräter, die zum Werkzeug der radikalen Araber und der Sowjetunion geworden sind und die die Amerikaner glauben machen wollen, sie seien die Führer der arabischen Welt . . . «

Ich frage den Präsidenten, wann es wohl möglich sein werde, die Rüstungsausgaben zu senken. Antwort: »Wir werden etwas weniger ausgeben und vielleicht das System der Rekrutierung ändern – aber wir müssen gut gerüstet bleiben.« Wo er in Zukunft

Anwar el-Sadat

mit Vorrang investieren werde? »Ganz sicher in der Landwirtschaft, das findet auch Ihr Kanzler sehr vernünftig.«

Ich spüre, die Fragen langweilen ihn, und versuche es darum auf einem anderen Feld: »Die meisten Politiker erschöpfen sich heute im Reagieren. Sie, Herr Präsident, haben immer wieder agiert und dadurch neue Situationen geschaffen. Glauben Sie eigentlich, daß Menschen die Geschichte verändern können, oder können wir nur kleine Steuerungsmanöver im großen Strom vornehmen?« Bei dieser Frage dachte ich nicht nur an seine unerwartete Reise nach Jerusalem, sondern auch daran, daß er, der als Rußland-Anhänger galt, die Sowjets im Juni 1972 plötzlich aus dem Land gewiesen hatte.

Sadat wird lebhaft: »Oh, ich bin ganz überzeugt, daß es immer Menschen sind, die die Geschichte machen.« Er weist nicht, wie Nasser es getan hätte – dessen imperialistische Visionen ich gelegentlich mit angehört habe – auf große Revolutionen und erfolgreiche Eroberer hin, er zitiert Erfindungen, die die Welt verändert haben – beispielsweise die Elektrizität.

Frage: »Aber braucht man nicht immer einen Partner, der mitspielt? Wenn die Israelis damals im November 1977 auf Ihre Reise gleich entsprechend reagiert hätten, dann wäre die Reaktion der Nachbarn doch wohl anders ausgefallen?« Sadat sagt, es sei alles eine Frage des Vertrauens. Die Israelis hätten sich damals einfach nicht vorstellen können, daß er meinte, was er sagte. »Wissen Sie, ich hatte geglaubt, 75 Prozent dieses Problems seien Psychologie und 25 Prozent objektive Tatbestände – heute weiß ich, daß 85 Prozent Psychologie sind und nur 15 Prozent reale Schwierigkeiten. Wenn die Israelis jetzt einen Schritt voranmachen, dann mache ich zwei.«

»Sie meinen, daß das Ganze ein Prozeß ist, währenddessen die Verhandelnden sich ebenfalls verwandeln?« Ein kurzes Aufleuchten: »Genau das meine ich. So vieles hat sich schon gewandelt. Es hat sechzehn Monate gedauert, aber die Weichen sind gestellt. Friede wird sein.« Man müsse nur Geduld haben, meint er, denn die nächsten Monate würden sehr schwer werden. Aber er befinde sich in voller Übereinstimmung mit dem Volk, das den Frieden will, und dies könne man von keiner der anderen Regierungen sagen. Auch der Einwand, ob es denn überhaupt möglich sei, weiterzukommen, wenn von beiden Seiten der Begriff Autonomie ganz verschieden interpretiert werde – von den einen als Anfang einer stetigen Entwicklung, von den anderen als Endstation –, kann ihn nicht beirren.

»Ich habe nicht ganz verstanden, warum Sie gestern die Saudis so attackiert haben, die sind für Ägypten doch wohl wichtiger als alle anderen?«

»Mag sein, aber wir wissen heute, daß sie es waren, die einige der anderen gegen uns aufgewiegelt haben. Aus Schreck über das, was im Iran geschehen ist, und aus Angst vor den Radikalen gebärden sie sich radikaler als jene.«

»Sie sagen, aus Schreck über den Iran . . . Könnte denn bei den Saudis Ähnliches geschehen?«

»Nein, einstweilen nicht. Verstehen Sie, das ist eine *tribal society*, die wie ein Beduinenstamm geführt wird. Zwischen Riad und Dschidda liegen Hunderte von Kilometern Wüste, es gibt keine Städte, keinen Mittelstand. Revolution wird es einstweilen nicht geben, freilich ewig so bleiben kann dieses feudale System auch nicht.«

Ich frage, ob er wirklich für eine neue Genfer Konferenz sei, was doch bedeutet, daß die Russen wieder an einer Lösung im Mittleren Osten beteiligt werden. »Warum nicht, wir haben nichts dagegen. An uns soll es nicht liegen – nur nach acht Tagen wäre wohl jeder mit jedem zerstritten. Druck auf die Radikalen ist ebenso nutzlos wie Druck auf die Israelis. Wir müssen das Klima verändern und die Gefühle der Menschen – alles andere bringt nichts.«

Sadat könnte einem Realisten fast naiv erscheinen, aber vielleicht war er, der offenbar nichts von Manipulationen hält und begriffen hat, daß Macht nicht mehr ausschließlich mit militärischer Macht identisch ist – wie das Schicksal des Schah bewiesen hat –, viel realer als seine Umwelt.

Was für ein erstaunlicher Mann! Unbegreiflich diese Gelassenheit, ohne Grenzen sein Mut. Und was für ein eiserner Wille in dieser zerbrechlichen, zähen Persönlichkeit lebte. Anwar el-Sadat mutete eigentlich mehr wie ein Asiate an: wissend, vertrauend, schicksalsbereit wie ein buddhistischer Mönch. Aber da war noch eine Komponente, die jenem fehlt und die den Präsidenten von Ägypten davor bewahrte, verstiegenen Gefühlen und illusionären Visionen zum Opfer zu fallen: eine gewisse Bauernschlauheit, eine ganz natürliche Beherrschung von List und auch Humor.

»Das ägyptische Dorf« – seine Heimat – spielte für ihn eine große Rolle. Was Entfremdung ist, wußte er nicht – er ist nie entfremdet worden. Er war eingebettet in die vertrauenspendende und Hoffnung verheißende Religion seiner Väter und in die Zeitlosigkeit des ägyptischen Dorfes, auch wenn er in Kairo lebte, hin und her über den Ozean flog und mehr Probleme auf ihm lasteten als auf den meisten anderen Staatsmännern.

Der amerikanische Außenminister: bewundert viel – und viel gescholten

Henry Kissinger

1976

Wir haben sehr viel Unheil über andere Länder gebracht, man könnte darüber fast vergessen, daß einige Staaten von uns auch profitiert haben. So verdankt uns Österreichs habsburgisches Reich den bedeutendsten Staatsmann seiner Geschichte: den Fürsten Klemens Metternich; England seinen berühmtesten Musiker: Georg Friedrich Händel; und Amerika seinen größten Außenminister in diesem Jahrhundert: Henry A. Kissinger.

Anfang der siebziger Jahre wäre dieser Satz bei kaum jemandem auf Widerspruch gestoßen. Wenige Jahre später lief derjenige, der über Kissinger in so positiver Weise urteilte, Gefahr, als uneingeweiht, amoralisch und inkompetent abgestempelt zu werden. Nie habe ich gesehen, daß die Macht der Presse, von der ich im allgemeinen gar nicht sonderlich überzeugt bin, sich so deutlich manifestierte wie in der wechselnden Beurteilung Kissingers.

Bald nachdem er im Januar 1969 als Berater des Präsidenten für nationale Sicherheit eingeschworen worden war, wurde er von den Journalisten, die den Harvard-Professor als Berater verschiedener Administrationen seit langem kannten, in einer fast unvorstellbaren Weise hofiert. Wer etwas auf sich hielt, sprach nur von Henry. »Haben Sie Henry gesehen?« Wenn die Antwort auf diese Frage lautete: »Ich bin für morgen mit ihm verabredet«, war deutlich zu spüren, wie man sogleich zwei oder drei Stufen in der Achtung des Gesprächspartners stieg.

Typische Superlative, die man in jener Zeit lesen konnte: »The man that made foreign policy famous« (*Newsweek*); »of the 56 Secretaries of State he has the chance to be remembered as the greatest in US-history« (*Time*); »He may well be the biggest permanent floating foreign policy establishment in our history« (*Washington Post*); »We are living in the Age of pax Kissingerus« (*New York Times*); »America's most admired man« (*Gallup Poll*). Und allgemeine Urteile, die man damals allenthalben hören konnte: »Er verbindet in einmaliger Weise geschichtliche Kenntnisse, pädagogische Erfahrung und Intuition für Menschen, Situationen und Timing.«

»Dieser Mann spielt virtuos auf einem Dutzend Schachbrettern zugleich: Vietnam, Europa, Japan, Südamerika, Nahost; er muß die Wirkung seiner Züge auf SALT, Energieprobleme, Welternährung – mit anderen Worten, auf militärische, wirtschaftliche und politische Konsequenzen zugleich bedenken, und es gelingt ihm.«

»Er ist ein glänzender Verhandler von hohem Intellekt, ungewöhnlicher Überzeugungskraft, großer Geduld, der es versteht, Charme und Humor richtig einzusetzen. Von allen Staatschefs und von Kollegen in aller Welt wird er so respektiert, daß jeder sich geehrt fühlt und es genießt, mit ihm zusammen zu sein.« Henry Brandon, der geachtete Doyen der ausländischen Korrespondenten in Washington, nannte ihn »the most appreciated and adroit press briefer in White House history«. Ungezählte Kissinger-Bonmots kursierten unter den Journalisten, und immer neue amüsante Geschichten machten die Runde.

Als der Außenminister, der mit Vorliebe über sich selber spottet, nach der Ölkrise von König Saud in dessen Palast empfangen wurde, deutete er in einer Gesprächspause auf ein an der Wand hängendes Bild: »Ist das eine Landschaft in Saudi-Arabien?« Der König antwortete: »Das ist eine heilige Oase.« Henry Kissingers Kommentar: »Das war so, als wenn man bei einem Katholiken das Bild der Jungfrau Maria an der Wand hängen sieht und fragt: ›Ist das Ihre Tante?‹ Wahrscheinlich habe ich«, so fügte er hinzu, »mit dieser Frage das Ölembargo um drei Monate verlängert.« Die allgemeine intellektuelle Bewunderung, die dem Außenminister in jenen ersten Jahren seiner Tätigkeit im Weißen Haus zuteil wurde, gibt es nur noch selten. Man spricht nicht mehr von »Henry«. Jetzt heißt es kurz und bündig Kissinger. Und die Urteile, die man liest, lauten:

Henry Kissinger

»Henry Kissinger mag für viele ein Held sein, aber er ist eine höchst komplizierte und seltene Mischung von außergewöhnlich guten und unnötig schlechten Eigenschaften. Wer ihn gut kennt – selbst sein überzeugtester Anhänger –, sagt, daß man ihm nicht trauen kann.«

»Er, der Frühvollendete, ist ein Zuspät-Kommer. Er vergaß, daß die Sicherheitskonferenz von 1975 nicht dem Wiener Kongreß von 1814 ähnelt... Es wäre besser, wenn er sich in eine stille Universitätsstadt zurückzöge, um die Geschichte zu lehren, die er nicht verstanden hat.«

George Ball, einst Unterstaatssekretär, einer seiner unerbittlichen Kritiker, sagt: »Es hat nie eine wirkliche Kissinger-Strategie gegeben.« Er tadelt Kissingers Meisterwerk, Sadat aus der Front der anderen Araber »herausgebrochen« zu haben, und meint, man hätte diesen – die Stimme der Mäßigung – lieber als Schrittmacher für die Gesamtlösung einsetzen sollen. Jetzt würden die anderen arabischen Staaten ihre Kriegsvorbereitungen verschärfen, und einige von ihnen würden natürlich noch abhängiger von Moskau werden. Aber George Balls Prophezeiungen vom September 1975 haben sich als falsch erwiesen. Überdies hätte er seine Vorwürfe sicherlich reversiert, sie also anders herum vertreten, wenn Kissinger sogleich die Gesamtlösung angestrebt und nicht erst einmal Ägypten, den wichtigsten Israel-Gegner, aus der arabischen Phalanx herausgelöst hätte.

Im Kongreß hörte man die bittersten Klagen. Von Manipulation, von Täuschung und Lüge war da die Rede. Ein Zwölf-Mann-Komitee des Abgeordneten-Hauses beschloß sogar, den Außenminister wegen Ungehorsams gegenüber dem Kongreß (*contumacious conduct*) zur Rechenschaft zu ziehen. Sein Ruhm beginnt zu verblassen, sein Lorbeer welkt, der Mythos des Superstars Henry Kissinger ist im Begriff, in Rauch aufzugehen. Wie ist es dazu gekommen?

Fehlschläge waren unausbleiblich – Erfolg in Permanenz wird niemand zuteil. Kissinger hat Fehler gemacht, vielleicht in Vietnam, sicherlich in Kambodscha, bestimmt in Zypern. Und auch der Kongreß fühlte sich wohl zu Recht gekränkt. Schwieriger ist es zu sagen, wann der Wendepunkt eintrat. Nur der Stimmungsumschwung bei den Journalisten läßt sich genau präzisieren: Im Mai 1973 wurde bekannt, daß das Weiße Haus die Telefone von 13 Mitarbeitern und vier Journalisten hatte überwachen lassen. Der Grund war folgender: Am 9. Mai 1969 las Kissinger, damals Berater des Präsidenten für Nationale Sicherheit, auf der ersten Seite der *New York Times* eine Geschichte von William Beecher, die nur auf Geheiminformationen, also einer undichten Stelle, beruhen konnte. Es hieß dort, das Grenzgebiet Kambodschas werde von den Amerikanern bombardiert. Kissinger, zuständig für nationale Sicherheit, geriet außer sich vor Zorn. Er rief Hoover, den Direktor des FBI, an und verlangte mit allem Nachdruck herauszufinden, wo die undichte Stelle sei, denn es war ja nicht das erste Mal, daß Material der höchsten Geheimstufe auf ganz unerklärliche Weise in der Presse erschien.

Am 12. Mai 1969 begann die Telefonüberwachung der möglicherweise Verdächtigen. Sie dauerte in einigen Fällen bis zum 10. Februar 1973.

Dies alles aber kam erst 1973 im Zusammenhang mit der Watergate-Affäre heraus. Die Frage, die daraufhin sofort gestellt wurde, lautete: Wer hat den Befehl zum Abhören gegeben? Kissinger hat bei seinem *hearing* durch die Senatoren des *Foreign relations commitee*, das ihn im September 1973 als Außenminister bestätigte, ausgesagt, er habe dem FBI lediglich die Namen derjenigen gegeben, die Zugang zu dem Geheimmaterial hatten, das dann in der Presse erschien. Jede weitergehende Initiative in dieser Angelegenheit leugnete er. Kissinger sagte: »Ich war damals erst seit vier Monaten im Amt, und ich bin nicht auf den Gedanken gekommen, das Urteil und die Entscheidung dieser Persönlichkeiten (des Präsidenten, des Justizministers und des FBI-Direktors) in Frage zu stellen.« Einige Presseleute haben dieser Darstellung nie vollen Glauben geschenkt, und seither datiert bei vielen der Stimmungsumschwung gegenüber Kissinger.

Nachdem der hypnotisierende Zauber der Unfehlbarkeit erst einmal gebrochen war, sprudelte Kritik aus allen Quellen. Harte Angriffe kamen aus Harvard, Kissingers alter Universitätsstadt. Viele ehemalige Kollegen hielten sich für einen potentiellen Außenminister und natürlich für einen viel besseren. Von der Ostküste bis zur Westküste ließen die Intellektuellen Amerikas, bei denen sich während der Vietnam-Jahre viel Zorn aufgespeichert hatte, diesem nun freien Lauf.

Während der Watergate-Affäre hatte man Henry Kissinger aus Selbsterhaltungstrieb geschont, weil er die letzte unbeschädigte Säule jener Regierung war; insofern hat der *Secretary of State* eine lange Phase absoluter »Schonzeit« genossen, wie sie normalerweise keinem Minister gewährt wird und die unter anderen Umständen auch ihm nicht zuteil geworden wäre. Nach Nixons Abgang wurde dies anders. Da beschloß dann auch der Kongreß – ein neu gewählter Kongreß mit großer demokratischer Mehrheit –, sich alle Rechte, die im Laufe von Jahrzehnten an die Exekutive verlorengegangen waren, koste es, was es wolle, zurückzuholen. Es hagelte Einsprüche. Abgelehnt wurden: Kissingers Pläne in Kambodscha, in der Türkei, in Angola.

Mit jenem Idealzustand: Geheimdiplomatie treiben, diese unter dem Schutz des Präsidenten erst selbst entwerfen und dann auch noch ungestört ausführen zu können, war es nun vorbei. Kissinger mußte versuchen, nicht nur mit Feinden und Freunden draußen fertig zu werden, sondern auch noch die Flagellanten und Enthüller daheim in Schach zu halten. Diese waren damit beschäftigt, unablässig neue Verfehlungen Amerikas aufzudecken: Sie behaupteten, nicht die Russen, sondern die Amerikaner hätten mit der Einmischung in Angola begonnen; sie leuchteten alle geheimen Winkel der CIA aus und waren glücklich, wenn sie amerikanische Verbrechen aufdecken konnten. Daß man unter solchen Umständen keine Außenpolitik machen kann, war den meisten Beteiligten offenbar gleichgültig.

In Amerika muß man Erfolg haben, sonst ist man verloren. Wenn der Außenminister heimlich nach Peking fliegt, und es gelingt ihm nach zwanzig Jahren feindlicher Abstinenz, die Voraussetzung für eine Wiederaufnahme der Kontakte zu schaffen, dann ist Geheimdiplomatie Trumpf. Aber wehe, wenn nichts dabei herauskommt! Wenn alle begriffen haben, daß der Krieg in Vietnam militärisch verloren ist, dann soll der Außenminister ihn wenigstens noch politisch gewinnen: Es wird erwartet, daß er einen Rückzug einleitet, der wie ein freiwillig abgebrochener

Vormarsch wirkt, auch soll er überdies noch alle Kriegsgefangenen heimbringen.

Man hat also von Kissinger verlangt, daß er aus einem leeren Zylinder ein Küken hervorzaubert, und als er dies tatsächlich fertigbrachte, erhielt er vom Nobel-Komitee den Friedenspreis zugesprochen; aber als das Küken bald darauf starb, fielen die Amerikaner über ihn her. Merkwürdigerweise ist während der ganzen Zeit Dean Rusk, der Außenminister, in dessen Amtszeit die Truppen nach Vietnam hineingebracht wurden, nicht ein einziges Mal erwähnt worden, die Kritik hat sich allein auf den konzentriert, dem es gelang, sie wieder herauszubringen.

Solange Aussicht oder auch nur Hoffnung bestand, der Krieg könne gewonnen werden, waren viele Mittel recht: Entlaubung der Wälder, Napalm-Bomben wurden hingenommen. Auch ein machiavellistischer, zäher Taktiker als Außenminister war willkommen. Als dann aber die Niederlage nicht mehr zu leugnen war, hätten die Amerikaner am liebsten einen Albert Schweitzer oder Gandhi zum Außenminister gehabt, um sich an ihm wenigstens moralisch wieder aufrichten zu können.

Ein Vorwurf gegen Kissinger, den man häufig in der Presse las, heißt: »Auf Fragen der Menschenrechte verwendet er noch weniger Zeit als auf ökonomische Probleme.« Die Anklage lautet, Henry Kissinger habe zugelassen, daß der Vietnam-Krieg viel länger dauerte als notwendig. Der Krieg hätte viel früher beendet werden müssen. Ein Beweis dafür, daß dies auch möglich gewesen wäre, wird nicht beigesteuert. Und die Tatsache, daß der Außenminister drei Jahre lang Geheimverhandlungen mit den Nordvietnamesen geführt hat, nehmen die Kritiker offenbar nicht zur Kenntnis. Verhandlungen mit Partnern übrigens, die Kissinger unvorstellbar schwierig nennt: »Wie Winkeladvokaten, die panische Furcht vor irgendwelchen Weiterungen haben und die sich weigerten, uns in den absurdesten Kleinigkeiten zu trauen.«

Ich habe Henry Kissinger 1955 in New York durch Hamilton Fish Armstrong, den Chefredakteur von *Foreign Affairs,* und dessen Frau kennengelernt. Kissinger, der damals zweiunddreißig war, hatte den Auftrag, für den »Council on Foreign Relations« – Amerikas prestigereiche Gesellschaft für Auswärtige Politik –

als Studiendirektor eines prominenten Arbeitskreises von Sachverständigen ein Buch über Kernwaffen und Außenpolitik zu
schreiben. Das Buch wurde sehr bald zum Bestseller. Einige Zeit
später kam Kissinger zu einer Konferenz nach Bonn. Um den
Faden nicht abreißen zu lassen, lud ich ihn zum Mittagessen in
den Adler in Godesberg ein. Wir unterhielten uns angeregt, aßen
gut, tranken viel, aber als ich bezahlen wollte, stellte sich heraus,
daß ich vergessen hatte, Geld einzustecken. Mein Gast sagte nur:
»Den Trick werde ich mir merken«, und bezahlte.

Ich kenne niemanden, der so rasch in seinen Reaktionen, so
treffend in seinen Bemerkungen ist wie Henry Kissinger. Als im
Jahr 1975 Bundespräsident Walter Scheel John McCloy zum 80.
Geburtstag eine Spende der Bundesrepublik, den »McCloy
Fund«, überbrachte, gab Außenminister Kissinger im State Department ein Essen. Der Außenminister war gerade aus dem
Nahen Osten zurückgekehrt und von mancherlei Sorgen geplagt.
So wunderte sich niemand, als er in der Rede zu Ehren Scheels
von den Problemen sprach, die ihn nicht schlafen ließen: Das
Problem, das ihm am meisten Kopfzerbrechen verursache, so
sagte er, sei die Bestimmung der amerikanischen Verfassung, die
ihm, als nicht in Amerika geborenem Bürger, verbiete, sich um
das Amt des Präsidenten zu bewerben. Inzwischen sei ihm jedoch
eine Lösung eingefallen: Er schlage vor, daß Bayern sich als
51. Staat den Vereinigten Staaten anschließe – und zu Walter
Scheel gewandt: »Ich denke, Herr Bundespräsident, dies würde,
nach allem, was ich höre, auch einige Ihrer Probleme lösen.«

Sehr kompliziert ist das Verhältnis der Intellektuellen zu Henry
Kissinger. Es ist schwer zu analysieren, aber es hat eine Menge
mit seinem Auf- und Abstieg zu tun. Bei den Journalisten spielt
Neid eine gewisse Rolle und vor allem der Drang nach Abwechs-
lung. Es ist eine zu diesem Metier gehörende professionelle Untu-
gend: Wenn etwas – und sei es noch so positiv – eine bestimmte
Zeit gedauert hat, dann wird es langweilig, und die Neigung zur
Kritik setzt ein.

Für die akademischen Kollegen wiederum ist Henry Kissinger
so etwas wie ein gefallener Engel: einer, der seine Unschuld
eingebüßt hat, weil er sich mit praktischer Politik beschäftigt, sich

die Hände schmutzig gemacht hat. Einer der ihren aber darf eigentlich nur denken, nicht handeln; denn das heißt doch, Kompromisse zu schließen und gelegentlich, wie Adenauer das nannte, »die Grenzen der Wahrheit zu erweitern«.

Kissinger dagegen: »Das Problem der Politik ist es, erst zu denken und dann die Gedanken in Taten umzusetzen. Die meisten Intellektuellen verstehen kaum, daß es nichts nutzt, großartige Gedanken zu haben, wenn sie nicht durchgeführt werden können.« Doch gleichgültig, wie groß die Differenzen auch sein mögen, wenn die Intellektuellen mit ihm zusammen sind, dann erliegen sie allemal seinem intellektuellen Charme und wohl auch ein bißchen dem Mythos der Macht.

Es gibt eine Schilderung von Norman Mailer, der sich zögernd entschlossen hatte, Henry Kissinger aufzusuchen. Gleich zu Anfang stellte er fest, seine Aufgabe wäre leichter, wenn er »den Doktor Kissinger weniger sympathisch gefunden hätte. Ein Hauch von irgendeiner Undurchsichtigkeit oder von etwas Verruchtem wäre dem Vorhaben dienlicher gewesen«, wie er schreibt.

Der Doktor Kissinger selbst wußte natürlich genau, womit er seinen Gesprächspartner fesseln konnte. Er erzählte ganz einfach von seinem ersten Besuch in Peking und beschrieb anschaulich, auf wie verschiedene Weise Russen und Chinesen Verhandlungen führen: »Zu Anfang beging ich den Fehler anzunehmen, daß die Chinesen genauso verhandeln würden wie die Russen: Wenn man mit den Russen an einem gemeinsamen Schlußkommuniqué herumbastelt, kann man sicher sein, daß, wenn man sie bittet, an einer Stelle ein Komma wegzunehmen, sie als Gegenleistung auch auf der Streichung eines Kommas bestehen. Als der Präsident in China war und ich zusammen mit Tschou En-lai an dem Kommuniqué arbeitete, das wir herausgeben wollten und aus dem hervorgehen sollte, wo wir übereinstimmten und wo es Meinungsunterschiede gab, bat ich darum, daß ein bestimmter Punkt, den die Chinesen aufs Tapet gebracht hatten, fallengelassen würde, weil es schwierig sei, ihn für uns Amerikaner verständlich zu formulieren. Als Gegenleistung wäre ich bereit, ihnen gegenüber ein Zugeständnis zu machen; aber Tschou sagte: ›Erklären Sie mir, warum Ihnen dieser Punkt Schwierigkeiten bereitet, und wenn es mir einleuchtet, bin ich mit der Streichung einverstanden. Wenn nicht, wird mich nichts dazu bewegen, nachzugeben. Ihr Zugeständnis brauche ich nicht – Sie müssen es Ihrem Präsidenten, nicht uns gegenüber rechtfertigen.‹ «

Auch Henry Kissinger ist ein Mandarin (als Nixon ihn 1969 ins Weiße Haus rief, hatte der Fünfundvierzigjährige schon fünf bedeutende Bücher geschrieben), vielleicht gehört darum die Begegnung mit Tschou zu den Höhepunkten seines politischen Lebens. Ich sah ihn damals kurz nach seiner Rückkehr aus Peking und weiß, wie beeindruckt er war. In lebhaften Farben schilderte er die Begegnung der beiden Delegationen. Er und seine Leute mit Aktenkoffern und Mappen bepackt – der Gastgeber Tschou dagegen erschien ohne jegliches Zubehör. Ein Bleistift war das einzige Handwerkszeug, das er bei sich trug. Und gelegentlich holte er einen kleinen Zettel aus der Tasche, auf den er während der achtstündigen Verhandlung ein paar Schriftzeichen malte. Keiner seiner Begleiter hatte es während dieser Zeit gewagt, auch nur ein Wort beizutragen.

Was hat den amerikanischen Mandarin als Diplomat und als Staatsmann zu Weltruhm geführt? Wahrscheinlich beides: sein Konzept und seine Methode. Doch zunächst einmal die Frage: Diplomat oder Staatsmann? »Der Diplomat glaubt, daß ein internationaler Konflikt aus Mißverständnissen herrührt. Darum sucht er nach einer Formel, um sie zu überwinden. Der Staatsmann glaubt, daß Konflikte auf einer Interessen-Kollision und auf differierenden Positionen beruhen, darum bemüht er sich, die Verhältnisse zu ändern.«

Die Verhältnisse zu ändern, das ist Kissingers Konzept. Seine Maxime heißt: »Man kann durch kein Abkommen Nationen daran hindern, Kriege zu führen, wenn sie dies unbedingt wollen. Darum muß man Voraussetzungen dafür schaffen, daß sie keine Kriege mehr wollen.« Die große Leistung Henry Kissingers, das, was ihm einst den Weltruhm einbrachte, war eben, daß er die geistigen Grundlagen, die Voraussetzungen der Politik veränderte. Vor Kissinger hatte, ungeachtet der Kennedyschen Bemühungen, noch immer die ideologische Außenpolitik von John Foster

Dulles im State Department überwintert. Entscheidend war der moralische Impetus: Hilfe den Guten, Strafe den Feinden. Dulles hatte sich einst geweigert, Tschou die Hand zu geben, weil er ein Kommunist war und also ein Bösewicht; Dean Rusk bestand darauf, Peking nach der Tradition der Nationalchinesen Peiping zu nennen. China, das war Taiwan, die Insel mit 15 Millionen Bewohnern. Festland China mit seinen 800 Millionen Chinesen war nicht existent.

Kissinger geht davon aus, daß der Frieden keine natürliche und selbstverständliche Ordnung ist. Er meint, Frieden müsse sorgfältig und kunstvoll konstruiert werden. Umstände müßten herbeigeführt werden, die so sind, daß die Großmächte keine Lust mehr haben, ihre Interessen mit Gewalt zu verfolgen, weil sie begriffen haben, daß sich das nicht auszahlt, und weil sie zu der Überzeugung gelangen, daß ihre wechselseitigen Interessen berechtigt sind. Immer hat er gepredigt, nicht die Gegensätze zu betonen, sondern die gemeinsamen Interessen. Er findet, die Amerikaner sollten die großen Entwicklungslinien studieren, die eigene Position bestimmen und erst dann außenpolitische Entscheidungen treffen. Sie sollen darauf verzichten, Strafe oder Wohltat zum Kompaß zu machen, damit endlich das ewige Wechselbad von Illusion und Enttäuschung ein Ende findet.

Für ein paar Jahre ist dies gelungen – solange Erfolge sich einstellten: erstmalig wieder Beziehungen mit China, scheinbar und eben darum größere Nachgiebigkeit der Russen, Einsicht im Nahen Osten, wo es gelang, Bewegung in die Erstarrung zu bringen. Aber dann hielten die Erfolge der Entspannung mit den Erwartungen des Publikums nicht mehr Schritt, und schon taumelten die Amerikaner wieder zurück ins Wechselbad. Allenthalben wurde die Forderung laut, die Regierung solle zur Strafe für Angola die Getreidelieferungen einstellen.

In der *New York Herald Tribune* schrieb Anthony Lewis im Januar 1976: »Der Außenminister hat sich allerhand Rhetorik zu den sowjetischen Aktivitäten in Angola einfallen lassen, aber zur Unterdrückung der Menschenrechte in der Sowjetunion hat er wenig zu sagen. In diesem Jahr, in dem wir die Revolution der Menschenrechte feiern, ist es besonders traurig, Führer zu haben, denen die Menschlichkeit gleichgültig ist.« Und folgerichtig heißt es weiter: »Die amerikanische Politik des Schweigens angesichts unzivilisierter, brutaler Handlungsweise« betreffe auch Chile, Brasilien, Indonesien und andere. Man solle, so heißt es, Schluß machen mit der Umarmung solcher repressiven Regime und statt dessen das Engagement für jene Regierungen betonen, die die menschlichen Werte achten.

Da sind wir also wieder so weit wie zu Dulles' Zeiten: Außenpolitik heißt Belohnung für die Guten, Strafe für die Bösen. Die Presse, der Kongreß, die Fakultäten stecken voller Dulles-Epigonen. An allen Stammtischen sitzen sie und klopfen wieder die alten Sprüche. Und mit Begeisterung stürzen sie sich auf Solschenizyn, einen überaus mutigen Mann, einen bewundernswerten Schriftsteller, der aber so wenig weiß, wie Politik in westlichen Demokratien funktioniert, daß er der Meinung ist, Präsident Ford hätte vor der Entlassung von Verteidigungsminister Schlesinger seine Alliierten konsultieren müssen: »Schließlich ist der Verteidigungsminister nicht nur ein Mitglied der amerikanischen Regierung, er ist tatsächlich für die Verteidigung der gesamten freien Welt zuständig.«

Den Außenminister Kissinger verabscheut Solschenizyn, im Gegensatz zum Verteidigungsminister, weil er »eine Politik nie endender Konzessionen« betreibe und als Antwort auf seine Kritiker, fast wie bei einem Beschwörungszeremoniell, immer nur davon spreche, daß es keine Alternative zum Atomkrieg gibt. Kissingers Antwort an Solschenizyn und andere heißt: »Schmerzliche Erfahrung sollte uns gelehrt haben, daß wir unsere Möglichkeiten, soziale und politische Veränderungen in anderen Ländern zu bewirken, nicht überschätzen dürfen.«

Solschenizyn hat übrigens ganz recht: Kissingers Auffassung, daß erstens der Frieden sich nicht von selbst einstellt, sondern herbeigeführt werden muß, und daß zweitens der Krieg als Alternative zum Frieden im Zeitalter der Atombombe nicht mehr ins Auge gefaßt werden darf, ist die Grundlage seines Konzepts. Zwar wiederholen alle Leute die Erkenntnis, daß der Atomkrieg Selbstmord ist, aber was ein solcher Krieg wirklich bedeuten würde, das entzieht sich der allgemeinen Beurteilung, es steht nur den wenigen Atom-Physikern und Experten, die es in der Welt gibt, bildhaft vor Augen. Gleichgültig, ob man mit Henry Kissinger, mit amerikanischen Wissenschaftlern oder hierzulande mit Carl Friedrich von Weizsäcker spricht, bei allen spürt man die existentielle Angst, die sie bis in schlaflose Nächte hinein verfolgt und die bewirkt, daß ihr Sinnen und Trachten nur auf ein Ziel gelenkt ist: die Ausschaltung dieser Waffen und die Sicherung des Friedens.

Kissingers Konzept beruht also auf der Vorstellung, es müsse möglich sein, eine globale Ordnung zu errichten und ihr Stabilität zu verleihen. Eine Ordnung, innerhalb derer die Großmächte ihre rivalisierenden Interessen gegeneinander oder miteinander ausgleichen können. In seinem Buch »Großmachtdiplomatie« steht der Satz: »Die Logik des Krieges ist Macht, und Macht hat keine ihr innewohnende Grenze. Die Logik des Friedens ist Maß, und Maß heißt Begrenzung.« Eben darum seine Suche nach einem internationalen System stabiler Ordnung.

Die meisten Kommentatoren wollen uns glauben machen, Henry Kissinger habe die großen Staatsmänner des 19. Jahrhunderts kopiert, nachdem er über sie gearbeitet habe: Metternich, Castlereagh und Bismarck. So, als schlage er bei ihnen nach, um Fingerzeige für die heutige Situation zu finden. Und so, als sei sein Versuch, die Bipolarität durch Einbeziehung Chinas zu überwinden und ein weltpolitisches Dreieck zu etablieren, das allmählich zusammen mit Japan und einem stärker geeinigten Europa zu einem Fünfeck werden könnte, eine Replik der *balance of power* des vorigen Jahrhunderts.

Dabei sollte das Buch »Großmachtdiplomatie« mit dem Untertitel »Von der Staatskunst Castlereaghs und Metternichs« der erste Band eines umfangreichen Werkes über Aufbau und Niedergang der internationalen Ordnung im 19. Jahrhundert sein. Die Reihe sollte die Periode bis zum Ersten Weltkrieg umfassen. Ich denke, Kissinger hat sich damals als Historiker jener Zeit zugewandt und sich so intensiv mit diesen europäischen Staatsmännern beschäftigt, weil er schon immer magisch angezogen wurde von der internationalen Ordnung, die sie etabliert hatten. Für Henry Kissinger, der als Junge während der Nazi-Zeit in Fürth die Schrecken der Willkür kennengelernt hatte und nach dem Krieg als zweiundzwanzigjähriger US-Sergeant im zerschlagenen Deutschland die Stadt Krefeld in kurzer Zeit wieder funktionsfähig machen mußte, waren Stabilität und Ordnung zu den erstrebenswertesten Voraussetzungen geworden.

Dies sein Konzept. Und seine Methode? Er glaubt an Doppelstrategie: Stärke plus Diplomatie oder richtiger: Diplomatie plus Stärke. Aber während Dulles nur aus einer Position der Superiorität verhandeln wollte, heißt Kissingers Maßstab: Parität. Militärisches Gleichgewicht genügt ihm. Die Kritiker, die der Meinung sind, der *US Secretary of State* habe bereitwillig eine Position nach der anderen aufgegeben, nur um mit den Russen im Gespräch zu bleiben, irren. Immer versuchte er, etwas in der Hand zu haben, das er »verhandeln« konnte: Truppen in Europa wurden nicht reduziert, damit es ein Lockmittel für den Rückzug der sowjetischen Truppen gab. Mit China wurden Beziehungen aufgenommen, um Druck auf Rußland ausüben zu können.

Zweimal hat Kissinger den Sowjets hart und erfolgreich gedroht; einmal im September 1970, als der jordanische König Hussein von syrischen Panzern und palästinensischen Guerillas bedroht wurde, und zum anderen im Yom-Kippur-Krieg, als die Sowjets im Begriff waren, den in die Enge getriebenen Ägyptern im großen Stil zu Hilfe zu eilen. Damals, in der Nacht vom 24. zum 25. Oktober 1973, hat Kissinger, der den tief in die Watergate-Krise verstrickten Präsidenten nicht erreichen konnte, nach Beratung mit den Sachverständigen – aufgrund seiner Sondervollmachten – die amerikanischen Atomstreitkräfte mobilisiert, um das Eingreifen der Russen zu verhindern.

Alle Mitarbeiter sind beeindruckt davon, mit welcher Gründlichkeit Verhandlungen vorbereitet und mit welcher Ausdauer sie geführt wurden. Sie meinen, das Geheimnis seines Erfolges sei die Kombination von deutscher Gründlichkeit und amerikanischem Pragmatismus. Er selber sagt: »Meine Mitarbeiter werden bestätigen, daß, wenn wir ein Problem in Angriff nehmen, die meiste Zeit darauf verwendet wird, erst einmal darüber nachzudenken, in welche Richtung die Welt und Amerika sich entwickeln sollten, bevor wir anfangen, über Taktik zu sprechen.« Eine große Rolle spielen für ihn psychologische Beobachtungen: Erst bei seinem zweiten Besuch in Kairo, im Dezember 1973, habe er angefangen, Präsident Sadat zu verstehen. Als die Gespräche zwischen Israel und den Ägyptern zu scheitern drohten, weil keiner bereit war, dem anderen schriftliche Garantien zu geben, schlug Kissinger vor, aus dem einen Friedensdokument zwei zu machen, die dann von ihm vermittelt und dem jeweiligen Partner zugestellt wurden.

Wie de Gaulle, den er bewundert hat, nützt Kissinger alle diplomatischen Möglichkeiten, und wo es keine gibt, schafft er sie sich, beispielsweise durch ein neues Etikett. So eröffnete er Anfang 1974 mit Ägypten diplomatische Beziehungen, einschließlich des Austausches von Botschaftern und allem Zubehör, »im Prinzip«, weil es »formell« nicht so rasch möglich war. Um dieser Fähigkeiten willen wird er von vielen der Manipulation beschuldigt. Richard Holbrooke, Chefredakteur der *Foreign Policy*, führt dafür folgendes Beispiel an: »Als der Außenminister in der Pressekonferenz gefragt wurde, ob ein Geheimpapier, das er und der Sowjetbotschafter Anatolyi Dobrynin nach den SALT-Verhandlungen von 1972 unterschrieben hatten, als eine zusätzliche Vereinbarung anzusehen sei, lenkte er sofort ab und nannte es ein *interpretive statement*. Als er gefragt wurde, warum dann dieses nicht, wie vom Gesetz vorgeschrieben, dem Kongreß vorgelegt worden sei, antwortete er: ›The interpretive statement as such was not submitted to Congress, but the interpretation was.‹« Manipulation? Eine Demokratie, die gehalten ist, offen zu verhandeln, müßte dankbar sein für einen Außenminister, der in der Lage ist, über Geheimverhandlungen – und andere sind weder mit den östlichen Diktaturen noch mit den verfeindeten Parteien im Nahen Osten möglich – mehr zu sagen als nur: »No comment«.

Seine Methode, zwischen feindlichen Parteien zu vermitteln, ist so erfolgreich, weil er es fertigbringt, sich in die Situation beider Seiten zu versetzen. Ihn interessiert nicht: Wer hat recht, und wer hat unrecht? Er konzentriert sich auf die Frage: Was kann man erreichen, wie kann man einen Kompromiß herbeiführen? Im Nahen Osten erschien er nicht – was wahrscheinlich jeder andere getan hätte – mit einem Meisterplan, um zu versuchen, dessen Vorzüge den Beteiligten zu oktroyieren, sondern er ging erst zu der einen, dann zu der anderen Seite und hörte zunächst einmal, was für Vorstellungen sich jeder machte. Nachdem er herausgefunden, besser: herausgefühlt hatte, wie weit jeder unter Umständen zu gehen bereit sei, begann er mit dem mühsamen und zeitraubenden Geschäft, erst Israelis und Ägypter, dann Israelis und Syrer nach und nach zu Abstrichen von ihren Maximalforderungen zu überreden und Verständnis für die Wünsche des jeweils anderen zu wecken.

28 Tage lang ist er im Mai und Juni 1974 zwischen Jerusalem und Damaskus hin- und hergependelt – 24 200 Meilen, wie jemand ausgerechnet hat. Manchmal ganz nahe am Erfolg, dann wieder durch einen Zwischenfall weit zurückgeworfen. »Timing is crucial«, sagt Kissinger, und: »Gelegenheiten kann man nicht auf Eis legen; hat man sie einmal vorbeigehen lassen, kommen sie gewöhnlich nie wieder.« Die immer wachen Kritiker mokierten sich damals über den Briefträger, der da von Juden und Arabern hin- und hergehetzt wurde. Sie fanden, die Tätigkeit sei unter der Würde eines amerikanischen Außenministers. Diesem aber fällt bei der Alternative zwischen Friedensbemühungen und Prestige die Wahl nicht schwer. Als das syrisch-israelische Entflechtungsabkommen dann endlich zustande gekommen war, meinte Henry Kissinger, es sei auch Zeit, die Heimreise anzutreten: »Die Israelis werden mich sonst noch als Juden einbürgern und zum Barras holen. Ihr Rückkehrergesetz erlaubt ihnen das.« Die Kritiker vergessen, daß niemand anders diese Verhandlungen hätte führen können. Oder sollten sie für möglich halten, daß Unterstaatssekretär Sisco – dessen Domäne der Nahe Osten war und ist – dort das Auseinanderrücken der feindlichen Armeen und danach den Waffenstillstand zwischen den Erzfeinden Israel und Ägypten hätte zustande bringen können?

Während fast einem Vierteljahrhundert waren Kriege die einzige Bewegung, die es im Nahen Osten gab. Alles schien versteinert. Oft hörte man die Meinung: Das ist eben ein Problem, mit dem wir leben müssen, es gibt keine Lösung für den arabisch-israelischen Konflikt. Seit Jahren gibt es keine Verkehrsverbindung zwischen Israel und seinen arabischen Nachbarn, mit Ausnahme Jordaniens. Wer von einem Land zum andern reisen will, muß zwei Pässe haben, denn wer auf einem arabischen Flugplatz landet mit einem israelischen Stempel in seinem Paß, der darf nicht einreisen; umgekehrt gilt das gleiche. Jetzt jubelten Araber in den Straßen Kairos und Israelis auf dem Flugplatz von Tel Aviv, wenn Henry Kissinger von einem Staat zum andern pendelte. Aber solche Veränderungen scheinen nach einiger Zeit den vergeßlichen Menschen ganz selbstverständlich zu sein.

Starken Anstoß haben Kissingers Methoden in der Vietnam-Zeit erregt. Oft erhielt er das Epitheton »amoralisch«: bei der Invasion Kambodschas 1971 und beim Weihnachts-Bombardement von Hanoi 1972. Tad Szulc, ein ehemaliger Mitarbeiter der *New York Times*, der 1974 in *Foreign Policy* wohl die gründlichste Analyse der Vermittlertätigkeit des Friedensnobelpreisträgers veröffentlichte, spendet beides: Lob und harte Kritik. Er schildert, wie brutal und bedenkenlos Kissinger in der Wahl seiner taktischen Mittel sei, attestiert ihm demütigende Arroganz im Umgang mit dem südvietnamesischen Verbündeten und äußersten Zynismus, wenn es darum gehe, die Ziele zu erreichen, die er sich gesetzt hat. So habe er 1972 mit großer List alle getäuscht: zuerst bei seinem Besuch in Moskau im April die Russen (die Bedingung, Nordvietnam müsse alle Divisionen, die seit dem 30. März in Südvietnam eingedrungen waren, zurückziehen, schien die 100 000 Mann, die bereits dort waren, nicht einzuschließen); dann die Chinesen: In Peking fragte er Tschou En-lai, warum Hanoi denn alles auf einmal haben wolle (er ließ durchblicken, daß man doch zwei Phasen anvisieren könne, erst den amerikanischen Rückzug, und dann werde man ja weiter sehen). Dem Präsidenten Thieu in Saigon verriet er, Nixon müsse, um im Herbst einen Wahlsieg McGoverns zu verhindern, Hanoi attraktive Angebote machen (wobei er andeutete, man wisse, daß die Nordvietnamesen ablehnen würden, und außerdem könne man nach der Wahl Hanoi ja wieder unter Druck setzen).

Aber noch einmal: Auch Szulc sagt nicht, wie man, ohne die Niederlage einzugestehen, den Wunsch der Regierung und des Volkes nach Beendigung des Kriegs, Rückzug der amerikanischen Truppen und Heimkehr der Kriegsgefangenen anders als mit Hilfe von List und Rücksichtslosigkeit hätte erfüllen können.

Hier nun muß man wohl eine grundsätzliche Anmerkung zum Thema Pragmatismus machen. Die Methode, alles daranzusetzen, ein Ziel zu erreichen: Zustimmung, Versöhnung, Vereinbarung oder was immer es sei – also einfach das zu tun, was praktisch ist –, bietet viele Vorteile. Wer von ideologischen Prämissen ausgeht, muß Emotionen, Werturteile, Überzeugungen berücksichtigen. Für den Pragmatiker gibt es dagegen nur einen Maßstab: *efficiency*. *Efficiency* befreit von vielen Fesseln und verleiht darum ein Maximum an Freiheit und Wirkungsmöglichkeit. Nur: An irgendeiner Stelle ist die Grenze, an der *efficiency* in Opportunismus übergeht. Darum ist Pragmatismus ohne Horizonte viel gefährlicher, als die meisten Menschen wissen.

Kissingers Horizont aber eröffnet viele Visionen, und dank seiner großen Formulierungsgabe ist er auch in der Lage, ihnen Ausdruck zu geben. Kein Außenminister denkt soviel über den Gang der Welt nach, über die großen Zusammenhänge der Geschichte und die Rolle, die sein Land zu spielen hat. Auch dies trägt zur Faszination seiner Persönlichkeit bei. Bruce van Voorst, der ihn als *Newsweek*-Korrespondent auf vielen Reisen begleitet hat, sagt: »Kissingers Weltbild ist so fesselnd, daß er vom syrischen Präsidenten Assad mehrmals um eine manchmal 45 Minuten dauernde Zusammenfassung der internationalen Lage gebeten wurde.« Sicher gibt es keinen aktiven Politiker, der neben den täglichen Problemen und den weltumspannenden Konflikten, mit denen er es zu tun hat, auch noch versucht, die langfristige Entwicklung vor Augen zu haben, dem Trend stets auf der Spur zu bleiben.

Henry Kissinger sagt, als er 1969 nach Washington kam, gingen alle Studien von der Annahme aus, daß Energie immer im Überfluß vorhanden sei – eine Gewißheit, die sich vier Jahre später als totaler Trugschluß erwies. Damals machte man sich Sorge, wie sich wohl Überschuß an Nahrungsmitteln werde eindämmen lassen; aber drei Jahre später wurde deutlich, daß das Problem gerade umgekehrt darin besteht, ausreichende Mengen zu produzieren. Kissinger hat darum schon 1972 für eine Welternährungskonferenz plädiert, weil, wie er sagt, »klar wurde, daß wir unsere Agrarpolitik nicht mehr ohne Bezug auf die übrige Welt konzipieren können«. Sein Ministerium war führend, was die Ausarbeitung globaler Projekte anbetrifft: Energiebewirtschaftung, internationale Getreidereserven, Stabilisierung der Exporterlöse für die Dritte Welt.

Global ist sein Stichwort. In einer großangelegten Rede in Milwaukee im Juli 1975 hat er präzisiert, worum es ihm dabei geht: »In einer Zeit, in der tödliche Waffen in Minuten ganze Kontinente umspannen, ist unsere Sicherheit mit dem Frieden der Welt verschwistert; in einer Zeit, in der unsere Fabriken, unsere Farmen, unsere finanzielle Stärke von Entscheidungen abhängen, die in anderen Ländern getroffen werden, ist unser Wohlstand eng verwoben mit dem Wohlstand der übrigen Welt. Wir haben mehr Wirtschaftshilfe geleistet als irgendeine andere Nation in der Geschichte, wir haben mehr Leute in fremden Ländern ernährt und ausgebildet, mehr Flüchtlinge aufgenommen als andere. Wir taten dies, weil unser Volk großzügig ist und weil wir begriffen haben, daß unser eigenes Interesse eng verknüpft ist mit dem Schicksal der ganzen Menschheit. «

Seine Visionen sind manchmal sehr pessimistisch, sie werden, wenn ihn der Weltschmerz über die Tragik der Geschichte befällt, ganz düster: »Wenn die westliche Zivilisation (was bei ihm immer Japan einschließt) sich nicht ihrer Interdependenz – ihrer gegenseitigen Abhängigkeit – bewußt wird, dann treibt die Rivalität aller gegen alle jede Region dazu, ihre eigenen Vorteile zu maximieren, dies wiederum muß zu immer neuen Kraftproben führen, bis schließlich die innenpolitischen Krisen nur noch entsprechend autoritären Vorbildern zu meistern sind.«

In hoffnungsvolleren Momenten – und im allgemeinen ist er bewußt optimistisch, weil er weiß, wie wichtig klare Führung ist – klingt es ganz anders: »Gewiß sind wir heute größeren Schwierigkeiten ausgesetzt als vor zehn Jahren. Aber dafür gibt es auch ungleich mehr Möglichkeiten, weil uns nämlich gar nichts anderes übrigbleibt, als die Probleme – monetäre, wirtschaftliche, politische – gemeinsam anzupacken, und zwar auf globaler Ebene, nicht national. Die Frage ist nur, ob wir rasch genug handeln – ich denke, wir werden es schaffen.«

Washington hat Henry Kissinger in wenigen Jahren zum

Staatsmann gemacht. Im Januar 1969 – Nixon hatte ihn schon zum Berater für nationale Sicherheit ernannt, aber er war noch nicht vereidigt und noch nicht ins Weiße Haus eingezogen – traf ich ihn in New York. Wir hatten in meinem Hotel gefrühstückt und gingen anschließend die Fifth Avenue hinauf zum Central Park. Es waren sicher zehn oder fünfzehn Grad Kälte. Ein eisiger Wind fegte durch die Straßenschluchten, er färbte unsere Nasen rot und ließ den Harvard-Professor in seinem viel zu dünnen schwarzen Mäntelchen sichtbar frieren. Fast schien er mir ein wenig bedauernswert. Die Art, wie er über die vielgestaltige, nicht wirklich definierte Aufgabe sprach und über die enorme Verantwortung, die da so unerwartet auf ihn zukam, zeigte, daß das Amt wie ein Alp vor ihm lag. Der Reiz der Macht schien weit geringer als die Sorge, ob er dem Amt gewachsen sein werde und wie sich die Beziehungen zum Präsidenten gestalten würden, gegen den er in drei Wahlen gekämpft hatte. Schließlich wirkte auch die weltpolitische Lage nicht gerade rosig. Ihm schien Erfolg nur möglich, wenn, wie er sagte, alle Freunde, vor allem auch die europäischen Freunde, zu ihm hielten.

Im Herbst des gleichen Jahres war ich für die ZEIT in Rumänien, um über den ersten Besuch eines amerikanischen Präsidenten in einem kommunistischen Staat zu berichten. Es war ein Ereignis, das die Bevölkerung der Hauptstadt zu spontanen Jubelstürmen veranlaßte – eine Reaktion, die weder Gastgeber noch Besucher erwartet hatten. Auf Nixons Programm stand auch die Besichtigung eines modernen Arbeiterviertels in Bukarest. Ich hatte dort, wo an Ort und Stelle ein Lageplan über jenes Quartier orientierte, Aufstellung genommen, und in der Tat stiegen Ceauşescu und Nixon genau an dieser Stelle aus und schritten auf den Lageplan zu.

Fasziniert betrachtete ich den rumänischen Parteichef, den ich noch nie aus so unmittelbarer Nähe gesehen hatte. Erst als die Würdenträger sich wieder in Bewegung setzten, bemerkte ich Henry Kissinger, der allein und ein wenig gelangweilt abseits stand. Er war damals noch so unbekannt, daß niemand, nicht einmal die Journalisten, Notiz von ihm nahmen. Auch er schien über die unerwartete Begegnung froh zu sein, und so bummelten

wir ungestört hinter der Gesellschaft her, die verschiedene folk-
loristische Einrichtungen besichtigte.

Nixon, der von einer großen Asienreise kam, hatte gerade auf
der Insel Guam die sogenannte Nixon-Doktrin verkündet, mit der
er auf sehr überzeugende Weise den Abbau des amerikanischen
overcommitment einleitete. Zum erstenmal seit langer Zeit, so
schien mir, konnte man die Umrisse einer Konzeption wahrneh-
men, deren Fehlen ich bis dahin in vielen Artikeln beklagt hatte.
Henry Kissinger war so entzückt über diese Feststellung, daß er,
als wir wieder bei seinem Auto angelangt waren, sofort seinem
Mitarbeiter berichtete: »You see, she said that finally there is a
concept.« Eine Bemerkung, der ich entnahm, daß er bis dahin mit
Anerkennungen nicht gerade überhäuft worden war.

Dies sollte sich sehr bald ändern. Nach seinem heimlichen Flug
ins Reich der Mitte im Sommer 1971 wurde er mit einem Schlag
zum Weltstar Nummer eins. Daß ihm selber diese Tatsache nicht
verborgen geblieben war, konnte man beim ersten Besuch im
Weißen Haus ohne Schwierigkeiten feststellen. Die Selbstsicher-
heit wuchs von Jahr zu Jahr, aber stets wurde und wird sie durch
Witz und Selbstironie gemildert – jedenfalls für Fremde und
Besucher. Die Mitarbeiter haben es da offenbar schwerer: Henry
Kissinger verlangt Einsatz bis zum Herzinfarkt. Er ist unbe-
herrscht mit Leuten, die nicht so schnell sind wie er selber, und
angeblich kann er sich nicht vorstellen, daß er gelegentlich auch
einmal unrecht hat.

Seine so erfolgreiche persönliche Diplomatie hat im übrigen
dazu geführt, daß die Angehörigen des Außenministeriums, unter
denen schließlich eine Reihe sehr erfahrener, kompetenter Leute
sind, sich gänzlich überflüssig fühlten, daß sie enttäuscht und
frustriert waren. Kissingers Erklärung dafür: In früheren Zeiten
lag das Schwergewicht auf Verhandeln, nicht auf Analysieren,
darum ist die Organisation des State Department mehr darauf
gerichtet, Telegramme zu produzieren und praktische Tagesent-
scheidungen zu treffen als darauf, die Politik strategisch zu meistern, ein Konzept zu entwerfen. Außerdem könne man im Rahmen solch riesiger Apparaturen Außenpolitik ohnehin nicht mehr
formulieren. Auch Kennedy sei ja über die Langsamkeit des

Apparats verzweifelt gewesen, darum habe er McGeorge Bundy neben sich gehabt, so wie Johnson später Walt Rostow.

Als ich ihm im Jahr 1975 die Frage stellte, was er für den größten Fehler halte, den er als Berater des Präsidenten und als Außenminister begangen habe, schien er zunächst über die Unterstellung als solche recht überrascht, nannte dann aber Zypern. Seine Widersacher hüben und drüben hätten keine Schwierigkeit, ihm Dutzende von Fehlern zu unterschieben: Er hätte im indisch-pakistanischen Krieg von 1971 nicht die Pakistanis, sondern die Inder stützen müssen – ausgerechnet er, der für ein *balance of power* eintritt, die Inder, die mit der Sowjetunion verbündet waren! Er habe mit seiner China-Politik die japanischen Verbündeten bewußt beleidigt – dabei haben diese durch jene Politik unendlich viel mehr Handlungsfreiheit gewonnen! Seine unter Eid gemachte Aussage, von der Tätigkeit des CIA in Chile nichts gewußt zu haben, sei falsch – alle sprechen von einer Lüge, aber niemand von Meineid, weil sich jene Behauptung offensichtlich nicht beweisen läßt.

Vor allem aber dies: Er behandle Feinde zuvorkommend, Freunde dagegen niederträchtig. In der Tat gab es, vor allem im Jahr 1973, das Henry Kissinger, ohne diese Aktion ausreichend vorzubereiten, zum Jahr Europas bestimmte, mit den europäischen Alliierten viele Reibungen. Es war die Zeit, in der der französische Außenminister Jobert seine nationale Aufgabe darin sah, die Amerikaner weltweit zu bekämpfen: Wo immer Kissinger auftauchte, hatte Jobert bereits zuvor die französischen Botschafter – beispielsweise in Lateinamerika – zu der jeweiligen Regierung geschickt, um diese mit Sonder-Informationen vor den Absichten der Amerikaner zu warnen. In Marokko eskalierte diese Warnung sogar zu der Mitteilung, die USA unterstützten bei der Wahl des Pompidou-Nachfolgers heimlich Mitterrand gegen Giscard, um sich bei den Russen beliebt zu machen.

Und auch die Regierung Brandt-Scheel, die zusammen mit den anderen EG-Staaten im März 1974, also nach der Ölkrise, den Arabern eine gemeinsame Konferenz vorschlug, obgleich diese ihr Ölembargo gegen die Vereinigten Staaten noch nicht aufgehoben hatten, konnte nicht dazu angetan sein, Henry Kissinger besonders Europa-freudig zu stimmen. Denn sein Bemühen im Hinblick auf den Nahen Osten mußte nach dem Yom-Kippur-Krieg doch darauf gerichtet sein, mit den Arabern einzeln zu verhandeln und sie auf keinen Fall zu einer Front zusammenzuschweißen.

Wer ihm aber wirklich die Möglichkeit zu weiteren Erfolgen genommen hat, das ist der Kongreß. Der Kongreß, der entschlossen war, die allgemeine Empörung über einen Präsidenten, der sich immer tiefer in Missetaten und Lügen verstrickt hatte, zu benutzen, um die Macht der Exekutive zu beschneiden. Schon während der letzten Nixon-Phase begann der Kongreß, nicht nur die ihm langsam abhanden gekommenen Vorrechte wieder zurückzuerobern, sondern darüber hinaus tief in die Domäne der Exekutive einzubrechen. Nach und nach hat das Kapitol durch Einsprüche und Verweigerungen den Spielraum des Außenministers so eingeengt, daß dieser fast handlungsunfähig geworden ist.

Es hatte 1973 mit dem *amendment* von Senator Jackson begonnen, das vom Kongreß gegen den Protest des Außenministers durch Abstimmung bestätigt worden war. Dieses *amendment* machte das Inkrafttreten verschiedener Handelsvorteile, die der Sowjetunion zugesagt worden waren, von der Bedingung abhängig, daß Moskau jährlich eine große Anzahl Juden (die Rede war von 60 000) nach Israel ausreisen lasse. Die Sowjetführung war empört über diese Einmischung. Sie kündigte erstens den Handelsvertrag von 1972 und ließ zweitens nur noch 13 000 Juden ausreisen, während es im Jahr zuvor 35 000 gewesen waren. Außerdem hatte der Kongreß auch noch die Kreditspanne für das Handelsabkommen, auf das Breschnew so viele Hoffnungen gesetzt hatte, auf die lächerliche Summe von 300 Millionen Dollar für vier Jahre limitiert.

Der zweite Streich: Nachdem die griechischen Obristen 1974 auf der Insel Zypern, die zu 80 Prozent von Griechen und zu 20 Prozent von Türken bewohnt wird, einen Staatsstreich angezettelt hatten in der Absicht, die Insel anschließend zu annektieren, besetzten die Türken Teile der Insel, um ihrerseits die türkische Minderheit zu schützen. Der amerikanische Kongreß – von einer starken griechischen Lobby bearbeitet – verfügte ein Waffenembargo gegen die Türkei und verbot die Auslieferung der aus der US-Militärhilfe zugesagten Waffen. Die Türken waren wütend und verlangten den Abzug der Amerikaner von allen militärischen Stützpunkten und Anlagen; darunter waren vier elektronische Abhörstationen, die bis dahin Moskaus Raketenversuche überwachten und den militärischen Funkverkehr über der Sowjetunion abhörten.

Auch in Angola hätten die Russen sich ohne die Hilfe des Kongresses nicht so rasch und so nachhaltig festkrallen können. Zwar wäre angesichts der Erfahrungen von Vietnam sicher niemand auf den Gedanken gekommen, Truppen oder Marine-Einheiten nach Angola schicken zu wollen, aber daß der Kongreß sich weigerte, die von Kissinger beantragten 28 Millionen Dollar zur Verfügung zu stellen, nahm den Sowjets jedes Risiko für aggressive Handlungen und enthob sie jeder Mäßigung. Kissinger selber sagt, erst nachdem die finanzielle Unterstützung der nationalen Gruppen, die in Angola gegen die marxistische MPLA kämpften, im Dezember durch den Kongreß abgelehnt worden sei, habe der Strom russischer Waffen und kubanischer Söldner im großen Stil eingesetzt: in den folgenden vier Wochen seien viermal soviel Kämpfer und Waffen nach Angola gekommen als in den vorangegangenen sechs Monaten.

Ein endgültiges Urteil über Henry Kissinger als Außenminister wird erst möglich sein, wenn einmal alle Dokumente und Informationen zur Verfügung stehen, denn die Urteile der Zeitgenossen sind aufgrund der obwaltenden Umstände viel zu sehr von Emotionen bestimmt. Eines aber läßt sich schon heute sagen: Während sich die wenigsten Europäer noch an den Namen seines Vorgängers erinnern, obgleich William Rogers bis 1973 amtierte und dessen Vorgänger Dean Rusk in den acht Jahren, die er dem State Department vorstand, keinerlei Spuren hinterließ, sind die Marksteine, die Henry Kissinger gesetzt hat, aus der Geschichte nicht mehr wegzudenken.

Der tunesische Freiheitsheld

Habib Bourguiba

1956

Eines Tages – es war im Herbst 1954 – ging ich in Paris die Rue de Rivoli hinauf zur Place de la Concorde, als ich plötzlich eine auffallende Erscheinung quer über den großen Platz auf mich zukommen sah. Ein Mann mittleren Alters, klein von Wuchs, dunkler Typ, den Blick ostentativ in die Ferne gerichtet, ging mit entschlossenen, weit ausgreifenden Schritten (den Mantel offen, den Hut in der Hand) unbekümmert durch das Gewühl des Pariser Verkehrs. Wie der Entwurf zu einer revolutionären Freiheitsstatue mutete diese Erscheinung mich an, und plötzlich schoß es mir durch den Kopf: Das muß Habib Bourguiba sein, der Führer der tunesischen Freiheitsbewegung.

Ich hatte nie ein Bild von ihm gesehen und ihn trotz mehrfacher Versuche nie zu Gesicht bekommen. Als ich zwei Jahre zuvor in Tunis war, lebte er verbannt auf einer Insel vor der afrikanischen Küste, und seither hatte er alle Formen der Freiheitsbeschränkung, die der cartesische Geist der französischen Verwaltungsbürokratie ersonnen hat, durchexerziert. Dieser Mann nun, der mir da begegnete, neben dem die normalen Passanten wie Larven wirkten und der eine Atmosphäre von Freiheit, Unbeirrbarkeit und Gewißheit um sich hatte, konnte niemand anders sein als der Führer der tunesischen Neo-Destour-Partei, der fünfundzwanzig Jahre Kampf, Gefängnis, Exil, Entlassung und wieder Verbannung hinter sich hatte.

Ich kehrte um und folgte ihm. Und tatsächlich, er bog links ein in die Rue de Castiglione und betrat das Hotel Continental, in dem ich am Vormittag vergeblich auf ihn gewartet hatte. Ein arabischer Mittelsmann hatte mir dort, ein paar Stunden zuvor, erklärt, Bourguiba werde die Verabredung nicht einhalten können, er sei offenbar festgehalten worden. Er dürfe nämlich Paris nur aufsuchen, wenn er zum Arzt müsse. Fünf Minuten später saß ich ihm gegenüber.

Ein faszinierendes Gesicht: helle, blaue Augen, schöne, hohe Stirn, ein groß modellierter Mund, scharf geprägte Züge – fast römisch wirkt sein Kopf. Orientalisch ist nur seine Eloquenz, die Freude am Wort. Diesen Mann zeichnet eine ganz ungewöhnliche Mischung von leidenschaftlichem Idealismus und politischem Maßhalten aus. »Sehen Sie«, sagt er, »das ist das Schwierige, daß man den Franzosen Dinge, die längst fällig sind, Stück für Stück abringen muß. Sie sind keiner großen Geste fähig. Sie können nicht loslassen, wie es doch die Engländer in Indien vermochten. Sie wollen festhalten und vertrauen nur dem unmittelbaren juridischen Besitztitel. Ach, es macht so müde«, seufzte er, »dieses Sich-Hinschleppen hinter einer Entwicklung, die fortschreitet. Niemals voraneilen, ja nicht einmal Schritt halten! Wie soll man den Freiheitsdrang unserer Völker und die anachronistische Besitzwut der Franzosen auf einen Nenner bringen? Man muß die Franzosen zu jeder Konzession zwingen, und sie dürfen doch nie das Gefühl haben, kapitulieren zu müssen, dann ist es aus – denn sie sind ein stolzes Volk, das gern von Ruhm und Größe träumt.« »Ich habe immer«, fuhr er fort, »für eine gemeinsame französisch-tunesische Lösung gekämpft, und ich werde das auch weiter tun; aber das will ich Ihnen sagen: Wenn die so weitermachen, dann wird Nordafrika eines Tages das Grab der Franzosen. Viel Zeit ist nicht mehr.« Bourguiba hat durchgehalten; mit unendlicher Geduld hat er immer wieder in Paris verhandelt und daheim seine Landsleute beschwichtigt, bis am Quai d'Orsay der Vertrag über die Unabhängigkeit von Tunis unterschrieben wurde: Krönung eines lebenslangen Kampfes!

Habib Bourguiba stammte aus dem tunesischen Mittelstand, aus jener Klasse von Lehrern, Anwälten, kleinen Beamten und Geschäftsleuten, die in Tunis weit stärker vertreten ist als in den anderen nordafrikanischen Gebieten. Eine eigentliche Mittelschicht und eine straff organisierte gewerkschaftliche Bewe-

Habib Bourguiba

gung gibt es überhaupt nur in Tunis, das viel bürgerlicher und höher entwickelt ist als die anderen arabisch sprechenden Staaten. Bourguiba studierte in Paris Jura, machte mit vierundzwanzig Jahren sein Examen an der »Ecole libre des Sciences Politiques« und heiratete im gleichen Jahr eine Französin, mit der er zurück nach Tunis ging und dort eine gutgehende Rechtsanwaltspraxis aufmachte.

Seine politische Aktivität begann 1930, seine politische Karriere vier Jahre später, als er die Neo-Destour-Partei gründete, die im Gegensatz zu der alten orthodox islamischen Destour-Partei eine mehr westlich orientierte Entwicklung anstrebte und die sofort daranging, die Massen zu organisieren. Schon nach wenigen Monaten wurden Bourguiba und seine Freunde deportiert und am Rande der Wüste, im äußersten Süden von Tunis, festgesetzt. Von dort schrieb Bourguiba im November 1934 an den damaligen französischen Generalgouverneur Peyrouton und schickte den Brief nicht offiziell über die Aufseher des Konzentrationslagers, sondern heimlich über seine eigenen »Kuriere« (was der Gouverneur als eine besondere Herausforderung empfand). Der Brief schloß: »Erwarten Sie von mir weder Unterwerfung noch Gnadengesuche. Ich würde die Achtung, die ich gern bewahren möchte, vor einem Gegner verlieren, der dies täte.« Immer sprach Bourguiba vom Gegner *(adversaire)* und nicht vom Feind *(ennemi).* Auch zwanzig Jahre später noch, obgleich es doch ganz natürlich gewesen wäre, wenn diese Jahre ihn hart und böse gemacht hätten.

Ihr äußerer Verlauf sieht folgendermaßen aus: 1934 bis 1936 verbannt in Bordj-Leboeuf, 1936 von der Volksfrontregierung freigelassen, 1938 bis 1943 verbannt. Im Mai 1940 nach dem deutschen Angriff auf Frankreich von Tunis nach Marseille übergeführt; nach Besetzung der freien Zone von einem Fort zum anderen geschleppt, schließlich über Rom wieder nach Tunis; 1943 durch General Juin wieder freigelassen, 1945 bis 1950 exiliert – auf Reisen im Nahen Osten und USA, 1950 unter Robert Schuman wieder frei in Tunis und Frankreich, 1952 bis 1955 wieder inhaftiert (kurz vor der Verhaftung aller tunesischer Minister) und auf eine Insel verbannt. Im Herbst 1954 noch in seinem Asyl von Mendès-France bei den Verhandlungen über Tunis ständig konsultiert, 1955 endgültig frei.

Bourguibas Aufsätze und Denkschriften – zwischen 1933 und 1954 entstanden – sind in einem Buch zusammengefaßt (»La Tunisie et la France«), dem ein Wort Nehrus vorangestellt ist: »Wenn ich auch die Gewaltlosigkeit über die Gewalt stelle, so gebe ich doch der Freiheit, die mit Gewalt erkämpft wurde, den Vorzug vor der Gewaltlosigkeit, die zur Sklaverei führt.« Das ist eine auch für Habib Bourguiba typische Maxime. Als ich ihn damals in Paris (der Kampf der *Fellaghas* hatte gerade begonnen) fragte, was er tun werde, wenn angesichts seiner maßvollen Politik in Tunis die Extremisten die Oberhand gewönnen, antwortete er: »Ich werde, solange es irgend geht, versuchen, eine friedliche Einigung mit Frankreich zu finden; wenn das allerdings nicht möglich sein und wenn das tunesische Volk die Geduld verlieren sollte, dann werde ich mich selbst an die Spitze der Extremisten stellen.«

Es gibt ein erstaunliches Dokument, das seinesgleichen sucht in der Geschichte der Freiheitskämpfe kolonialer Völker, nämlich einen Brief, den Bourguiba an seine Freunde (die Führer der *Neo Destour*) am 8. August 1942 aus der Verbannung schrieb. Schon seit Jahren lebte Bourguiba damals auf dem Fort Saint-Nicolas bei Marseille. Man hatte ihn isoliert, aber die Nachrichten aus Tunis fanden doch ihren Weg in seine Abgeschiedenheit. Er hatte den Eindruck gewonnen, daß seine Landsleute fest an den Sieg der Achsenmächte glaubten und daran, daß dieses Ereignis ihnen die erträumte Unabhängigkeit bringen werde. Er war entsetzt und besorgt: »Die Wahrheit ist«, so schrieb er, »daß Deutschland den Krieg nicht gewinnen wird; daß die Zeit gegen Deutschland arbeitet, daß dieses Land mit mathematischer Sicherheit zwischen dem russischen Koloß und den Angelsachsen, die die Meere beherrschen und deren industrielle Möglichkeiten unbegrenzt sind, zermahlen werden wird.«

Er ließ überdies keinen Zweifel darüber, daß er als Führer eines Volkes, das für seine Freiheit kämpft, gesinnungsmäßig auf der Seite der Demokratien stehe. Das Wichtigste sei, daß die Tunesier sich am Ende des Krieges im Lager der Sieger fänden und sich nicht durch ihre Gefühle für die Achsenmächte kompromittierten. »Ihr müßt eure Gefühle zügeln und vor allem eure Ressentiments, nicht dem Drängen der Masse nachgeben, die immer kurzsichtig ist und geführt werden muß.« Er beschwor seine Freunde, das Volk im Lager der Alliierten zu halten. Und am Ende eines langen Briefes: »Wenn es mir nicht gelungen sein sollte, euch zu überzeugen, so gehorcht! Es ist ein Befehl, den ich euch gebe. Diskutiert ihn nicht! Ich trage die Verantwortung vor Gott und der Geschichte.«

Die Franzosen haben immer geglaubt, das tunesische Volk werde seinen verbannten Führer bald vergessen. Als aber dieser 1955 nach Tunis zurückkehrte, waren dreihunderttausend Tunesier zusammengeströmt, um ihn zu begrüßen. Und schließlich hat seine Neo-Destour-Partei, die er mit soviel Geschick, Mäßigung und politischer Geduld geführt hat, 90 v. H. aller Stimmen erhalten – bei der ersten Wahl, die je in Tunis stattfand.

Das Gewissen Amerikas

John J. McCloy

1985

Wenn man ihn bei einer Konferenz oder auf einer Sitzung beobachtete, konnte man meinen, er schliefe: stundenlang saß er wie ein Buddha da, unbeweglich, die Augenlider gesenkt – dann plötzlich regte er sich, schob die vor ihm liegenden Papiere samt Brille beiseite und begann, noch ein wenig zögernd und mit gedämpfter Stimme, zu reden.

Handelte es sich darum, für ein kompliziertes Problem eine Lösung zu finden, dann lautete seine erste Frage gewöhnlich: »What makes sense?« Die zweite: »What is fair?« Ging es aber darum, einen Sachverhalt zu strukturieren, Ordnung in ein gedankliches Chaos zu bringen, dann gab es niemanden, der dies so leicht, so selbstverständlich und auf solch überzeugende Weise zu tun verstand wie John J. McCloy.

Er hat lange Jahre im öffentlichen Dienst gewirkt, als Unterstaatssekretär im Verteidigungsministerium, als Amerikas Hochkommissar in Deutschland, als Sonderberater des Präsidenten in Abrüstungsfragen – oder in privater Aktivität als Partner in großen internationalen Anwaltsfirmen, als Präsident der Weltbank, *chairman* der »Ford Foundation«, Chef der Chase Manhattan Bank; in all diesen öffentlichen, halböffentlichen und privaten Tätigkeiten hat er Erfahrungen gesammelt, wie sie nur ganz selten einem einzelnen zuteil werden.

Der liberale Republikaner hat unter Roosevelt und Truman gedient und war Berater von Eisenhower, Kennedy und Johnson. Es hat während des Zweiten Weltkrieges kaum eine wichtige Entscheidung gegeben, an der McCloy nicht in irgendeiner Weise beteiligt war. Er war in Casablanca, Kairo, Potsdam und San Francisco dabei, hat die *lend/lease*-Gesetzgebung durch den Kongreß gesteuert, mit Hilfe von Stimson den Morgenthau-Plan torpediert. Er war zugegen, als Truman mit den *Joint Chiefs of Staff* den Entschluß faßte, die Atombombe auf Hiroshima abzuwerfen. McCloy selbst, der damals Unterstaatssekretär beim Kriegsminister Henry Stimson war, hat sich im Jahr 1974 in einem zweistündigen Interview mit Eric Sevareid dazu geäußert:

Sevareid: »Es gibt ein neues Buch von einem jungen Historiker, der behauptet, der Hauptzweck der Bombe sei gewesen, die Russen zu beeindrucken – also gewissermaßen ein vorweggenommener Aspekt des zukünftigen Kalten Krieges.«

McCloy: »Das ist Unsinn, großer Unsinn. Der Hauptgrund war die Angst vor den riesigen Verlusten, die gerade in der allerletzten Phase des Krieges angesichts des berühmten Tokio-Plans und der Zähigkeit dieses Volkes zu befürchten waren. Man rechnete mit Hekatomben von Toten. Ich bedaure, was geschehen ist. Ich gehörte nicht zu jenen, die die Entscheidung zu treffen hatten. Ich hatte meine eigene Ansicht, die ich Mr. Stimson gegenüber sehr deutlich zum Ausdruck gebracht hatte: Ich war nicht dagegen, daß die Bombe abgeworfen wurde, ich war nur dafür, zuvor bestimmte Bedingungen zu stellen.«

Sevareid: »Was also hätten Sie vorgeschlagen?«

McCloy: »Es war doch so, Mr. Truman scheute sich vor einer Landung in Japan mit all den Verlusten, die dies bedeutet hätte. Als wir da alle bei ihm versammelt waren, hat er am Schluß jeden einzelnen aufgerufen und ihn gefragt: ›Können Sie mir sagen, ob ich eine Alternative habe?‹ Und außer einem sagten alle: ›Nein.‹ Dann packten wir unsere Sachen zusammen. Plötzlich wandte Truman sich zu mir und sagte: ›Niemand verläßt diesen Raum, ohne Stellung zu nehmen (›without committing himself‹). Was meinen Sie, McCloy?‹

Ich sah Mr. Stimson an, der gab grünes Licht: ›Los, erzählen Sie, was Sie denken.‹ Ich begann: ›Jetzt geht es doch um eine politische Lösung. Ich glaube, man müßte jetzt das Geheimnis der Bombe lüften. Wir sind bis zum Pazifik vorgestoßen, es gibt kein Kriegsschiff mehr, das man versenken, kaum eine Stadt, die man

John J. McCloy

noch bombardieren könnte; unser militärisches Prestige ist enorm – jetzt ist der Moment gekommen, den Japanern zu sagen, entweder ihr kapituliert oder wir haben da eine Waffe, die ... Wir sollten sie also vorher wissen lassen, was passieren wird.‹«

Sevareid: »Sie waren doch auch in Potsdam bei der Konferenz, als Truman Stalin über die Bombe informierte?«

McCloy: »Ja, damals waren wir alle tief enttäuscht, weil Stalin, der wohl schon alles wußte, keinerlei Reaktion zeigte. Alle waren am Abend zuvor sehr aufgeregt: Was wird er sagen! Was wird er tun! Und alle beobachteten ihn dann am nächsten Tag ganz genau. Er aber sagte einfach: ›Ach, ist das nicht interessant? Das ist gut ... Was ist die nächste Frage?‹ Die Erklärung für diese Uninteressiertheit kann wohl nur gewesen sein, daß Stalin dieses wohlgehütete Geheimnis längst bekannt war!«

In jenem Interview, in dem McCloy über die letzten vierzig Jahre seines politischen Lebens befragt wurde, berichtete er auch über ein höchst ungewöhnliches und eindrucksvolles Zusammensein mit Premierminister Churchill, das dessen große Begabung für Dramaturgie sehr deutlich macht.

»Ich befand mich«, so erzählte der damalige Unterstaatssekretär, »auf einer Mission in London, wo ich am späten Nachmittag P. J. Grigg, den Kriegsminister, treffen sollte. Auf dem Weg dorthin erreichte mich die Nachricht, Churchill wolle mich sehen. Der Premierminister stellte mir tausend Fragen. Als ich schließlich aufbrechen wollte, sagte er: ›Nein, ich will Ihnen London im Krieg und bei Nacht zeigen.‹ So brachen wir auf und verließen Downing Street 10 durch den Hintereingang, vor dem sich ein tiefer Bombenkrater auftat, der den Hausherrn ganz offensichtlich mit Stolz erfüllte, weil er ihm das Gefühl gab, an der vordersten Front zu sein.

Wir bestiegen ein Auto, fuhren durch London und landeten schließlich gegen 11 Uhr nachts beim Parlament. Das *House of Commons* war ein Trümmerhaufen. Der Premierminister stand auf den Ruinen und erklärte mir, wenn er überlebe, werde er es wieder aufbauen, und zwar auch wieder so, wie es zuvor war: ›Die Bänke nicht wie im Theater angeordnet, sondern so, daß die Gegner einander gegenübersitzen. Das verleitet weniger zu Rhetorik (›it keeps the rhetoric down‹), ist viel vernünftiger und auch intimer. Und‹, so fuhr er fort, ›ich werde auch dafür sorgen, daß nicht genug Sitze für alle da sind, damit bei den großen Debatten, wenn alles sich drängt, das Dramatische deutlicher wird. – Und nun zeige ich Ihnen, wo wir jetzt sitzen.‹

Wir gingen hinüber zum *House of Lords*. Ein Wächter mußte Licht machen. Churchill nahm auf dem Stuhl des *Prime Minister* Platz, ich daneben. Und dann wanderten seine Gedanken zurück in seine parlamentarische Zeit: Bonar Law, Lloyd George ... viele Gestalten ließ er vorüberziehen. Und ich fragte mich die ganze Zeit, warum in aller Welt tut er das? Was bezweckt er damit? Und warum läßt er den armen Grigg so viele Stunden warten?

Aber dann plötzlich hob sich seine Stimme, und er sagte: ›Wenn ich auf das House blicke, dann sehe ich vor meinen Augen all die, die dort sein sollten. Meine Rivalen sind alle tot. Meine Generation wurde in Paaschendale und an der Somme ausgelöscht. England kann solch einen Aderlaß zum zweitenmal nicht durchstehen, und darum bin ich so vorsichtig und zögernd, was die Invasion über den Kanal anbetrifft.‹«

»Da«, so resümierte McCloy, »dämmerte mir, warum er dies alles veranstaltete. Er hatte gehört, daß ich in London war, er wußte, daß ich Stimson nahestand, der schon sehr früh die Invasion propagiert hatte, wie übrigens auch Roosevelt, Marshall und Eisenhower. Sie alle waren immer am Widerstand Winston Churchills gescheitert, eben weil er fürchtete, noch einmal könne eine ganze Generation geopfert werden.«

Wenn man den achtzigjährigen McCloy gefragt hätte, was für ihn das Wichtigste in seinem Leben gewesen sei, hätte seine Antwort wohl gelautet: »To have served the country.« Für manchen von uns mag dies ein wenig pathetisch klingen, obgleich er es sicher trocken und unterkühlt herausgebracht hätte – Europäer sind eben skeptisch, wenn nicht zynisch geworden. Amerikaner dagegen haben, oder hatten jedenfalls bis Vietnam und Watergate, ein ganz ungebrochenes Verhältnis zum Staat: *Public service* ist ein Begriff, bei dem vielen von ihnen ein bißchen feierlich zumute wird. Um des *public service* willen hat schon mancher – auch McCloy – hohe und höchste Gehälter preisgegeben.

Noch als Fünfundsiebzigjähriger jagte Jack – wie seine Freunde McCloy nennen – Grizzlybären in Alaska. Ende 1975 erlebte ich ihn auf der Deutsch-Amerikanischen Konferenz in Bad Godesberg. Nach drei anstrengenden Tagen stand er am darauffolgenden Morgen um 6 Uhr auf, flog nach Berlin, besichtigte die Stadt mit ihren Veränderungen, war Ehrengast bei einem Mittagessen, das der Regierende Bürgermeister für ihn gab und dessen Teilnehmer er mit einer seiner stets pointenreichen Tischreden in angeregte Heiterkeit versetzte, nahm am Nachmittag an einer Diskussion bei »Aspen-Berlin« teil, der ein Empfang beim US-General folgte, und ging dann in die Oper, um die »Meistersinger« zu hören . . .

Seitdem er als junger Offizier im Ersten Weltkrieg gegen die Deutschen kämpfte, ist McCloy immer mit deren Land verbunden gewesen. Die Großeltern seiner Frau waren aus Deutschland eingewandert, er spricht deutsch; zehn Jahre seines Lebens hat er als Anwalt einem berühmten Spionagefall aus dem Ersten Weltkrieg, *Black Tom*, gewidmet. Dieser Fall, in den auch Franz von Papen verwickelt war, wurde erst 1939 vom Haager Schiedsgericht entschieden: Die Deutschen mußten damals 26 Millionen Dollar Schadenersatz zahlen. Später war McCloy durch ein ganzes Geflecht von Freundschaften mit Europa verbunden – am dichtesten wohl in Deutschland.

Shepard Stone, derzeit Direktor von »Aspen-Berlin«, jahrelang sein engster Mitarbeiter, erzählt folgende Geschichte: »Ende 1949 oder Anfang 1950, als Jack Hoher Kommissar in Deutschland war, flogen wir zusammen in die USA, um bei einem *Congress Hearing* auszusagen. An einem freien Nachmittag flogen wir hinüber nach Boston, wo Jack zu den ersten deutschen Austauschstudenten sprechen sollte. Er war außerordentlich gespannt, wie wohl die Reaktion der jungen Deutschen auf Amerika sein werde. Bis 10 Uhr abends dauerte die Diskussion, dann mußten wir zurück; aber Jack hatte noch immer nicht genug. Auf dem Rückweg nahmen wir ein junges Mädchen mit, das uns als besonders intelligent, offen und gut formulierend aufgefallen war, um die Unterhaltung fortsetzen zu können. Ihr Name: Hildegard Brücher – heute Hildegard Hamm-Brücher.«

McCloy ging im Juni 1949 als Hoher Kommissar nach Deutschland. Schon Anfang 1945 aber war er als Leiter der *Civil Affairs Division* an der Durchführung der Besetzung beteiligt. Damals verhinderte er durch sein persönliches Eingreifen die Zerstörung der Stadt Rothenburg o. T., zu deren Ehrenbürger er 1948 ernannt wurde.

Bei McCloy kann man sich immer auf die menschlich richtige Reaktion verlassen: Im Oktober 1950 verfügte er die Entlassung von Staatssekretär Ernst von Weizsäcker aus dem Gefängnis; im August 1951 lehnte er das Gesuch ab, den Freiherrn von Neurath aus der Haft in Spandau zu entlassen. In den folgenden Jahren trat er mit großer Verve vor dem McCarthy-Tribunal für Robert Oppenheimer ein.

Ich hatte McCloy und seine Frau, die für viele Deutsche damals der gute Geist war, im Sommer 1949 kennengelernt. Als ich eines Abends in ihrer Residenz in Bad Homburg eingeladen war, berichtete der Hausherr von einem Jagderlebnis, das sich gerade zugetragen hatte.

Bei einer herbstlichen Treibjagd – McCloy stand, die Flinte im Arm, auf einer Waldschneise – kroch plötzlich unmittelbar neben ihm statt des erwarteten Hasen ein Mann aus der Dickung, der dort gewildert oder vielleicht auch Holz gestohlen haben mochte, jedenfalls hatte er ein schlechtes Gewissen. Der Mann erschrak bis ins Mark – kreideweiß riß er den rechten Arm zum deutschen Gruß hoch und schrie: »Heil Hitler!« Einer der anwesenden Amerikaner meinte: »Da kann man mal sehen, wie tief der Nazismus bei denen sitzt.« McCloy hörte sich das an und entgegnete trocken: »Ich hatte das Gefühl, diese automatische Reaktion zeige nur, wie tief verängstigt viele Leute gewesen sein müssen, wenn sie nach Jahren noch immer die gleichen Reflexe haben.«

Zu jener Zeit, angesichts der herrschenden Arbeitslosigkeit, war unser aller Hauptsorge die Demontage von Industrieanlagen, von der die Alliierten durch keinerlei Argumente abzubringen waren. Eines Tages hatte ich auf einigen Umwegen erfahren, daß die Amerikaner wahrscheinlich bereit sein würden, diesen Irrsinn einzustellen, wenn die deutsche Regierung von sich aus sieben oder acht größere Werke zur Demontage anbieten würde.

Es schien mir unerläßlich, dieses Wissen, das gut fundiert war, dem eben gewählten ersten deutschen Regierungschef mitzuteilen. Ich machte mich also – es mag Mitte Oktober 1949 gewesen sein – nach Bonn auf, um Dr. Adenauer darüber zu berichten und um ihm zu raten, sich doch mit McCloy in Verbindung zu setzen. Aber Konrad Adenauer wollte nicht. Er habe McCloy noch nicht kennengelernt, und da dessen Frau deutscher Abstammung und eine Cousine seiner verstorbenen Frau sei, möge er ihn nicht von sich aus ansprechen.

Ich vermochte nicht recht einzusehen, was Adenauers Verwandtschaft mit der Demontage zu tun habe, und sagte beiläufig, meine Unterlagen zusammenpackend, ich würde nun Kurt Schumacher, dem Chef der Opposition, die Sache vortragen. Auf diese Ankündigung hin wurde sofort Ministerialdirigent Herbert Blankenhorn, der im Nebenzimmer saß, herbeigeholt, und Konrad Adenauer nahm die Sache dann doch in die Hand. Jetzt, beim Niederschreiben dieser Episode, erschien es mir fast unglaubwürdig, daß der Bundeskanzler den amerikanischen Hochkommissar, der sich seit fünf Monaten in der Bundesrepublik befand, noch nicht ein einziges Mal gesprochen hatte. Ich las darum noch einmal die entsprechenden Kapitel der Adenauer-Memoiren, und in der Tat, der Name McCloy erscheint dort zum erstenmal Ende Oktober 1949. Man hat ganz vergessen, wie begrenzt in ihrer Bedeutung und wie nebensächlich die deutsche Regierung in jener ersten Zeit war.

Als die deutsch-alliierten Verträge 1952 unterzeichnet waren und Deutschland seine Souveränität wiedergewonnen hatte, kehrte der amerikanische Hohe Kommissar nach Amerika zurück. Und wieder wurde er von den jeweiligen Präsidenten – den republikanischen wie den demokratischen – für mancherlei heikle diplomatische Missionen eingesetzt.

»1962, während der Kuba-Krise, war ich gerade in Europa«, erzählte McCloy, der damals Sonderberater in Abrüstungsfragen war. »Präsident Kennedy holte mich zurück, und ich nahm dann an den entscheidenden Sitzungen im Weißen Haus teil. Es war eine ganz kritische Situation. Rusk sagte damals: ›It's eyeball to eyeball.‹ Das Gefühl des Bedrohtseins durch sowjetische Raketen vor unserer Haustür war so stark, daß man meinte, die Gefahr mit Händen greifen zu können. Meine Reaktion war, die Dinger müssen unbedingt raus und weg, sonst ist die ganze atomare Abschreckung zum Teufel, und unsere Verpflichtung Europa gegenüber bedeutet überhaupt nichts mehr.

Als man sich im Prinzip auf höchster Ebene darüber geeinigt hatte, schickte Chruschtschow Kusnezow als Verhandler herüber, der vorzüglich Englisch sprach; er hatte in den Vereinigten Staaten – in Lehigh – studiert. Wir beide haben dann die Technika: wie abgebaut und wie kontrolliert wird, in allen Einzelheiten ausgehandelt. Er war ein bißchen nervös, dachte offenbar, wir würden abgehört, denn er verlangte plötzlich hinauszugehen. So setzten wir uns draußen auf einen Zaun und legten alles bis ins letzte Detail fest. Und genauso präzis wurden alle Absprachen eingehalten. Wir waren damals so stark – sowohl nuklear wie auch konventionell –, daß den Russen gar nichts anderes übrigblieb.

Schließlich stiegen wir von unserem Zaun herunter, gaben uns die Hand, und Kusnezow sagte: ›Well, Mr. McCloy, we'll never be in this situation again.‹ «

Von 1961 bis 1963 war McCloy Sonderbeauftragter für Abrüstungsfragen bei Präsident Kennedy. Als Kennedy im Sommer 1963 in einer Situation steigender Nervosität – Nachwehen des Mauerbaus und Vorahnung der militärischen Behinderung auf den Zufahrtswegen nach Berlin – in die Bundesrepublik zu fahren beschloß, bat er zuvor McCloy zu sich, um ihn – den ehemaligen Hochkommissar – zu konsultieren. Gleich zu Beginn des Gesprächs teilte er McCloy mit, daß er nicht nach Berlin gehen werde, alle seine Berater hätten ihm dringend davon abgeraten. McCloy war wütend: In diesem Moment nicht nach Berlin zu fahren . . . »Dann ist es besser, gar nicht erst in die Bundesrepublik zu reisen!«

Erst daraufhin hatte der Präsident sich umentschlossen. Er fuhr in die alte Reichshauptstadt, wurde mit tumultartiger Freude begrüßt und sprach jene bekannten Sätze: »Alle freien Menschen, wo immer sie leben mögen, sind Bürger dieser Stadt Berlin, und deshalb bin ich als freier Mann stolz darauf, sagen zu können: Ich bin ein Berliner.« Nach seiner Rückkehr ließ er McCloy wieder kommen und sagte ihm, er habe nie zuvor so Eindrucksvolles erlebt.

Anfang der siebziger Jahre – der Begriff Establishment war gerade aufgekommen – wurde in Amerika, genau wie bei uns, gern das Spiel gespielt: »Wer gehört zum Establishment?« In einem Freundeskreis, dessen Mittelpunkt Kenneth Galbraith war, wurde wie bei einem Puzzle die Idealfigur theoretisch zusammengesetzt: Der Betreffende muß in Harvard studiert haben; er muß ein *Wasp (White Anglo-Saxon Protestant)* sein; ferner als *chairman* der »Ford Foundation«, des »Council on Foreign Relation« und der Chase Manhattan Bank fungiert sowie verschiedenen Präsidenten in hohen Posten gedient haben. Nachdem man sich auf diesen Typ geeinigt hatte, wurden die Lebensläufe einiger prominenter Amerikaner nachgeschlagen. Der einzige, auf den alle Vorbedingungen optimal zutrafen, war McCloy.

Aber diejenigen, die da meinen, man werde ins Establishment geboren, werden durch ihn eines Besseren belehrt: Jack McCloy war sechzehn Jahre als, als sein Vater, ein kleiner Versicherungsbeamter, starb. Da der Vater keine Versicherung abgeschlossen hatte, mußte seine Witwe für fremde Leute Wäsche waschen, damit Jack auf die Quäker-Schule gehen konnte.

John J. McCloy wurde nicht ins Establishment geboren. Und er konnte sich seine eigene Lebensweise und seine eigenen Maßstäbe erhalten: Er übernahm keinen Vorsitz, wenn er sich dem Unternehmen nicht wirklich widmen konnte; er hielt nie große Reden, sondern war immer der Fragende: »Was hältst du von dieser oder jener Sache . . . ?« Viele nannten ihn das Gewissen Amerikas.

Staatsmann ohne Staat

Nahum Goldmann

1982

Im September 1982 wurde Nahum Goldmann in israelischer Erde beigesetzt. In einem Staat, für den er 60 Jahre lang gekämpft und gelebt hat und der so anders geworden ist, als er ihn sich vorgestellt hatte. Wenn es nach ihm gegangen wäre, hätte Israel ein großes geistiges und moralisches Zentrum werden sollen. Und jetzt? »Jetzt«, so pflegte er traurig festzustellen, »ist es ein imperialistisches Machtzentrum, isoliert von allen Freunden, das, um seine Wirtschaft zu stärken, Waffengeschäfte macht.«

Seine Sehnsucht hatte stets dem Land Israel gegolten – der Heimat, nicht einem Staat. Freilich, ein Land ohne staatliche Organisation, dies ist wohl eine Utopie, ein bewußter Traum, aber daß die Realität nicht nur anders geworden ist, sondern allem hohn spricht, wofür er sich eingesetzt hatte, das hat ihn tief getroffen. Ariel Scharon, dem er ein gut Teil Schuld an der Entwicklung zumaß, hielt er für einen »ehrgeizigen, egoistischen General ohne Überzeugungen«. Und von Menachem Begin meinte er, er schreibe »das unheilvollste Kapitel in der Geschichte Israels« und gefährde womöglich noch die Existenz des Staates. Nahum Goldmann hat unter dem Krieg im Libanon im wahrsten Sinne des Wortes gelitten. Er hielt diesen Angriffskrieg nicht nur für ein Verbrechen, sondern für gänzlich überflüssig. Auf Grund seiner Kontakte in den arabischen Ländern war er der Ansicht, daß die gemäßigten Araber im Prinzip bereit seien, Israels Existenz anzuerkennen – auch der Fahd-Plan schien ihm dies anzudeuten. Darum war er für Verhandlungen. Sein Leben lang hatte er gepredigt, eine dauerhafte Lösung sei ohne eine Einigung mit den Arabern unmöglich. In einem Interview sagte er: »Für mich ist die PLO eine legitime Bewegung, deren Terror ich selbstverständlich verdamme, aber man muß mit ihnen verhandeln – ohne Gespräche sind Lösungen unmöglich.«

Auch hinsichtlich der sowjetischen Rolle im Nahen Osten war Goldmann ein Häretiker: »Ich war schon immer der Ansicht, daß der Versuch Amerikas, die Russen aus dem Prozeß des Friedens auszuschalten und eine amerikanische Priorität zu erwirken, sowohl militärisch als auch vor allem politisch hoffnungslos ist.« Er war von jeher dafür gewesen, Israel als einen neutralen Staat ohne direkte Bindung an eine der Supermächte zu etablieren. Und während der letzten Jahre ist er unbeirrt durch zornigen Einspruch aus Tel Aviv für einen palästinensischen Staat eingetreten.

Im ersten Jahr des 20. Jahrhunderts, das mit dem Holocaust und der Gründung des Staates Israel zum wichtigsten Jahrhundert in der Geschichte des jüdischen Volkes wurde, war Vater Goldmann, aus Polen kommend, in Deutschland eingewandert. Der Sohn Nahum, damals sechs Jahre alt, wurde in Frankfurt a.M. eingeschult, studierte und promovierte in Heidelberg in Rechtswissenschaft und Philosophie. Schon Mitte der zwanziger Jahre wurde er in die Leitung der »Zionistischen Vereinigung in Deutschland« berufen, wuchs sehr bald in die großen, internationalen jüdischen Organisationen hinein und war schließlich von 1949 bis 1978 Präsident des Jüdischen Weltkongresses, der dreizehn Millionen über die ganze Welt verstreuter Juden vertrat. Gleich 1933 hatte Nahum selbst auswandern müssen, zunächst nach Genf, dann Anfang des Krieges in abenteuerlicher Flucht über Spanien und Irland nach Amerika, weil er in Hitlers Deutschland in Abwesenheit zum Tode verurteilt worden war.

Als im Juli 1979 sein 85. Geburtstag in Amsterdam gefeiert wurde, sagte Bundeskanzler Helmut Schmidt, der ihm für seine großen Verdienste um die Aussöhnung Israels mit den Deutschen dankte: »Sie haben in Ihrem Leben Pässe von acht verschiedenen Staaten besessen, immer aber sind Sie ganz Ihr eigenes, unverwechselbares Ich geblieben: ein unabhängiger Geist, eine moralische Autorität, ein Staatsmann ohne Staat. Ein Weltbürger also in jenem Sinne, den Goethe diesem Wort gegeben hat.«

Nahum Goldmann

Mit Nahum Goldmann über das deutsch-jüdische Verhältnis zu sprechen, war stets ungemein lehrreich. Er kannte die Geistesgeschichte beider Völker wie kaum ein anderer. »Europa war«, so sagte er, »nicht nur für die deutschen Juden, sondern für Millionen osteuropäischer Juden identisch mit deutscher Kultur. Sie dachten dabei an Lessing und Schiller, Kant und Hegel, Goethe und Heine – nicht aber an Racine oder Molière, Shakespeare oder Milton, Pascal oder Locke.«

Vermutlich lag dies daran, daß die deutschen Juden ihre Sprache, das Jiddische, welches dem Mittelhochdeutschen entlehnt ist, mitnahmen, als am Ende des Mittelalters die große Auswanderung nach Polen und anderen osteuropäischen Staaten begann. Daher hatten sich die frühen Zionisten in der Zeit vor Hitler auch vorgestellt, daß Deutsch die Sprache des erträumten jüdischen Staates sein werde.

Nahum Goldmann war es, der am 6. Dezember 1951 in London als erster offizieller Jude mit einem offiziellen Deutschen, mit Bundeskanzler Adenauer, sprach. Damals legten die beiden den Grundstein für die große Wiedergutmachungsaktion in der Bundesrepublik, die inzwischen zur Auszahlung von über siebzig Milliarden Mark an individuell Geschädigte geführt hat. Zu den Protesten, die sich damals in Israel erhoben, weil viele mit Deutschland nichts mehr zu tun haben wollten, schrieb Goldmann in seinem 1980 erschienenen Buch »Mein Leben als deutscher Jude«:

»Ich war stets der Meinung, daß Völker ihre Beziehungen nicht durch Emotionen bestimmen lassen sollten; ihre Interessen verlangen, daß sie irgendwann eine Form des Zusammenlebens finden und sich nicht von noch so berechtigten Gefühlen beherrschen lassen. Jede emotionell determinierte Außenpolitik endet früher oder später in einer Katastrophe. Vielleicht können sich Gruppen, die ohnehin keine Außenpolitik betreiben, in dem Gefühl ihrer Machtlosigkeit den billigen Luxus gestatten, nur ihren Emotionen zu leben. Dies haben die Juden in den Jahrhunderten ihrer Getto- und Diaspora-Existenz getan. Aber ein Volk, dem es gelungen ist, einen eigenen Staat aufzubauen, das Forderungen durchsetzen und Machtpositionen erwerben will, kann sich eine rein gefühlsmäßige und don-quichottische Politik nicht mehr erlauben.«

Nahum Goldmann zeichnete sich durch ein untrügliches politisches Gespür aus, durch große diplomatische Fähigkeiten, eine ungewöhnliche rednerische Begabung und ein unerschöpfliches Repertoire an jüdischen Witzen, mit denen er nicht nur seine Bücher, Aufsätze und Interviews würzte, die ihm vielmehr auch dazu verhalfen, aus mancher Auseinandersetzung und manchem Streit als Sieger hervorzugehen.

Meine gelegentliche Frage, wie unerschöpflich denn dieses Repertoire eigentlich sei, beantwortete er mit folgender Geschichte: In einem Land mit reicher jüdischer Kaufmannschaft hatte er einst eine Rede gehalten mit dem Zweck, für Israel Geld zu sammeln. Das Ergebnis entsprach keineswegs seinen Erwartungen. Er beschwerte sich. Daraufhin sagten die Leute, wenn er bereit sei, anschließend Witze zu erzählen, seien sie bereit, für je fünf Witze 1000 Mark zu geben. Seine Pointe: »Wir saßen bis morgens um drei Uhr zusammen, und die Gemeinde mußte drei Jahre lang bezahlen, weil sie das nicht auf einmal schaffte.«

Der unermüdliche Wohltäter

Helmut Bleks

2000

Neulich wurde ich gefragt, ob mir in meinem langen Leben jemand begegnet sei, der mir durch ungewöhnliche Leistung besonders imponiert hätte. Meine Antwort, ohne nachzudenken: »Ja, Helmut Bleks in Namibia.«

Seine Geschichte ist so ungewöhnlich, daß ich sie rasch erzählen will. Helmut Bleks wurde als sehr junger Mensch zu Beginn des Krieges eingezogen, geriet in sowjetische Gefangenschaft, hatte dort mauern und tischlern gelernt. Als er nach zehn Jahren zurückkam, ging er nach Bochum, weil dort die Frau lebte, die er liebte und später heiratete.

Er fand eine Stellung im Bochumer Stahlverein und stieg in diesem großen Unternehmen rasch auf. Nach einigen Jahren wechselte er zu Rexroth in Lohr/Main und wurde dort bald der Generalbevollmächtigte von Alex Rexroth, neben seiner Tätigkeit als Mitinhaber einer Fabrik. Aber der Preis, den er für seine engagierte rastlose Tätigkeit zahlen mußte, war ein Herzinfarkt.

Mit diesem Herzinfarkt beginnt eigentlich seine Geschichte. Der ihn behandelnde Arzt erklärte: Entweder, Sie fangen ein neues Leben an, oder Sie sind in drei Jahren tot. Helmut Bleks und seine Frau gingen erst einmal auf Reisen – sie wollten nach Südafrika, aber in Windhoek blieben sie hängen.

Er kaufte eine Farm, vielmehr ein großes, wüstes Gelände. Es waren 6000 Hektar karge Steppe mit struppigen Akaziensträuchern. Kein einziges Gebäude stand darauf, kein Stück Vieh weidete dort. Zunächst baute er mit eigener Hand ein Haus für sich

Helmut Bleks

und seine Frau und begann, die Voraussetzungen für einen Farm-betrieb zu schaffen.

Sehr bald aber entdeckte er, daß in dem ganzen Gebiet von Windhoek im Osten bis Swakopmund im Westen keine einzige Schule für die Schwarzen existierte. Es gab nur Farmen, und die Farmer hielten einen solchen Aufwand wohl für überflüssig.

Das sollte, so beschloß Helmut Bleks, bei ihm anders sein. Sein Sinnen und Trachten galt also einer Schule für die Schwarzen. Mit diesem Entschluß begann ein unaufhaltsamer Prozeß. Unaufhaltsam, weil Bleks nie Ruhe gibt.

Vor 25 Jahren stellte er den ersten Lehrer ein, der unter dem Dach einer Schirmakazie zwei Dutzend um ihn herum hockender schwarzer Kinder unterrichtete. Heute gibt es dort 30 Lehrer, darunter vier Weiße für die Fachschulen, und 500 Schüler in der zehnklassigen Hauptschule.

Als ich das erstemal da war, standen etwa sechs Gebäude dort, heute sind es über 80, darunter eine sogenannte Buschklinik, in der monatlich 300 bis 350 Patienten behandelt werden, außerdem Werkstätten für Schreinerei, Buchbinderei, Schneiderei und Weberei sowie eine Anlage, in der Mädchen für das Hotelgewerbe ausgebildet werden. Alle Gebäude wurden und werden mit Hilfe ehemaliger Schüler errichtet.

Einmal, in den ersten Jahren, war die Wassernot so dramatisch, daß Bleks den Schülern erklärte, sie müßten alle nach Hause gehen. Die aber sagten: »Wenn du hier bleibst, dann bleiben wir auch.« Und sie blieben.

»Wann habt ihr denn die Kirche gebaut?« fragte ich, die stand nämlich noch nicht, als ich Baumgartsbrunn – wie der Ort heute heißt – zum ersten Mal besuchte.

»Ja, die Kirche«, antwortete Helmut, »das ist so eine Geschichte: Eines Tages beschloß ich, die Farmwirtschaft wegen andauernder Trockenheit aufzugeben und mich nur noch den Kindern und ihrer Ausbildung zu widmen. Ich verkaufte 400 Rinder und hatte plötzlich viel Bargeld.«

Darum rief er alle Eltern zusammen, um gemeinsam zu beraten, welcher Neubau am nötigsten sei: mehr Klassenräume, eine neue Küche, ein Aufenthaltsraum? Alle Eltern der Kinder leben zuhause sehr armselig in Blechhütten. Bleks berichtet: »Nach langem Palaver kamen zwei Abgesandte und erklärten, das alles sei ihnen sehr wichtig, aber man dürfe doch das Wort nicht vergessen.« An dieser Stelle der Erzählung warf ich ein: »Das ist doch wunderbar, daß Bildung für sie so wichtig ist.« Helmut sah mich an und sagte: »Nein, nein, sie meinten das Wort Gottes, also eine Kirche.«

So fuhr er denn nach Deutschland, sprach in Bielefeld, Düsseldorf und Bonn vor. Mit Erfolg. Das Geld kam zusammen, die Kirche wurde gebaut, 1983 fand der erste Gottesdienst dort statt.

Nun also sollte der 25. Jahrestag der Schulgründung feierlich begangen werden. Viele Freunde und offizielle Gäste waren gekommen. Die Gestaltung der Feier war den Kindern überlassen worden, und sie hatten sich mit viel Phantasie ans Werk gemacht. In der Kirche war ein sehr guter Schülerchor zu hören, und drei Mädchen trugen ihre mit Liebe und Witz verfaßten Gedichte vor. In einem hieß es: »Mr. Helmut sieht alt aus, aber im Gemüt (in his mind) ist er jung.«

Über 200 ehemalige Schüler aller Jahrgänge waren zu dem Festakt erschienen. Da auch viele Eltern gekommen waren und für alle Mittag gemacht wurde, wollte ich wissen, was denn alles in die riesigen Kessel gewandert sei. Der Koch verriet es stolz: »Vier Zentner Reis, ein Rind, ein ebenso großer Kudu, 50 Kilogramm Zwiebeln und anderthalb Kilogramm Pfeffer.« Dies alles verschwand in wenigen Stunden.

Was in Baumgartsbrunn bleibt, ist das einzigartige Klima von allgemeiner Unbefangenheit und echter Fröhlichkeit. Alle Kinder strahlen, wenn sie »Mr. Helmut« sehen. Immer ist er umringt von einer ganzen Bande tanzender, gestikulierender Jungen und Mädchen. Und auch Bleks strahlt, wenn er die Kinder – seine Kinder – sieht.

Wenn man das Büro von Bleks betritt, wird deutlich, daß der Hausherr nicht nur Idealist ist, sondern ein systematischer, präziser Verwalter, der sehr wohl mit Geld umzugehen versteht. Die Wände sind bepflastert mit Organigrammen, die Akten gefüllt mit Voranschlägen und Finanzplänen, Projektzeichnungen und Gutachten des Bundesrechnungshofs. Der Staat Namibia zahlt die Lehrergehälter und gibt 1,50 Rand Verpflegungszuschuß pro Tag und Kind; er liefert ferner die Lehrmittel und die Schulausstattung. Jede Investition zieht wieder neue nach sich, aber es ist nicht Diversifizierung zur Risikoverteilung, sondern es sind Ergänzungen, die auf das Ganze zugeschnitten sind.

»Und wie finanzieren Sie dies alles?« »Ich muß zunächst 25 Prozent Eigenkapital haben oder Spenden sammeln und einen deutschen Partner – eine gemeinnützige Institution – beibringen, dann gibt das Bonner Ministerium für wirtschaftliche Zusammenarbeit 75 Prozent dazu; durch einen besonders günstigen Wechselkurs, verdreifacht sich diese Summe. Spenden? Die Staatskanzlei Düsseldorf, die Hanns-Seidel-Stiftung haben großzügig geholfen, und die Adenauer-Stiftung ermöglicht den Aufbau der Hotelfachschule; die Kirche in Wuppertal hilft, ferner der Lions Club in Stormarn bei Hamburg und der Rotary Club in Bochum, Aral AG – Bochum, T.P.A. international, der Senat von Berlin und andere.

Allmählich ist auf diese Weise ein in sich ruhender, sich bald selbst erhaltender Betrieb mit Landwirtschaft, Handwerksbetrieben und Ausbildungsstätten entstanden. Die Schülerinnen und Schüler empfinden sich daher nicht als Erziehungsobjekt, sondern haben vom ersten Moment an das Gefühl, zum Gesamtleben der Farm beizutragen. Außerdem stellt der Betrieb dem Land regelmäßig Fachkräfte zur Verfügung, denn alle Fachschulabgänger erhielten sofort Jobs.

Etwa 1200 Schüler haben bisher die Schule verlassen. Die Abgänger arbeiten in allen Berufen: bei der Post, bei Bosch im Verkauf, in deutschen Altenheimen, als Köche im katholischen Krankenhaus, bei der Polizei, dem Militär, als Kindergärtnerinnen, als selbständige Kaufleute, als Chefin zweier Gästefarmen, viele sind im Tourismus tätig, ferner als Schneiderinnen, Mechaniker ... Wer einen Schulabschluß aus Baumgartsbrunn vorweisen kann, ist begehrt.

Besonders bemerkenswert erscheint mir, daß Baumgartsbrunn sich auch um das größte Problem Afrikas kümmert: um Familienplanung. Einmal in der Woche halten Schwestern Aufklärungsunterricht. Wenn die Eltern zustimmen, verabreichen sie auch die

Pille oder einmal im Vierteljahr eine Verhütungsspritze, die der Staat liefert. Bleks sagt, daß im Umkreis, den er übersieht, junge Leute nur noch wenige Kinder haben – ein Fortschritt, der sehr hoch zu bewerten ist.

Wie kann ein Mensch dies alles in 27 Jahren schaffen? Die Antwort heißt: Er kann es schaffen, weil sein geistig-soziales Verständnis aus anthroposophischen Quellen gespeist wird, die sich mit seinem praktisch-sachlichen Handeln decken und weil seine Frau aus dem gleichen Holz geschnitzt ist wie er. Für beide ist die ›common cause‹, das Gemeinwohl das allerwichtigste.

Ich persönlich würde noch hinzufügen: Und weil er aus Ostpreußen stammt!

Partisanen der Freiheit

»Mein Imperativ lautet heute,
so zu leben und zu handeln,
daß man sich nie mehr seiner Taten
und Reden zu schämen braucht.«

Lew Kopelew

Kämpferin für Freiheit und Bürgerrechte

Helen Suzman

1990

Während sechsunddreißig Jahren, von 1953 bis 1989, war Helen Suzman für den Johannesburger Vorort Houghton im südafrikanischen Parlament. Kein anderer Abgeordneter hat so lange Zeit denselben Wahlkreis vertreten, und keiner hat mit soviel Gelassenheit und Charme so viele Anfeindungen ertragen müssen wie sie: von den Weißen seit Jahren als Kommunistin gebrandmarkt und schließlich während der letzten Jahre vorübergehend auch noch von den Schwarzen mißbilligt und kritisiert, weil sie gegen Sanktionen eintrat.

»Wird einem nicht eines Tages diese ewige Anfeindung doch zuviel?«

»Nein, kämpfen macht ja schließlich auch Spaß, und sich für Menschenrechte einzusetzen, das lohnt sich doch.«

A propos Kommunistin: Als Helen Suzman eines Tages in die Sowjetunion reiste, erklärte Louis le Grange, der *Minister for Law and Order*, er hoffe sehr, sie werde dort bleiben. Den Gefallen tat sie ihm nicht, aber sie schrieb ihm von dort eine Postkarte, auf der stand: »You would like it here. Lots of law and order.«

Einem von le Granges Kollegen schlug sie bei einem Wortwechsel im Parlament vor, sich doch einmal in die schwarzen *townships* zu wagen und die damals verheerenden Zustände selbst in Augenschein zu nehmen: » Es wird Ihnen dort nichts passieren, Sie müssen sich nur gut und glaubhaft verkleiden – als menschliches Wesen.«

Bei einer anderen Debatte fragte ein zorniger Bure in Anspielung auf ihre jüdische Herkunft, wo denn wohl ihre Vorfahren gewesen wären, als seine gottesfürchtigen Vorväter mit dem Ochsenwagen über die Drakensberge gezogen seien? Antwort: »Sie schrieben die Bibel.« Kein Wunder, daß die Abgeordnete angesichts ihrer Unerschrockenheit und ihrer Begabung zur raschen Replik von allen gefürchtet wurde.

Sie hat während jener 36 Jahre im Parlament immer den gleichen Wahlkreis in direkter Wahl erobert, aber die Partei hat sie mehrfach gewechselt, und zwar immer dann, wenn die bisherige ihr zu lahm wurde. Zunächst war sie von 1953 bis 1961 Mitglied der *United Party*, dann entschloß sie sich, zusammen mit einigen Gesinnungsfreunden die *Progressive Party* zu gründen. Aber sie war die einzige, die bei der Wahl durchkam, die anderen blieben auf der Strecke. Und so bildete sie während 13 Jahren, bis 1974, bis es der Partei gelang, 7 Sitze zu erringen, eine Ein-»Mann«-Opposition im Parlament.

Ein Jahr später vereinigte sich die *Progressive Party* mit der *Reform Party* zur *Progressive Reform Party* (PRP). Zusammen hatten sie nun 21 Sitze gegenüber 122 der regierenden *National Party*. Schließlich fand noch einmal 1977 eine Umbildung statt: Eine Gruppe Liberaler stieß dazu, und so wurde die *Progressive Federal Party* (PFP) gebildet, die dann über 25 Abgeordnete verfügte; aber die Wahlen im Mai 1987 brachten den Rechtsradikalen großen Aufschwung auf Kosten der liberalen PFP.

Helen Suzman hat mit 71 Jahren auf ihren Parlamentssitz verzichtet, »damit jüngere Kräfte nachrücken können«; sie hat ihr Leben lang gegen die Apartheid und für Menschenrechte gekämpft. Sie hat Hunderten, wahrscheinlich Tausenden von »Erniedrigten und Beleidigten« geholfen, hat Gefangene besucht und Anträge im Parlament eingebracht. »Nein, ich bin für die Veränderungen, die jetzt endlich stattfinden, nicht verantwortlich, aber bei einigen von ihnen handelt es sich um Dinge, für die ich jahrelang eingetreten bin und Reden gehalten habe.« Dazu gehören die Aufhebung der Paßgesetze und des *Immorality Act*, des Verbots der schwarzen Gewerkschaften, und dann die Gefängnisreform.

Hoffentlich wird jemand eines Tages die stets scharfen, oft bewegenden, meist glanzvollen und immer mutigen Reden her-

Helen Suzman

ausgeben, die sie im Parlament gehalten hat. Ich denke im besonderen an eine vom 6. März 1964, die gegen die Verletzung der Menschenrechte gerichtet war. Da philosophiert sie über die demokratischen Werte, die in Südafrika verlorengehen: »Vielleicht ist dies das Traurigste, daß Tausende von Weißen sich an die Übergriffe und Verletzungen demokratischer Freiheiten so gewöhnen, daß ihnen schließlich alle normalen Reaktionen abhanden kommen.«

Weiter heißt es: »Die Menschen sind einfach verängstigt, sie haben Angst, als Kommunisten abgestempelt zu werden, wenn sie gegen die Apartheid auftreten, sie haben Angst, ihren Job oder irgendwelche Privilegien zu verlieren . . . Was einst eine freiheitsliebende Nation war, ist zu einem Haufen indoktrinierter Leute geworden. Sie haben sich angepaßt an die ausgeklügelte Propaganda, sie seien eine kleine, heldenhafte weiße Nation in einem riesigen schwarzen Kontinent – bedroht durch Feinde, deren Ziel es ist, die weiße Zivilisation zu zerstören . . . Wenn dies so weiter geht, dann wird Südafrika nicht nur seine bürgerlichen Rechte verlieren, sondern auch seine Seele.«

Und dann spricht sie in jener Rede von 1964 über Gewalt und erklärt den indoktrinierten Landsleuten, daß es sich dabei nicht nur um Aufruhr und Aufstände von Schwarzen handelt, sondern – besonders in Südafrika – auch um die entfesselte Gewalt des Staates gegen die Bürger, die ihrer normalen Freiheiten beraubt werden. Als Beispiel führt sie die Umsiedlung der Schwarzen in die *homelands* an. »3,8 Millionen schwarze überflüssige Anhängsel, um den ehrenwerten Stellvertretenden Justizminister zu zitieren, wurden umgesiedelt. Auch das ist Gewalt. Menschen ohne Gerichtsverfahren zu bannen oder einzusperren, das ist Gewalt.«

Zwischenruf des Ministers für die Bantu-Verwaltung: »Sie übertreten hier den Spielraum Ihrer Freiheit.«

Antwort: »Nein, ich erinnere die Regierung nur an Dinge, die sie vergessen hat. Wenn sie das Bild unseres Landes und seiner zufriedenen Bevölkerung malt, vergißt sie 80 Prozent der Bevölkerung, also die Mehrheit.«

Bei der letzten Rede, die sie 1989 im Parlament gehalten hat, ging es um Richterschelte. Sie betonte, daß wohl jedes Mitglied des Hauses sich eine unabhängige Judikative wünsche sowie ein Parlament, das sich nicht in die Rechtsprechung einmische oder Richter zensiere – aber in dem vorliegenden Fall sei dies unvermeidlich; es handele sich nämlich um eine Perversion der Rechtsprechung, um Mißachtung des Rechts schlechthin.

Es handelte sich um folgenden Fall: Ein Richter hatte das Urteil aufgehoben, das zwei weiße Farmer mit Gefängnisstrafe belegte, die einen schwarzen Arbeiter zu Tode geprügelt hatten. Diesen Tadelsantrag auf die Tagesordnung zu bringen hat – wie die Abgeordnete nebenbei bemerkte – die ganze Legislaturperiode in Anpruch genommen; es war der erste Antrag dieser Art, der seit 1910 im Parlament debattiert wurde. Fast überflüssig zu sagen, daß er schließlich abgelehnt wurde.

Helen Suzman wurde 1917 in Südafrika geboren, ihr Vater, ein Kaufmann, war aus Litauen eingewandert. Sie studierte an der Witwatersrand-Universität in Johannesburg Wirtschaftswissenschaften und war nach dem Krieg dort Privatdozentin für Wirtschaftsgeschichte. Inzwischen ist sie Ehrendoktor von zwölf Universitäten, darunter von Oxford und Harvard. Als Neunzehnjährige heiratete sie den Arzt Moses Suzman, mit dem zusammen sie seither in Johannesburg lebt.

Ihr politischer Lebensweg hat sie alle Leiden des Systems miterleben lassen, von Hendrik Verwoerd, dem Erfinder der systematisierten Apartheid, bis zu P. W. Botha, dem letzten besessenen Verteidiger dieser rassistischen Ideologie. Viele schwere und einsame Jahre waren darunter. Als sie 1961 die *United Party* verließ, wurde sie von den ehemaligen Parteifreunden mit Haß verfolgt und geschnitten. Oft hat sie, wie ein Beobachter bemerkt, mittags ganz allein in ihrem Büro gegessen.

Und schließlich sind auch noch die Schwarzen, für deren Rechte sie ihr Leben lang gestritten hat, über sie hergefallen. Nicht, daß sie Dank erwartet hätte, aber mit Verachtung hat sie gewiß auch nicht gerechnet. Bei einer jener erregten Begräbnisveranstaltungen in Pretorias *township* 1985 trat ein Schwarzer auf und sagte, er schäme sich, von derselben »Plattform« sprechen zu müssen, auf der Helen Suzman gestanden habe.

Aber auch dies hat die unbeirrbare Einzelkämpferin nicht angefochten. Sie hat sich nie als Vorkämpferin der Schwarzen verstanden, viel eher ist sie eine Partisanenkämpferin für Freiheit und Bürgerrechte. The *realm of evil* im eigenen Land, das ist fast eine Situation wie die der Leute vom 20. Juli im Jahre 1944 in Deutschland. Anders ist nur, daß sie nicht heimlich, versteckt und verdeckt, kämpfen mußte, sondern offen im Parlament gegen hundertfache Überlegenheit, und nicht unter Lebensgefahr, aber mit der Gefahr, ostraziert zu werden.

Bernard Levin schrieb 1970 in der *Daily Mail:* » Sie ganz allein steht für die Opposition des Landes, ihr gegenüber 173 Gegner eines Sinnes in Haß und Angst gegenüber dieser hübschen, eleganten Frau, in deren Händen ganz ausschließlich die Hoffnung, die Seele und die Zukunft dieses wunderbaren, korrumpierten Landes liegen.«

Helen selber sieht sich weniger emphatisch und ganz unkompliziert. »Ich habe nichts mit Ideologie im Sinn, ich habe nicht einmal eine ordentliche Weltanschauung, ich kann nur Ungerechtigkeiten nicht ertragen – das ist alles.« Übrigens war sie nicht nur in ihrer Eigenschaft als Einzelkämpferin im Parlament ein Unikum, auch in anderer Hinsicht war sie einzigartig unter den Politikern: Sie hat nie gefragt, was die Wähler wollen – sie hat gesagt, wie sie die Dinge sieht, was sie für richtig hält, und hat hinzugefügt: »This is where I stand; if you don't like it, don't vote for me.« (»Wenn Ihnen dies nicht gefällt, dann stimmen Sie eben nicht für mich.«)

Auch die Schwarzen verdammen die unbestechliche, nur ihrer Einsicht verpflichtete Abgeordnete, die unangefochten von Moden und ideologischen Parolen Sanktionen gegen Südafrika ablehnt: »Nach meiner Meinung«, so sagte sie auf dem Höhepunkt der Sanktions-Kampagne, »sollten ausländische Firmen ermutigt werden, hierzubleiben und mitzuhelfen, die Grundlagen für eine stabile Post-Apartheid-Gesellschaft zu schaffen. Wenn diese Firmen einmal weg sind, dann ist auch der Einfluß, den sie auf die lokale Szene ausüben, weg, und vor allem: Niemand wird diese Unternehmen dazu bringen, zurückzukehren.« Überdies, so meint sie, beraube die entstehende Arbeitslosigkeit die Schwarzen ihrer einzigen Waffe: »Nur wenn sie Arbeit haben und unentbehrlich sind, können sie Forderungen durchbringen, und nur, wenn sie Arbeit haben, wächst ihre Kaufkraft, können sie auf dem Markt Einfluß gewinnen.«

Helen Suzman hat sich als einzelne stets für das Ganze verantwortlich gefühlt. Sie hat ihr Ziel immer selbst gewählt, stand in niemandes Sold, war auch keiner Ideologie untertan. Kein Wunder, daß eine so konsequente Gesinnungsethikerin ein ständiges Ärgernis für die Politiker ist, die sich schmeicheln, als Verantwortungsethiker zu handeln und in dieser Gewißheit gern fünfe gerade sein lassen. Alle Sündenfälle, die dem hehren Ziel der Machterhaltung der Weißen dienen, werden mit diesem Argument gerechtfertigt.

Wenn es eines Tages soweit ist, daß die Apartheid in Südafrika wirklich begraben wird, dann – so muß man hoffen – werden Schwarze und Weiße gemeinsam Helen Suzman ein Denkmal setzen.

Der Physiker und die Menschenrechte

Andrej Sacharow

1973, ergänzt 1990

An Mut hat es Andrej Dimitrijewitsch Sacharow nie gefehlt. Während des Krieges flog er mehrfach im feindlichen Feuer mit wissenschaftlichen Aufträgen in das von den Deutschen eingeschlossene Leningrad. Damals wurde er – 20jährig – zum erstenmal mit dem Leninorden ausgezeichnet. Zum zweitenmal erhielt er diese hohe Auszeichnung nach Kriegsende für die Bravour, mit der er verschiedene wissenschaftliche Institute evakuiert hatte.

Seine Biographie weist mehr Superlative auf als die irgendeines anderen sowjetischen Wissenschaftlers. Mit 16 Jahren – er war noch Schüler – erschienen bereits Artikel von ihm in den »Berichten der Akademie der Wissenschaft«. An seinem 22. Geburtstag wurde er Professor, und zehn Jahre später, mit 32 Jahren, das jüngste Mitglied der Akademie der Wissenschaft.

Zusammen mit Professor Igor Tamm, der 1958 den Nobelpreis erhielt, gelang ihm schon 1950 ein entscheidender Durchbruch auf dem Gebiet der kontrollierten thermonuklearen Fusion, der es der Sowjetunion 1954 ermöglichte, als erstes Land eine Wasserstoffbombe zu erproben. Danach schüttete das Regime das ganze Füllhorn seiner Orden, Titel und Ehrungen über ihm aus: Er erhielt den Stalin-Preis, wurde dreimal »Held der sozialistischen Arbeit« und Professor an acht Universitäten.

Sacharow ist mehrmals im Westen gewesen, ohne daß seine Gesprächspartner damals gewußt hätten, mit welchem Genie sie es zu tun hatten. 1955 war er auf Einladung der »Ford Foundation« in Amerika, wo er unter anderem Einstein in Princeton besuchte. Ein Jahr später begleitete er Bulganin und Chruschtschow

142

Andrej Sacharow

nach England, und 1958 nahm er in Genf an der zweiten Konferenz für die friedliche Nutzung der Atomenergie teil.

In das Bewußtsein der europäischen und amerikanischen Öffentlichkeit drang der Name Andrej Sacharow freilich erst 1968. Damals veröffentlichte die *New York Times* sein Memorandum »Überlegungen zu Fortschritt, friedlicher Koexistenz und intellektueller Freiheit«, das an die sowjetische Regierung gerichtet war. Es war ein faszinierendes Dokument, eine seltsame Mischung von tiefgründiger, eigenständiger politischer Reflexion und einer gewissen Naivität.

Seither hatte der Professor für mathematische Physik, dem als Mitglied der Akademie der Wissenschaft auch nachdem er in Ungnade gefallen war noch gewisse Privilegien zustanden, sein eigenes Weltbild konsequent weiterentwickelt. Das damalige Dokument ging noch von der Prämisse aus, daß der Marxismus-Leninismus als Philosophie und auch als politisches System allen anderen überlegen sei und daß es nur gewisse Unzulänglichkeiten und Betriebsblindheiten zu beseitigen gelte. Er tadelte die Isolation, riet zu mehr Kontakten mit der übrigen Welt, hoffte, die Pressezensur werde abgeschafft werden, kritisierte das bürokratisierte ökonomische System wegen seiner Verschwendung und beklagte die Einstellung der Gerichte, die einen für schuldig halten, bis das Regime den Betreffenden für unschuldig erklärt.

Damals glaubte er, der bestimmte Mängel am Sozialismus entdeckt hatte und der den Kapitalismus nicht aus Prinzip verdammte, an eine Konvergenz der beiden Systeme: »Kapitalismus und Sozialismus sind beide zu einer langfristigen Entwicklung fähig, in deren Verlauf sie die positiven Seiten gegenseitig entlehnen und sich in einer Reihe wichtiger Punkte näherkommen werden.« Während die westlichen Konvergenz-Theoretiker von der Auffassung ausgehen, daß es eine Eigendynamik des Industrialisierungsprozesses gibt, weil die Technik als autonomer Faktor eine bestimmte Verhaltensweise sowohl des einzelnen wie der Gesellschaft erzwingt, scheint Sacharow seine Zuversicht mehr auf die Einsicht rationaler Menschen gerichtet zu haben. Schwer zu sagen, ob ihn das als Rationalisten ausweist oder eher zum Idealisten stempelt.

144

Im März 1971 unternahm er wieder einen Vorstoß. Er schrieb an Breschnew: »Ich möchte Sie darüber informieren, daß ich im November 1970 zusammen mit Tschalidse und Tschwerdochlebow ein Komitee für die Menschenrechte gegründet habe, deren Schutz über allen anderen Zielen des Staates steht.« Diesmal beschränkte er sich nicht auf generalisierende Feststellungen, sondern stellte konkrete Forderungen: »Die Einsetzung eines öffentlichen Aufsichtsorgans zur Verhinderung von körperlicher Einwirkung auf Gefangene« (wie Prügel, Hunger, Kälte usw.) und eine allgemeine Amnestie für politische Häftlinge, die aus ideologischen oder religiösen Gründen verurteilt worden sind oder ohne Urteil in psychiatrische Anstalten eingewiesen wurden.

Von da an ruhte der unermüdliche Professor nicht mehr. Immer schärfer wurde seine Kritik, immer neue Versuche unternahm er im Namen der Menschenrechte, um politischen Gefangenen und Angeklagten zu helfen. So schrieb er unter anderem auch einen offenen Brief an Heinrich Böll, den Vorsitzenden des Internationalen PEN-Clubs. Im März 1973 war die Geheime Staatspolizei zum erstenmal bei ihm erschienen, und Mitte August wurde er zum Stellvertretenden Generalstaatsanwalt Malyarow bestellt, der ihn verwarnte, weil seine Verlautbarungen einen antisowjetischen Charakter angenommen hätten und der Generalstaatsanwalt, »der das Gesetz und die Interessen der Gesellschaft zu hüten hat, nicht länger untätig zusehen kann«.

Sacharow fühlte wohl, wie sich ihm die Schlinge um den Hals legte. Vielleicht hatte er darum im August 1973 elf westliche Pressekorrespondenten in seine Wohnung eingeladen – ein Vorgang, der sich in der fünfzigjährigen Geschichte der Sowjetunion bis zu diesem Zeitpunkt noch nie ereignet hatte –, um vor ihnen einige Erklärungen abzugeben. Die Attacken von *Tass* gegen den »Lieferanten von Lügen über die Sowjetunion für die reaktionäre Presse« ließen nicht auf sich warten. Auch *Iswestija* und die französische KP-Zeitung *Humanité*, die ihm vorwarf, gegen die Entspannung zu sein, schlossen sich an.

Dabei hatte Sacharow den Korrespondenten wörtlich gesagt: »Selbstverständlich wünschen wir alle eine Verringerung der Spannung und der Gefahr eines thermonuklearen Krieges.« Aber

145

er hatte die Befürchtung geäußert, daß die Annäherung zwischen Ost und West nicht einer Liberalisierung innerhalb der Sowjetunion dienen werde, sondern im Gegenteil der größeren Härte. Seit Anfang 1972 häuften sich die Beweise für seine Befürchtung. Nun gibt es eine politische Regel für die sozialistischen Staaten: Die Summe des Druckes muß immer konstant sein, sonst lockern sich die Bande der Autorität. Wenn also in der Außen- oder Wirtschaftspolitik eine Entspannung eintritt, dann müssen die Zügel im Innern schärfer angezogen werden.

So gesehen ist es fraglich, ob Andrej Sacharow recht hatte, wenn er vom Westen verlangte, es müßten Bedingungen gestellt werden, die einer Liberalisierung innerhalb der Sowjetunion dienten. Erstens läßt sich eine Großmacht ungern Bedingungen stellen; zweitens würde sie, vor die Wahl gestellt: Entspannung nach außen bei Gefährdung der Herrschaft im Innern oder keine Entspannung und keine Gefährdung, sicherlich letzteres wählen, und drittens, selbst wenn Bedingungen gestellt würden, wer sollte wohl deren Einhaltung überwachen?

Nein, da war die Philosophie, die der Bonner Ostpolitik zugrunde lag, wohl doch einleuchtender; die Theorie nämlich, daß Entspannung, also das Nachlassen der Furcht vor der Bundesrepublik, einen Prozeß in Gang setzte, der seine eigenen Fakten schuf. Für jene kleine Gruppe kritischer Intellektueller in der Sowjetunion war dies eine tragische Erkenntnis; denn sie hofften ja, durch ihre opfervolle Unbeugsamkeit etwas direkt zu bewirken und nicht nur indirekt an einem historischen Prozeß mitzuwirken.

Andrej Sacharow war unermüdlich in seinem Einsatz für Menschenrechte und Bürgerfreiheit: Er warnte vor einer Rehabilitierung Stalins, forderte Demokratisierung in der Sowjetunion, initiierte Proteste gegen die Verhaftung von Bürgerrechtlern und gegen die Einweisung Verurteilter in psychiatrische Kliniken. Als er wegen seiner Haltung immer mehr isoliert und von allen Rüstungsprojekten ausgeschlossen wurde, wollte er sich offenbar von seinem früheren Leben, den Privilegien und Ehrungen, distanzieren: Er übereignete sein ganzes Vermögen (134 000 Rubel = 450 000 DM) dem Roten Kreuz für den Bau des Moskauer Krebszentrums.

Schließlich, als er Kritik an der Invasion Afghanistans übte, wurde er 1980 zwangsverbannt nach Gorki, wo er nahezu 7 Jahre unter beklagenswerten und entwürdigenden Umständen zubringen mußte. Vor dem Fenster der Parterre-Wohnung hielten während des ganzen Tages die Schergen des KGB Wache und beobachteten, was drinnen vor sich ging. In einem Bericht spricht dieser gelassene, nie von sich selber redende Mann davon, wie er vom KGB-System mit physischer und psychischer Folter gequält worden ist. Der KGB schreckte nicht einmal davor zurück, ihm beim Zahnarzt die Aktenmappe mit persönlichen Aufzeichnungen zu stehlen.

Ich habe Sacharow nach der Rückkehr aus Gorki nicht mehr gesehen, aber wenn ich die Photos und Fernsehbilder aus jener Zeit mit der Erinnerung vergleiche, die ich an ihn aus den Jahren vor seiner Verbannung habe, als wir in Lew Kopelews Küche in Moskau zusammensaßen, dann scheint mir sehr glaubhaft, daß er in Gorki während eines Krankenhausaufenthalts mit gefährlichen Medikamenten traktiert worden ist.

Michail Gorbatschow, der früher als alle anderen Regierenden in Ost und West erkannte, daß die Welt durch »Neues Denken« verändert werden muß, wenn die Menschheit überleben soll, begriff auch, wieviel Unrecht Sacharow geschehen ist und wie sehr diese Behandlung den Ruf der Sowjetunion belastete. Eines Tages, im Dezember 1986, rief er selber in Gorki an und teilte Sacharow persönlich mit, daß die Verbannung aufgehoben sei: »Kommen Sie zurück und widmen Sie sich patriotischen Tätigkeiten.« Andrej Sacharows Vorstellung von Arbeit für sein Land aber hatte sich nicht verändert. Er forderte als Gegenleistung für seinen Wiedereintritt ins akademische Leben die Freilassung aller politischer Gefangenen – was übrigens nach und nach auch geschah.

Das politische Leben fesselte ihn mehr als die Akademie der Wissenschaften, der er immer noch angehörte. Er wurde zum Abgeordneten für den Kongreß der Volksdeputierten gewählt. Wieder kämpfte er für Menschen- und Bürgerrechte, trat ein für Pluralismus und Privateigentum sowie gegen zu große Machtfülle des Staatsoberhauptes – auch wenn dieses Michail Gorbatschow heißt.

Andrej Sacharow sei die höchste moralische Instanz seit Leo Tolstoi, sagt man in Rußland. Er war in der Tat ein absolut furchtloser Einzelkämpfer gegen die überwältigende Macht der terroristischen Diktatur, wobei die einzige Waffe, über die er verfügte, seine Überzeugung war und sein unerschütterlicher Glaube an Freiheit und Gerechtigkeit. Er erhob seine Stimme, auch wenn alle anderen schwiegen. Er war der Fürsprecher aller Verfolgten: seine Wohnung war Tag und Nacht belagert von Hilfesuchenden, die von weither zu ihm als ihrer letzten Hoffnung gewandert kamen.

Als Spitzenwissenschaftler und »Vater der Wasserstoffbombe« wären ihm lebenslängliche Privilegien und unsterblicher Ruhm sicher gewesen, aber er gab alles auf und wurde zum Kämpfer für Menschenrechte und grundsätzliche Reformen.

Der Tod ereilte Sacharow ganz unerwartet am 14. Dezember 1989. An einem der folgenden Tage hatte er den Volksdeputierten den Entwurf für eine neue Verfassung vorlegen wollen; sein Vorschlag ähnelte dem, was Gorbatschow jetzt offenbar vorhat: Die Union der Sozialistischen Sowjetrepubliken in eine freiwillige Vereinigung souveräner Republiken Europas und Asiens umzuwandeln. In gewisser Weise hat er auch Gorbatschows Glasnost vorweggenommen. »Die wichtigste These, die meiner Einstellung zugrunde liegt«, sagte er, »ist der untrennbare Zusammenhang von internationaler Sicherheit, internationalem Vertrauen, Achtung der Menschenrechte und Offenheit der Gesellschaft.«

Sein enger Freund Lew Kopelew schrieb zu seinem Tode in der ZEIT: »Vor Jahrzehnten konnte man noch glauben, daß Politik, Wissenschaft und Moral unabhängig voneinander stehen. Doch heute ist klar: Unmoralische und unpolitische Wissenschaft führen unausweichlich zu globalen Katastrophen.« Und weiter: »Sacharow hat die Einheit des wissenschaftlichen Forschens, der politischen Tat und der moralischen Integrität nicht nur theoretisch bewiesen, sondern auch unmittelbar vorgelebt. Diese Dreieinheit ist sein Vermächtnis.«

Der Mythos der Schwarzen

Nelson Mandela

1986, ergänzt 1990

Warum die Entwicklung in Südafrika uns alle angeht? Weil zu befürchten steht, daß sich dort nach zwei Weltkriegen und dem Holocaust die letzte große Katastrophe dieses ausgehenden Jahrhunderts anbahnt.

Viele Menschen haben, als 1976 in Soweto der Schüleraufstand ausbrach, zum erstenmal von südafrikanischen Unruhen gehört. Wahrscheinlich meinen die meisten, so richtig losgegangen sei es überhaupt erst in unseren Tagen. Vom ANC (African National Congress) aber und von Nelson Mandela, dem legendären Führer der Schwarzen, von dem seit 1989 soviel die Rede ist, wußten bisher nur wenige Genaueres.

Dabei ist der ANC älter als Lenins Revolution, denn er ist schon 1912, also noch vor dem Ersten Weltkrieg, gegründet worden. Seine Vorbilder waren der amerikanische Kongreß und das *House of Lords*, dessen Gegenstück für die Häuptlinge reserviert wurde. Der ANC legte sich auch einen *Speaker* zu und einen *Sergeant-at-Arms*, der das Zepter trug. Erst in den vierziger Jahren ist diese Struktur abgeschafft und der Kongreß demokratisiert worden.

Damals wurde der 1918 geborene Nelson Mandela Mitglied des ANC, bald darauf Generalsekretär von dessen kämpferischer Jugend-Liga. Über 40 Jahre ist er, der im Gefängnis saß, sind beide, er und sein Stellvertreter, der heutige ANC-Präsident Oliver Tambo, der ab 1960 im Exil leben mußte, eng verbunden mit dem Freiheitskampf der Schwarzen.

Sie haben die Geschichte des African National Congress gestaltet und erlitten. Sie beide sind Geist und Inspiration der Bewegung und sichern deren Kontinuität. In einem seiner Aufsätze erinnert Mandela an die frühen Massaker, die die herrschenden Weißen unter seinen Brüdern anrichteten. Zwei Stichworte: Bulhoek in der östlichen Kapprovinz, wo 1921 unter General Smuts' Armee und Polizei mit Artillerie und Maschinengewehr das Feuer auf Schwarze eröffneten, die sich weigerten, ihr Land zu verlassen; 163 Tote und 129 Verwundete waren das Ergebnis. Und wenig später wurden in Bondelswart in Südwestafrika 100 Menschen getötet, weil sie es ablehnten, Steuern für ihre Hunde zu zahlen.

Mandela und Tambo – im Alter nur ein Jahr auseinander – sind beide in der Transkei geboren. Nelson entstammt der königlichen Familie der Tembu und wuchs also auf als einer, der Verantwortung zu tragen hat. Beide hatten das Privileg, am Fort Hare University College und in der Witwatersrand-Universität zu studieren. Gemeinsam haben sie als erste Schwarze in den vierziger Jahren in Johannesburg eine Anwaltsfirma begründet, die vom frühen Morgen bis zum späten Abend von Rat- und Hilfesuchenden belagert war.

Die erste politische Verwicklung kam für Nelson Mandela im Jahr 1952. Er war inzwischen 36 Jahre alt und hatte als ANC-Vizepräsident zum »Widerstand gegen ungerechte Gesetze« aufgerufen, die zur permanenten Unterdrückung der Schwarzen geführt hatten. Es ging dabei um die drei Gesetze, die bis heute zu den am meisten bedrückenden behören: die Paßgesetze; das Gesetz zur Unterdrückung des Kommunismus, mit dem jede Anklage begründet, jede Verhaftung gerechtfertigt wird; und schließlich die *Group Area Act*, die dazu dient, alle Menschen hin und her umzusiedeln, bis Weiße, Schwarze, Inder und Mischlinge säuberlich voneinander getrennt sind und drei Millionen Schwarze in die *homelands* abgeschoben waren.

Das Ergebnis dieses Widerstandes: Über 8000 Beteiligte wurden verhaftet, Mandela und andere »gebannt« und die Gesetze weiter verschärft. Nun hieß es: Wer sich »durch Protest oder durch Unterstützung von Kampagnen gegen irgendein Gesetz schuldig macht, kann zu drei Jahren Haft verurteilt werden oder zu 300 Pfund Strafe oder zu 10 Stockschlägen«. Mandela wurde überdies gezwungen, aus dem ANC auszutreten. Damals, 1952,

Nelson Mandela

kam zum erstenmal internationale Mißbilligung zum Ausdruck: Die Vereinten Nationen setzten eine Kommission ein, um zu untersuchen,was es mit der Apartheid auf sich habe. Jene Ereignisse haben übrigens viel zur Politisierung der Schwarzen beigetragen. Der ANC behauptet, seine Mitgliederzahl sei damals von 7000 auf 100 000 gestiegen.

Drei Jahre später hat Nelson Mandela zusammen mit seinen Freunden etwas auf die Beine gestellt, was es bis dahin noch nie gegeben hatte: einen Kongreß, bei dem alle Rassen vertreten waren, Schwarze, Inder, Mischlinge und auch Weiße. Aufgerufen hatte den Kongreß der ANC-Präsident Luthuli, der spätere Friedensnobelpreisträger, ein durch und durch überzeugter Christ, ein friedfertiger, biederer Mann, der sich jahrelang um kleine Fortschritte, um elementare Normen sozialer Gerechtigkeit bemüht hatte und den die Regierung aus diesem Grunde in Bann legte. Er starb 1967 isoliert von seinen Leidensgenossen in einem Dorf. Die treibende Kraft aber bei den Vorarbeiten für den großen Kongreß war Mandela. Monatelang reiste er kreuz und quer durch das Land, um die Leute zu mobilisieren. Und tatsächlich kamen schließlich fast 3000 Repräsentanten aus allen Landesteilen und von allen möglichen Organisationen zusammen: Ärzte, Pfarrer, Bauern, Gewerkschafter, Anwälte und eine Menge Frauen. Mit viel Gesang und Fröhlichkeit wurde damals, 1955, eine *Freedom Charter* angenommen:

»Wir, die Bevölkerung Südafrikas, erklären vor aller Welt, daß Südafrika allen, die hier leben – Schwarzen und Weißen – gehört und daß keine Regierung Autorität beanspruchen kann, es sei denn, die beruhe auf dem Willen des ganzen Volkes.« 1985 ist jene *Freedom Charter* das Grundbekenntnis der oppositionellen *United Democratic Front* (UDF), die aus dem Zusammenschluß von 600 verschiedenen Organisationen entstanden ist.

Die Regierung ließ sich Zeit. Aber drei Monate nach dem Kongreß fand das größte Polizeiunternehmen statt, das Südafrika je erlebt hat. Mehr als 1000 Polizisten durchsuchten Häuser und Büros und beschlagnahmten alles, was ihnen verdächtig erschien; 156 führende Mitglieder des ANC wurden unter Berufung auf die *Suppression of Communism Act* verhaftet. Schließlich, im Dezember 1956, wurde auch Nelson Mandela arretiert und wegen Hochverrats angeklagt.

Traurig stellte er fest: »Die Weißen machen unsere Hoffnungen zunichte, versperren unseren Weg zur Freiheit, verwehren uns die Gelegenheit, moralisch und materiell voranzukommen oder auch nur Sicherheit vor Angst und Not zu erlangen. Vor vielen Jahren, als ich noch ein Junge war und in meinem Dorf in der Transkei lebte, hörte ich zu, wenn die Erwachsenen am Lagerfeuer Geschichten aus den guten, alten Tagen erzählten – aus jener Zeit vor der Ankunft der Weißen, damals, als unser Volk friedlich unter der demokratischen Regierung seiner Könige lebte und sich frei und ungehindert im ganzen Land bewegen konnte.« In allen Artikeln, die Mandela für die Zeitung *Liberation* geschrieben hat – es sind deren ein Dutzend erhalten geblieben –, und bei allen Vernehmungen kommt immer wieder sein Abscheu gegen jeden Rassismus zum Ausdruck, auch gegen den Anti-Weißen-Rassismus. Er ist in jener Zeit ein afrikanischer Nationalist, skeptisch dem internationalen Kommunismus gegenüber, eher ein Sozialdemokrat, der an *mixed economy* glaubt. Anfang der sechziger Jahre wäre er mit 60 von 178 Sitzen im Parlament zufrieden gewesen, denn, so meinte er, das wäre ein Unterpfand für ein späteres allgemeines Wahlrecht, auf das er freilich nie verzichten würde.

Hätte die Regierung sich in den fünfziger oder sechziger Jahren herbeigelassen, mit den schwarzen Führern zu sprechen, so hätte sich sicher ein langsamer Übergang vom Feudalismus zur modernen Zeit bewerkstelligen lassen. Zugleich wäre die Entwicklung des ANC von einer kleinbürgerlichen Lobby zu einer revolutionären Massenbewegung vermieden worden.

Luthuli klagte einmal: »Dreißig Jahre meines Lebens habe ich bescheiden und geduldig, aber ganz und gar vergeblich an verschlossene Türen geklopft. Aber was sind die Früchte von Mäßigung und Bescheidenheit? . . . Daß in den vergangenen dreißig Jahren die meisten all jener Gesetze beschlossen worden sind, die unsere Rechte und unseren Fortschritt beschneiden, bis wir schließlich heute den Punkt erreicht haben, wo wir nahezu gar keine Rechte mehr haben.«

In der Tat hat der ANC sich jahrzehntelang um eine friedliche

Lösung bemüht. Immer wieder hat er Delegationen zur Regierung geschickt und seine Wünsche vorgetragen. Eines Tages hatte Luthuli, als ANC-Präsident, an den Ministerpräsidenten Malan geschrieben und um eine Zusammenkunft gebeten. Sein Brief wurde nie beantwortet. Mandela erging es nicht anders. Er schrieb an Ministerpräsident Verwoerd und bat ihn, Schritte zu einer *National Convention* einzuleiten – auch er bekam keine Antwort.

Die Jahre 1960 und 1961 brachten wiederum eine gefährliche Herausforderung für alle Oppositionelle. Damals gewannen viele Staaten Schwarzafrikas ihre Unabhängigkeit; davon strahlte natürlich eine große Faszination aus. In Sharpeville im südlichen Transvaal hatte der PAC, eine Absplitterung des ANC, eine Protestbewegung gegen die Paßgesetze organisiert. Freiwillige zogen ohne Pässe zur Polizeistation. Die Polizei wurde nervös: 75 Polizisten feuerten mehr als 700 Schüsse in die Menge, 69 Schwarze, auch Frauen und Kinder, lagen tot auf dem Platz, 180 waren verwundet – den meisten war in den Rücken geschossen worden. Der UN-Sicherheitsrat trat zusammen und verurteilte Südafrika. Lutuli verbrannte voller Zorn seinen Paß. Er und sein Stellvertreter Mandela wurden verhaftet.

Es folgten Massenbegräbnisse und Streiks. Pretoria reagierte mit der Verkündung des Ausnahmezustandes und erklärte den ANC zur gesetzwidrigen Organisation. Mandelas letzte Forderung hatte noch einmal der Einberufung einer *National Convention* gegolten, also einer Versammlung von Vertretern aller Rassen, um das Fundament für eine neue Union zu legen.

Bei dem Hochverratsprozeß, der im August 1958 gegen die Initiatoren der *Freedom Charter* eröffnet wurde, waren Beobachter der Internationalen Juristischen Kommission zugegen. Einer von ihnen meinte, seit dem Reichstagsprozeß 1933 habe es kein Verfahren gegeben, das weltweit solche Beachtung fand. Das Protokoll umfaßt mehr als 400 Seiten. Mandela verteidigte sich außerordentlich diszipliniert, maßvoll und ungewöhnlich artikuliert.

Er begann, an den Richter gewandt, mit den Worten: »Ich möchte gleich am Anfang klarstellen, daß meine Bemerkungen nicht an Euer Wohlgeboren als Person gerichtet sind und daß ich

154

auch nicht die Integrität des Gerichts anzweifle ...« Aber, so fuhr er fort, er bestreite dem Gericht das Recht, ihn abzuurteilen, und zwar aus zwei Gründen. Erstens befürchte er, daß ein fairer Prozeß gar nicht möglich ist, zweitens betrachte er sich »weder rechtlich noch moralisch veranlaßt, Gesetzen zu gehorchen, die ein Parlament meines Landes beschlossen hat, in dem ich nicht repräsentiert bin«.

Ein Satz in seiner Aussage, vor Jahrzehnten gesprochen, könnte von heute sein: »Wir haben immer wieder gewarnt, daß die Regierung, wenn sie nichts Besseres weiß, als stets auf alles mit Gewalt zu antworten, sie Gegengewalt im Lande provozieren wird, bis schließlich, wenn Vernunft nicht Platz greift, der Streit zwischen der Regierung und meinem Volk nur noch durch Gewalt beendet werden kann.«

In jener Zeit beschloß Pretoria, sich von der britischen Krone loszusagen und Südafrika als Republik zu konstituieren. Die Schwarzen erfüllte dies mit der Sorge, nun würden sie der nationalen Regierung ganz und gar preisgegeben sein. Wieder erscholl die Forderung nach einer *National Convention*, andernfalls würden Streiks ausgerufen werden. Mandela – eben wieder frei – war Generalsekretär der Konferenz, die diesen Beschluß gefaßt hatte, darum mußte er untertauchen. Siebzehn Monate lebte er im Untergrund. In immer neuen Verkleidungen tauchte er bald hier, bald da bei Freunden oder manchmal auch in Versammlungen auf. Damals wurde sein Mythos geboren, der 27 Jahre Gefängnis überdauert hat.

Die Antwort der Regierung auf die Forderung nach einem Nationalkonvent und auf die Streiks: noch härtere Gesetze und Mobilisierung der Armee. Lastwagen mit bewaffneten Soldaten wurden in die *townships* geschickt, um Schrecken zu verbreiten. Vor Gericht erklärte Mandela: »Wir vom ANC haben uns immer für eine Demokratie eingesetzt, die keine Rassenunterschiede kennt, und wir haben uns aller Aktionen enthalten, die die Rassen noch weiter auseinander getrieben hätten, als dies ohnehin der Fall ist. Tatsache ist, daß 50 Jahre der Gewaltlosigkeit uns nichts eingebracht haben als mehr und mehr Gesetze, die uns unterdrücken und weniger und weniger Rechte ... Als wir uns im Mai und Juni 1961 vor Augen führten, daß wir mit unserer Politik der Gewaltlosigkeit nichts erreicht haben und daß unsere Gefolgschaft drauf und dran war, das Vertrauen in diese Politik zu verlieren, als also alle, wirklich alle Möglichkeiten friedlichen Protests erschöpft waren, entschlossen wir uns, *Umkhonto we Sizwe* – Speer der Nation – zu gründen und zum Widerstand mit Gewalt überzugehen.«

Im Jahr 1962 gelang es Mandela, heimlich das Land zu verlassen und nach Addis Abeba zu einer Konferenz zu reisen. Er traf sich mit vielen afrikanischen und asiatischen Führern und besuchte anschließend Europa. In London wurde er von Hugh Gaitskell und Joe Grimond empfangen. Diese Reise hat großen Eindruck auf ihn gemacht: »Zum erstenmal in meinem Leben war ich ein freier Mann; frei von Unterdrückung, von dem vielen Unsinn der Apartheid und rassischer Arroganz, von Polizeibelästigung und Erniedrigungen aller Art. Wo immer ich war, wurde ich wie ein Mensch behandelt.«

Er nutzte diesen Auslandsaufenthalt in vieler Weise. Er las Clausewitz, Mao Tse-tung, Che Guevara – alles, was mit Revolution und Kriegführung zu tun hatte. Einige Wochen lang unterzog er sich auch einer militärischen Ausbildung, »um nicht gänzlich ahnungslos zu sein«.

Im Hochverratsprozeß wurden er und auch der ANC endlich nach fünf Jahren von dem Verdacht des Kommunismus freigesprochen. Dann aber, als er nach seiner Rückkehr aus Europa wieder verhaftet wurde, hat man den Vorwurf von neuem aufgewärmt: Die Ziele des ANC und der Kommunistischen Partei seien die gleichen, hieß es im Gericht.

Mandela setzte den Richtern auseinander, daß afrikanischer Nationalismus gelegentlich die gleichen Interessen hat wie der Kommunismus, daß er aber im Wesen etwas ganz anderes ist. Der ANC und die Kommunistische Partei hätten einen gemeinsamen Feind, aber darum seien sie noch lange nicht identisch. Ost und West hätten ja auch vereint gegen Hitler gekämpft, aber niemand behaupte, Churchill oder Roosevelt seien darum zu Kommunisten geworden. Und auch Tschiang Kai-schek – später ein erbitterter Gegner der Kommunisten – habe zunächst mit ihnen zusammen gegen die herrschende Klasse gekämpft. Man dürfe auch nicht vergessen, »daß während vieler Jahrzehnte die Kommunisten die einzigen waren, die uns als gleichwertige Menschen behandelten, die bereit waren, mit uns zu essen, zu reden und zu arbeiten. Aus all diesen Gründen nimmt der ANC Kommunisten und Nicht-Kommunisten als Mitglieder auf, solange sie sich zu seinen Zielen bekennen.«

Kommunistisch war der ANC nicht. »Das Konzept unseres Nationalismus«, so sagte Mandela, »heißt Freiheit und Selbsterfüllung für die Afrikaner in ihrem eigenen Land. Die *Freedom Charter* ist kein Entwurf für einen sozialistischen Staat. Zwar fordert sie Neuverteilung, aber nicht Verstaatlichung des Bodens. Nur die Bergwerke, Banken und Monopolindustrien will sie verstaatlichen, weil sonst die Herrschaft der einen Rasse verewigt würde – die übrige Wirtschaft aber soll auf privatwirtschaftlichen Unternehmern beruhen.«

Im August 1964, am Ende dieses Prozesses, der nach dem Ort, wo die Angeklagten verhaftet wurden, Rivonia-Prozeß heißt, verurteilte das Gericht Mandela und sieben andere wegen Sabotage zu lebenslänglicher Freiheitsstrafe. Nelson Mandela: »Ich leugne nicht, daß ich Sabotage geplant habe, aber nicht im Geist der Bedenkenlosigkeit oder weil ich Gewalt besonders liebte. Ich habe Sabotage geplant als Ergebnis nüchterner Einschätzung der politischen Situation, die sich nach vielen Jahren der Tyrannei, Ausbeutung und Unterdrückung meines Volkes durch die Weißen ergeben hat.«

Wie gesagt: rund 27 Jahre war Nelson Mandela hinter Schloß und Riegel. Als eine Delegation der Commonwealth-Staaten, unter Führung des früheren konservativen Ministerpräsidenten Australiens, Nelson Mandela nach 22 Jahren im Juni 1986 im Gefängnis besuchte, war sie höchst überrascht, als ihr eine sehr gepflegte Erscheinung gegenübertrat: straff, elastisch, gut angezogen. Und noch mehr staunte sie über Mandela als Persönlichkeit: »Er strahlte Autorität aus, und alle, die um ihn waren, erwiesen ihm Respekt, auch die Gefangenenaufseher. Er weiß genau, daß die Schwarzen untereinander gespalten sind, aber er glaubt, daß es ihm gelingen könnte, die Einheit – auch mit Buthelezi – wieder herzustellen. Ihm geht es um eine Mehr-Rassen-Gesellschaft, in der alle einen sicheren Platz haben. Er versteht, daß die Weißen Angst haben, die durch die offizielle Propaganda noch verstärkt wird. »Darum muß es«, so meint er, »Sicherheit für die Minderheitsgruppen geben.«

Die Delegation bezweifelte nicht, daß Mandelas Versicherung, er sei Nationalist und nicht Kommunist, echt und sein Wunsch zur Kooperation ernst gemeint sind: »Es ist seine feste Überzeugung, daß viele Probleme aus der Welt geschafft werden könnten, wenn es gelänge, Umstände herbeizuführen, die Gespräche zwischen der Regierung und dem ANC ermöglichen.« Der erste Amerikaner, der Nelson Mandela 1985 im Gefängnis besuchen durfte, war Samuel Dash, ein Professor der Georgetown University, einst Chefberater des Watergate-Ausschusses. In seinem Bericht schrieb er: »Ich hatte während unseres ganzen Treffens den Eindruck, nicht etwa mit einem Guerillakämpfer oder einem radikalen Ideologen zu sprechen, sondern mit einem Staatschef.«

Alle, die Nelson Mandela im Gefängnis gesprochen haben, auch die liberale Abgeordnete Helen Suzman, die beste Kennerin der südafrikanischen Szene, waren beeindruckt von seiner Offenheit und überzeugt, daß er meinte, was er als seine Ziele kennzeichnete: erstens ein vereinigtes Südafrika – keine künstlichen *homelands*; zweitens Vertretung im Parlament bei gleichem Wahlrecht für alle; drittens die Teilung der Macht mit den Weißen, die im Lande bleiben sollen, denn »anders als im übrigen Afrika ist dies ihre Heimat«.

Gewiß, die Vorstellung, in einem politischen Schnellkurs binnen Monaten das nachholen zu sollen, was in 70 Jahren versäumt worden ist, muß ein Alptraum für die Verantwortlichen sein, aber ohne Mut kann man nicht regieren. Und vor allem: Pretoria wird nie wieder einen ebenso verständnisvollen, vernünftigen, maßvollen Partner finden. In ihm besitzt die Regierung einen Partner, mit dessen Hilfe Ruhe und Zuversicht in die *townships* einkehren könnten, aber sie verläßt sich lieber auf Ausnahmezustand und Gefängnis. Jeder schaufelt sich eben selbst sein Grab; selten sind es die Umstände, die einen in den Abgrund zwingen. Als Nelson Mandela im Februar 1990 aus der Haft entlassen wurde, hielt er längst die Zügel in der Hand: Sein Gefängnis war in den letzten beiden Jahren zu einem Beratungszentrum geworden. Noch nie zuvor hat ein Gefangener während seiner Haftzeit Besuche von Ministern empfangen, nie zuvor ist bei einem Gefangenen ein Telefon installiert worden, damit er sich mit seiner verbotenen Organisation in Verbindung setzen könne.

Noch nie hat ein Gefangener so viele Ehrungen während seiner Haftzeit erhalten: den Bruno-Kreisky-Preis für Menschenrechte 1981, Ehrenbürger von Rom 1983, dann Melbourne und Florenz; Ehrendoktor des City College, New York, und der Universität Bologna; Solidaritätspreis der Stadt Bremen, den Simon-Bolivar-Preis der Unesco, den Sacharow-Preis des Europa-Parlaments...

Inzwischen hat Mandela seinen Siegeszug durch Afrika, Europa und Amerika absolviert – auch die Weißen sind von ihm fasziniert. Für die Schwarzen ist er nicht nur ein nationaler Freiheitskämpfer, wie es Nkrumah für Ghana war oder Mugabe für Zimbabwe. Mandela ist weit mehr, er ist der Freiheitsheld schlechthin – ein Mythos für alle Schwarzen weit und breit. Er ist der Messias, auf den sie alle gewartet haben.

Als Botha ihm 1985 die Entlassung aus dem Gefängnis anbot, wenn er bereit sei, auf Gewalt zu verzichten, lehnte Mandela ab und stellte seinerseits die Forderung, das Verbot des ANC aufzuheben und das allgemeine Wahlrecht einzuführen. Er war bereit, für die Befreiung seines Volkes von der Apartheid weiter zu leiden. Erzbischof Desmond Tutu sagte damals: »Er ist das Symbol unseres Volkes. Seine Gefangenschaft ist das Sinnbild ihrer Unterdrückung. So, wie er sich aufopferte, so würden wir uns alle gern im Widerstand verhalten – seine Befreiung symbolisiert die Freiheit, der unser aller Sehnsucht gilt.«

Nelson Mandela könnte ein Beispiel für viele Weiße sein: Nach 27 Jahren Zuchthaus und Gefängnis trat er, ohne einen Anflug von Haß oder Ressentiment, sofort ins politische Leben ein. Am Tag, nach seiner Entlassung erklärte Mandela: »Die Weißen sind unsere Landsleute. Wir möchten, daß sie sich sicher fühlen.« Und später: »Wir wissen, daß der Zeitpunkt nicht mehr fern ist, an dem Schwarze und Weiße in Südafrika als ein Volk zusammenleben werden – als Brüder und Schwestern.«

Reichsacht à la SED

Robert Havemann

1980, ergänzt 1990

Seit jeher bedienen sich die Mächtigen dieser Erde zur Erhaltung ihrer Macht eines differenzierten Instrumentariums. Dabei stellen Bedrohungen mit Waffengewalt noch nicht einmal ihre größte Sorge dar. Weit hilfloser sind sie, wenn es gilt, sich für den Kampf gegen Ideen zu rüsten, denn für diese gibt es keine Grenzen. Ihr Weg ist schwer zu verfolgen, und wer könnte sich anheischig machen, ihre Wirkung zu blockieren und mit welchen Mitteln? Mit welchen Waffen lassen Ideen und Worte sich bekämpfen? Wie könnte verhindert werden, daß sie – eben noch besiegt – an anderer Stelle bereits wieder zu neuem Leben erwachen?

Schon sehr früh kamen die Herrschenden auf den Gedanken, unliebsamen Ideen den Garaus zu machen, indem sie die Schriften, die ihrer Verbreitung dienten, einfach vernichteten. Aber die Hoffnung, daß damit die Gefahr gebannt sei, erwies sich stets als trügerisch. Dafür gibt es viele Beispiele.

Die erste Bücherverbrennung, von der wir wissen, fand im Jahr 411 vor Christus statt. Damals wurden die Bücher des Philosophen Protagoras auf dem Marktplatz von Athen verbrannt, weil der Autor Zweifel an der Existenz der olympischen Götter zum Ausdruck gebracht hatte.

Aus Furcht vor der Ausbreitung des Christentums und der Glaubensgewißheit der Christen ließen die römischen Kaiser – ehe Konstantin 324 das Christentum zur Staatsreligion erklärte – alle ihre Schriften vernichten. Wie man weiß, mit wenig Erfolg.

Während der Inquisition und der Gegenreformation wurden mit den Büchern zugleich die Ketzer dem Feuer überantwortet.

Robert Havemann

Die katholische Kirche hatte überdies eine generelle Zensur eingeführt, der sogar die Bibel unterlag, soweit es sich um nicht-katholische Ausgaben und Übersetzungen handelte. Sie wollte ganz sicher sein, daß die Lehre nur in der von ihr autorisierten Form weitergereicht wurde. Übrigens hat jenes Verbot wie auch die Nachzensur durch den Index theoretisch bis zum Zweiten Vatikanischen Konzil, also bis 1966, gegolten.

Als Luther sich auf dem Reichstag zu Worms 1521 weigerte, seine Thesen zu widerrufen, verhängte der kurz zuvor zum Kaiser gekrönte Karl V. die Reichsacht über ihn. Dies bedeutete unter anderem, daß Luthers Bücher verbrannt werden mußten und über sie auch nicht mehr diskutiert werden durfte.

Ging es bis zu diesem Zeitpunkt um den Schutz der geltenden Religion, freilich vorwiegend deshalb, weil diese zur Sicherung der jeweiligen Herrschaft unerläßlich schien, so bediente man sich von nun an jener Maßnahmen auch zum Schutz der Staatsautorität: In Frankreich, wo in den wenigen Jahrzehnten seit Erfindung der Druckkunst bereits ein halbes Hundert Druckereien entstanden waren, verbot Franz I. den Druck aller nicht staatlichen Schriften und bedrohte Zuwiderhandlungen mit der Todesstrafe – die in zwei Fällen auch tatsächlich durchgeführt wurde.

Die Französische Revolution hatte zwar 1789 die Pressefreiheit eingeführt, aber schon vier Jahre später wurde sie praktisch von der jakobinischen Verfassung wieder beseitigt. Unter Napoleon gelang es dann dem Polizeiminister Fouché, die Presse sogar zum Instrument der Regierung zu machen: Die Redakteure waren nicht mehr dem Verleger, sondern der Regierung verantwortlich. Das gleiche legte später Hitler in seinem Pressegesetz fest.

Bismarck, dem es nicht gelungen war, ein Gesetz gegen die Sozialisten im Reichstag durchzubringen, benutzte 1878 das Attentat auf Kaiser Wilhelm I. und die allgemeine Empörung, die dieses hervorgerufen hatte, um den Reichstag aufzulösen. Der neugewählte Reichstag bewilligte dann das gewünschte Sozialistengesetz, das alle Vereine und alle Veröffentlichungen der Sozialdemokraten verbot. Aber bei den Wahlen im Jahre 1890 zeigte sich, daß die Sozialdemokratische Partei, verglichen mit der Wahl von 1883, die Zahl ihrer Abgeordneten verdreifacht und die Zahl ihrer Mitgleider verdoppelt hatte. Ideen, die den Zeitgeist verkörpern, lassen sich nun einmal durch Verbote nicht aus der Welt schaffen. Im Gegenteil, sie gewinnen dadurch ganz ungemein an Anziehungskraft. Ihre Unterdrückung führt lediglich dazu, daß sich immer mehr Explosivkraft aufspeichert und nach Entladung strebt.

Es ist unverständlich, daß die DDR aus mehr als zweitausendjähriger Erfahrung nichts gelernt hatte, daß sie tatsächlich noch einmal den Versuch machte, das Wort der Schriftsteller und den politischen Wunsch der Bürger nach Freiheit durch Schreibverbote, Ausbürgerungen und Ergänzungen zum Strafgesetz zu unterdrücken. Im Zeitalter der Elektronik, der Flugzeuge, die mit Überschallgeschwindigkeit rund um die Welt fliegen, der Raketen, die zum Mond aufsteigen, griff sie zu Maßnahmen, die zu einer Zeit üblich waren, da das Pferd das schnellste Fortbewegungsmittel darstellte. Da konnte man sich doch gar nicht mehr fragen: Wie wird das enden? Da konnte man sich nur noch fragen: Wann wird das enden?

Es gibt eine merkwürdige Dialektik zwischen Macht und Ohnmacht, die bewirkt, daß die Mächtigen zur Stabilisierung ihrer Macht oft zu Mitteln greifen, die gerade das Gegenteil provozieren und die dem Ohnmächtigen, vor dem sie schließlich angstvoll zu zittern beginnen, Kraft und große Souveränität verleihen.

Ein Mann war das Sinnbild solcher Souveränität: Robert Havemann, der nicht aufhören konnte, an einen sozialistischen Humanismus zu glauben, was ihn in ständigen Konflikt mit der »Hauptabteilung ewige Wahrheiten« brachte, wie er die Partei zu bezeichnen pflegte. Robert Havemann hat nie gezittert, weder vor den Nazis, die ihn zum Tode verurteilten, noch vor der SED, die ihn während zwei Jahrzehnten verfolgte und schikanierte.

Havemann, der als Student 1932 in die Kommunistische Partei eingetreten war, hat während der Hitlerzeit die Widerstandsgruppe »Europa-Union« geleitet. Er wurde 1943 vor den Volksgerichtshof zitiert und von Roland Freisler zum Tode verurteilt, weil er, damals 33 Jahre alt, und seine jungen Gesinnungsgenossen »dekadente Intellektualisten« seien. Beweis? »Sie scheuten sich nicht, feindselige Auslandssender abzuhören und sich in den feigen Defätismus hineinzuleben, Deutschland verliere den Krieg.« Havemann entging der Hinrichtung, weil er im chemischen Laboratorium des Heeres-Waffenamts im Zuchthaus Brandenburg für Forschungsarbeiten unentbehrlich war. Dort wurde er 1945 von den Sowjets befreit.

Ein Jahr später trat er der West-Berliner SED bei, die durch Zwangsvereinigung von SPD und KPD entstanden war. 1950 ging er nach Ost-Berlin, erhielt einen Lehrstuhl an der Humboldt-Universität, viele Auszeichnungen und wurde Mitglied der Akademie der Wissenschaften. Aber ein so kritischer Geist, dessen Maxime lautete »Sozialismus ohne Demokratie ist undenkbar«, konnte nicht lange unbehelligt bleiben. Seine Vorlesung *Dialektik ohne Dogma*, deren Thesen sich wie ein Lauffeuer an der Humboldt-Universität und weit darüber hinaus verbreiteten, wurde ihm zum Verhängnis. Im Frühjahr 1964 ist er wegen parteischädigenden und parteifeindlichen Verhaltens von der Universität und zwei Jahre später auch aus der Akademie ausgeschlossen worden.

In jener Zeit gab es einen kleinen Kreis, der trotz Kontaktverbots alle vier bis sechs Wochen mit Robert Havemann zusammenkam. Professor Hartmut Jäckel, ein Freund Havemanns, hatte auch mich aufgefordert, teilzunehmen. Stets stand damals unten auf der Straße ein Auto der »Firma«, wie man in der DDR sagte, das den Gästen, wenn sie das Haus verließen, folgte, um festzustellen, wohin die Personen gingen. Eines Tages war ich mit meinem Porsche nach Ost-Berlin gefahren und konnte der Versuchung nicht widerstehen zu glauben, ich könne durch schnelles Kreuz- und Querfahren die weit langsameren Verfolger abschütteln. Aber ich hatte vergessen, daß es ja nur *einen* Ausgang aus der Mausefalle gab. Als ich schließlich an den Übergang nach West-Berlin kam, stand die Stasi bereits dort. Die Folge war, daß ich, zur *persona non grata* erklärt, jahrelang nicht nach Ost-Berlin einreisen durfte. Ich konnte nur noch einen Detektor zum Auffinden von Abhörgeräten hineinschmuggeln, damit Havemann sich der lästigen Wanzen, die er in seiner Wohnung vermutete, entledigen konnte.

Nachdem Havemann 1976 dem *Spiegel* ein Interview gegeben hatte, in dem er gegen die Ausbürgerung Biermann protestierte,

wurde ein Strafverfahren gegen ihn verhängt. Aufenthaltsbe-
schränkungen folgten, dann Hausarrest und schließlich Haus-
durchsuchungen und Beschlagnahme seiner Manuskripte sowie
großer Teile seiner Bibliothek.

Zweihundert Polizisten wurden eingesetzt, um ihn in seinem
Haus zu bewachen. Große LKW's und je ein Polizeifunkwagen
sperrten die Straße vor seinem Haus nach beiden Seiten ab, um
zu verhindern, daß irgendein Freund oder gar einer von der Presse
ihn besuchte. Wenn er ausfuhr, folgten ihm drei Wagen mit je
zwei Polizisten; wenn seine Frau mitfuhr, waren es fünf Wagen;
und wenn er auf dem See, der an sein Grundstück in Grünheide
grenzt, in sein kleines Boot stieg, dann stand das Polizeiboot schon
bereit, das ihm überallhin folgen mußte.

Zweieinhalb Jahre lang wurde der Professor Robert Havemann, der einst mit Einstein, Niels Bohr und Werner Heisenberg
korrespondierte und zu dessen denkwürdigen Vorlesungen im
Winter 1963/64 die Studenten aus Jena und Leipzig anreisten, auf
solche Weise in Isolierhaft gehalten. Ohne viel Erfolg, denn selbst
unter diesen Umständen hat er noch seine Gedanken auf einem
Magnetophonband herausgeschmuggelt, die dann im Westen
gedruckt worden sind. Es gelang ihm also, genau das zu tun,
woran er, der im Osten seit vielen Jahren nichts mehr veröffent-
lichen durfte, gehindert werden sollte.

Die Mächtigen haben offenbar arg gezittert vor diesem uner-
schrockenen Mann, vielleicht auch gerade deshalb, weil er ganz
ohne Furcht war und darum die üblichen Einschüchterungsme-
thoden solcher Regime bei ihm ihre Wirkung verfehlten. Noch im
Jahr seines Todes, 1982, unterstützte er die Bewegung von Pfarrer
Eppelmann: »Frieden schaffen ohne Waffen«.

Die Mächtigen zitterten mit Recht, denn Ideen sind nun einmal
stärker als die Polizeimacht, die ein totalitärer Staat gegen sie
aufzubringen vermag, Ach, hätte Havemann doch das Jahr 1989
erleben können.

Inseln im Strom

Albrecht Graf Bernstorff

1976

Ich sah ihn zum erstenmal an einem Sommerabend des Jahres 1934. Gehört aber hatte ich schon viel von ihm, ehe der Einbruch der Nazis in den Bereich der Frankfurter Universität mich unsanft aus einem Freundeskreis riß, in dem Albrecht Bernstorff häufig und mit Bewunderung erwähnt wurde als einer der wenigen Diplomaten, die aus eigenem Entschluß sofort aus dem Dienst des Dritten Reiches ausgeschieden waren.

Zu den Semesterferien heimwärts reisend, aß ich an jenem Abend mit einem Bekannten in einem Berliner Restaurant am Kurfürstendamm. Am Nebentisch wurde verhältnismäßig laut und ungeniert über die Hintergründe des 30. Juni gesprochen, an dem die Nazis zum erstenmal in großem Stil gemordet hatten. Ich war fasziniert von diesem Gespräch. Nur wenige Menschen in Deutschland, so schien es mir damals, durchschauten den dichten Schleier von Furcht und Gerüchten, Legende und propagandistischer Entrüstung über den begangenen Verrat des alten Kämpfers Röhm und realisierten, was eigentlich an diesem Tage geschehen war. Hier aber gab jemand, der in einer merkwürdigen Mischung von Gelassenheit und Entrüstung, Trauer und Zynismus über den Untergang Deutschlands sprach, eine glasklare Analyse der Ereignisse. – »Der da neben uns ist Albrecht Bernstorff«, sagte mein Bekannter, der bemerkt hatte, daß das Gespräch am Nebentisch mich immer wieder in seinen Bann zog.

Das also war Albrecht Bernstorff! Ein großer, schwerer Mensch, der trotz seiner düsteren Prognosen mit einer gewissen Heiterkeit und genießerischer Bedachtsamkeit seinen Rotwein

Albrecht Graf Bernstorff

schlürfte, offenbar entschlossen, sich in seiner persönlichen Lebensform nicht beirren zu lassen.

Auf den ersten Blick erinnerte er wenig an den üblichen Typ des hierzulande angesessenen Aristokraten. Er war vielmehr von jener schwer definierbaren Art, die einer Epoche zugehörte, in der die Bindungen innerhalb dieses Standes über alle Grenzen hinweg stärker waren als nationale Zuordnungen. Er mochte Deutscher sein, aber er hätte ebensogut Schwede oder Engländer sein können. Und wenn er auch gewiß nicht die Vision von Schwert- und Schlachtenruhm heraufbeschwor, so erinnerte doch irgend etwas an das ritterliche Jahrhundert des Prinzen Eugen, der einmal in einer Ansprache vor adligen Offizieren gesagt hatte: »Meine Herren, Sie haben nur eine Lebensberechtigung, wenn Sie beständig, auch in der größten Gefahr, als Beispiel wirken, aber in so leichter und heiterer Weise, daß es Ihnen niemand zum Vorwurf machen kann.«

Viel später, als ich dann zum erstenmal zu ihm nach Stintenburg fuhr und diesen herrlichen, mitten im Schaalsee gelegenen Besitz kennenlernte, wurde das alles noch sehr viel deutlicher. Stintenburg gehörte zum Herzogtum Lauenburg – eine geographische Spezifizierung, auf die Albrecht Bernstorff allergrößten Wert legte, bedeutete dies doch, daß sein Stintenburg in die neue Gau-Einteilung des Dritten Reiches nicht einzufügen war. Eine lange Allee mit holprigem Kopfsteinpflaster – eine Auffahrt, wie sie zu unzähligen Landsitzen führt, von Kurland über Ostpreußen, Mecklenburg bis weit nach England und Frankreich hinein – mündet schließlich vor einem großen, einfachen Landhaus. Der blaue See im Hintergrund und am Horizont die bewaldeten Konturen des jenseitigen Ufers, grüner Rasen, ein Park, der allmählich in Wald übergeht, und nahebei die Geräusche des Gutshofes.

Jahrhunderte hindurch war das die Welt, in der die großen, unabhängigen Persönlichkeiten heranwuchsen, die dann später in Krieg und Frieden die Geschicke ihres Landes lenkten. So war es in England, in Deutschland, in der habsburgischen Monarchie, im zaristischen Rußland, in Polen gewesen.

Das ist lange her. Nach dem Ersten Weltkrieg war eine Welle der Egalisierung und Bürokratisierung über den Kontinent hinweggebraust, hatte in den weiten Gebieten Rußlands, im Baltikum und den Südoststaaten diese Lebensform ausgelöscht und war fast wie zufällig an den Grenzen unseres Landes zum Stehen gekommen. Wirklich wie zufällig und nur für kurze Zeit, aber lang genug, um dem letzten Besitzer von Stintenburg noch bis zu seinem gewaltsamen Tode die Heimat zu lassen. Heimat allerdings in der letzten Phase nicht mehr im eigentlichen Sinne des Wortes, aber doch wenigstens als Zuflucht für die gehetzten Gedanken und die gequälte Sehnsucht eines Mannes, der im Gefängnis verzweifelt auf das Ende des »Tausendjährigen Reiches« wartete.

Damals, als ich zum erstenmal in Stintenburg war, schien der Krieg noch sehr fern, und doch geisterte er und alles, was sich in seinem Gefolge ereignen sollte, durch unsere Gespräche. Uns allen war deutlich, daß dies nur mehr ein Inseldasein sein konnte, eine zufällige Existenz inmitten eines unabsehbaren grauen Ozeans. Eines Tages würden neue Stürme ihn in Aufruhr versetzen, er würde gierig über die letzten Inseln herfallen und auch dieses Eiland verschlingen.

Es war damals gerade Pfingsten – sonnenüberstrahlte Feiertage, die zwischen Segeln, Jagen, Lesen und vielen Gesprächen mit den Freunden Ernst Kantorowicz und Kurt Riezler sowie seiner Frau, einer Tochter von Max Liebermann, nur allzu rasch verrannen. Darum war niemand geneigt, solch wehmütigen Gedanken allzu lange nachzuhängen. Und darum steht das Bild dieses Besitzes anders als die Erinnerung an meine östliche Heimat, deren Zerstörung ich bis zum bitteren Ende mitgemacht habe, völlig unverletzt und sehr lebendig vor mir. Am Sonntag begleitete ich den Hausherrn zur Kirche des nächsten Dorfes, deren Patron seine Familie seit Jahrhunderten gewesen ist. Wir gingen durch den von der Morgensonne beschienenen, feierlichen Wald und blieben immer wieder stehen: »Hier, diese riesigen Lärchen habe ich gepflanzt, bevor ich als junger Attaché nach Wien ging, und hier haben wir einige Jahre später, bevor ich nach London an die Botschaft kam, Versuche mit japanischem Samen gemacht, und da, wo jetzt das Stangenholz steht, da habe ich meinen ersten Hirsch geschossen, damals war dort noch Hochwald.«

Liebevoll hingen seine Augen an den wechselnden Partien, dem lichten Grün der Buchen und Lärchen und dem geheimnisvollen Dunkel der Kiefern und Fichten. Und so, wie man die Jahre an den Zuwachsringen der Bäume ablesen kann, spiegelte sich sein Leben in dieser Landschaft wider. Verwoben mit ihr trug er ihr Bild mit sich in die fremden Länder und Städte, in denen er lebte, und brachte etwas von der Weite der Welt zurück in die stille Umgebung des Schaalsees.

Ein paar Bauern begegneten uns am Weg und wurden mit jener unnachahmlichen Geste von persönlicher Vertrautheit und institutioneller Distanz gegrüßt, die nur der Eingeweihte bemerkt und versteht, und wieder mußte ich denken: Genauso ist es zu Haus, und genauso habe ich es in England erlebt – wie merkwürdig, daß gewisse Lebensformen überall gleich sind.

Und dann saßen wir in einer weißgetünchten Dorfkirche oben im Patronatsgestühl und schauten auf die pfingstliche Gemeinde und den mit jungen Birken geschmückten Altar herab. Auf der gegenüberliegenden Seite hingen verschiedene Gedenktafeln, die in altertümlicher Schrift die Namen Bernstorffscher Vorfahren und anderer Gemeindemitglieder verzeichneten, die in den Kriegen des vorigen Jahrhunderts gefallen waren.

Ich dachte an die turbulenten Zeiten draußen in diesem so fremd gewordenen Deutschland, an alles, was uns noch bevorstehen mochte, an die Regierungen und Systeme, die da kommen und gehen, und ich verstand plötzlich, was es bedeutet, daß es solche Inseln gibt. Solche Angelpunkte der Beharrung, deren einziger Rhythmus der Wechsel der Jahreszeiten und der Generationen ist. Die Bäume wachsen heran und mit ihnen die Kinder des Gutsherrn, der Arbeiter und Bauern, bis jeder die ihm zugefallene Rolle übernimmt und sich einordnet in die Verantwortung, in die alle miteinander gestellt sind. Die Szene aber bleibt immer dieselbe: der gleiche Park, die gleichen Felder und verträumten Alleen, dieselbe alte Kirche, die, langsam die Seiten ihrer Chronik umblätternd, die neuen Erdenbürger einträgt und hinter die Namen der Alten ein Kreuz setzt.

Was würde werden, wenn eines Tages auch diese Inseln von der Unrast der Zeiten und Menschen hinweggespült würden?

Wenn die Gesetzlosigkeit und Anmaßung der Welt da draußen auch diese letzte Zuflucht der Besonnenheit und Stille vernichteten? Dann würde gewiß unser aller Schicksal dem Zufall ausgeliefert und den flüchtigen Einfällen der Menschen, die keine Heimat haben, kein Maß und keine Verantwortung, und dann würde zugleich mit dem Gestern wohl auch das Morgen fraglich werden.

Jahre sind seither vergangen. Die große Flut, die sich weiter nach Westen gewälzt hat, ist auch über Stintenburg hinweggegangen. Nur eine kurze Zeit hat Stintenburg seinen Herrn überlebt. Bald, nachdem die Braunen ihn ermordeten, kamen die Roten und ergriffen Besitz von der Insel am Schaalsee.

Preußens letztes Kapitel

Peter Graf Yorck von Wartenburg

1976

Am Abend des 20. Juli 1944, als einwandfrei erwiesen war, daß
Hitler das Attentat überlebt hatte, ließ Generaloberst Fromm, der
Befehlshaber des Ersatzheeres, die militärischen Führer des Aufstandes im Hof der Bendlerstraße, dem Sitz des Oberkommandos
der Wehrmacht, erschießen. Es waren dies: Oberst Graf Stauffenberg, General Olbricht, Oberst Merz von Quirnheim und Ober-
leutnant von Haeften.

»Sie«, so sagte Himmler später in der Rede, die er am 3. August
vor den in Posen versammelten Gauleitern hielt, »wurden so
schnell eingegraben, daß die Herren mit dem Ritterkreuz gar nicht
identifiziert werden konnten. Sie wurden dann am anderen Tage
ausgegraben, und es wurde noch einmal richtig festgestellt, wer
es war. Ich habe dann den Befehl gegeben, daß die Leichen
verbrannt und die Asche in die Felder gestreut wurde. Wir wollen
von diesen Leuten, auch von denen, die noch hingerichtet werden,
nicht die geringste Erinnerung in irgendeinem Grabe oder an einer
sonstigen Stätte haben . . .«

Alle anderen Beteiligten wurden im Laufe der nächsten Monate, manche nach Mißhandlungen oder Folterungen, vom Volksgerichtshof abgeurteilt und dann in Plötzensee am Fleischerhaken
erhängt. »Ich will, daß sie erhängt werden, aufgehängt wie
Schlachtvieh« – so lautete der Wunsch des »Führers«. Auf seinen
Befehl mußten die Filmkameras ohne Unterbrechung surren,
damit er sich am Abend in der Reichskanzlei an dem Schauspiel
weiden konnte. Es scheint für ihn ein besonderer Genuß gewesen
zu sein, seine Feinde erst dem Präsidenten des Volksgerichtshofs

172

Peter Graf Yorck von Wartenburg

ausgeliefert zu sehen und dann ihren Todeskampf am Haken in Plötzensee mitzuerleben.

Die Witwen erfuhren den Tod ihrer Männer entweder durch eine amtliche Benachrichtigung, die in fünf Zeilen drei Mitteilungen enthielt: erstens die Tatsache der Verurteilung, zweitens das Datum der bereits vollstreckten Verurteilung, drittens den Satz: »Die Veröffentlichung einer Todesanzeige ist unzulässig.« Oder sie erfuhren ihn durch die Kostenrechnung, die ihnen übersandt wurde und die sie zu begleichen hatten. Da hieß es beispielsweise:

Gebühr gem. §§ . . . für Todesstrafe	300,00
Postgebühr gem. §§ 72,1 SGKG	1,84
Gebühr gem. § 72,6 für den Pflichtverteidiger	81,60
für die Strafanstalt von . . . bis . . .	44,00
Kosten der Strafvollstreckung	158,18
Porto für Zustellung der Kostenrechnung	0,12
zusammen RM	585,74

Peter Graf Yorck von Wartenburg war unter den ersten, die im Schauprozeß vor dem Volksgerichtshof auftreten mußten. Aus seiner Vernehmung:

Yorck: »Herr Präsident, ich habe bereits bei meiner Vernehmung angegeben, daß ich mit der Entwicklung, die die nationalsozialistische Weltanschauung genommen hatte . . .«

Freisler, ihn unterbrechend: »... nicht einverstanden war! Sie haben, um es konkret zu sagen, erklärt, in der Judenfrage passe Ihnen die Judenausrottung nicht, die nationalsozialistische Auffassung vom Recht hätte Ihnen nicht gepaßt.«

Yorck: »Das Wesentliche ist, was alle diese Fragen verbindet, der Totalitätsanspruch des Staates gegenüber dem Staatsbürger unter Ausschaltung seiner religiösen und sittlichen Verpflichtung Gott gegenüber.«

Freisler: »Nun sagen Sie einmal, wo hat denn der Nationalsozialismus die sittlichen Verpflichtungen eines Deutschen ausgeschaltet? Der Nationalsozialismus hat die sittlichen Verpflichtungen eines Deutschen, des deutschen Mannes, der deutschen Frau, unendlich gesundet und unendlich vertieft. Daß er sittliche Ver-

pflichtung ausgeschaltet hätte, das habe ich noch nie gehört.«
Yorck nannte im Verlauf der Verhandlung als das Hauptmotiv
für seine Beteiligung am Attentat die Morde in Polen. Diese für
ihn und einige der anderen Oppositionellen typische Einstellung
stammte nicht etwa aus der Zeit, da schließlich allen klar wurde,
daß der Krieg verloren war, sie hatte sein und der Freunde Urteil
schon bestimmt, als noch die Sondermeldungen über deutsche
Siege in Polen tagtäglich durch den Rundfunk rauschten.

Bald nach der siegreichen Beendigung des Polenfeldzugs am
21. November 1939 schrieb der damalige Leiter der Gruppe III
in der Operationsabteilung des Generalstabs, Generalmajor
Stieff, der nach dem 20. Juli ebenfalls hingerichtet wurde: »Man
bewegt sich hier nicht als Sieger, sondern als Schuldbewußter.«
Und in Gedanken an die SS setzte er angesichts der Verbrechen,
die »eine organisierte Mörder-, Räuber- und Plünderbande« an-
richtete, hinzu: »Ich schäme mich, ein Deutscher zu sein!« Im Juli
1940, Polen war längst erobert, Frankreich besiegt und der
Freundschaftsvertrag mit Rußland noch nicht gebrochen – Hitler
also auf dem Gipfel der Macht –, trafen sich Moltke und Schulenburg mit Peter Yorck in dessen Berliner Haus, um darüber zu
beraten, was nach dem Zusammenbruch des Regimes geschehen
müsse. Denn, daß dies Regime ungeachtet der zunächst glänzen-
den Siege letzten Endes zusammenbrechen werde, darüber gab es
für sie keinen Zweifel.

Der Widerstandskreis um Peter Yorck und Helmuth Moltke,
dessen Mitglieder nach dem 20. Juli fast alle hingerichtet wurden,
sah damals seine Aufgabe nicht darin, das Attentat auszuführen.
Hierzu waren nach ihrer Meinung – vor allem seitdem im Herbst
1939 der Krieg begonnen hatte – allein die Soldaten imstande.
Ganz bewußt beschränkten die Zivilisten sich darauf, in vielen
Diskussionen und gründlichen Analysen die außenpolitischen,
sozialen, wirtschaftlichen und verwaltungstechnischen Voraussetzungen herauszuarbeiten, die das Fundament für die Zukunft
abgeben sollten. In dieser Arbeit ließen sie sich durch nichts
irremachen, auch nicht durch die immer wieder an- und dann
notgedrungen wieder abgesetzten Attentats-Termine der Militärs.
Erst Anfang Juli 1944, als zwei wichtige Mitglieder des Wider-

standes verhaftet wurden, Julius Leber und Adolf Reichwein (Moltke war aus anderen Gründen schon im Januar 1944 ins KZ Ravensbrück eingeliefert worden), entschlossen sie sich, mit Stauffenberg und der Armee mitzumachen, ehe es vielleicht für alles und alle zu spät sein würde. So kam es, daß am 20. Juli der Kreisauer Kreis mit den Militärs zusammen agierte. Nur wer dies nicht verstanden hat, kann darüber klagen, daß die Kreisauer, wie es manchmal heißt, vor lauter Reden und Planen nicht zum Handeln kamen. Sie redeten soviel und planten so lange, weil die, deren Aufgabe es war, zu agieren, nicht zum Handeln kamen.

Peter Yorck, ein Nachfahre des Feldmarschalls von Yorck, war zusammen mit neun Geschwistern in Klein-Öls, einer säkularisierten Malteser Kommende in Schlesien, aufgewachsen. Dieser Besitz war dem Feldmarschall, der 1812 gegen den Befehl seines preußischen Königs mit dem russischen General von Diebitsch die Convention von Tauroggen abgeschlossen und dadurch die entscheidende Wende der Politik Preußens zum Sturz Napoleons herbeigeführt hatte, als Dotation verliehen worden.

Über Generationen hin waren die Klein-Ölser Yorcks recht ungewöhnliche Leute. Literatur, Kunst, Theologie und Philosophie spielten bei ihnen zu allen Zeiten eine gewichtige Rolle: Schelling war ein Freund des Hauses, mit Schleiermacher wurde korrespondiert, Ludwig Tieck vermachte dem Sohn des Feldmarschalls, der den Romantikern nahestand, seine Bibliothek. Dessen Sohn Maximilian wiederum war ein bedeutender Soldat und der Autor eines ungewöhnlichen Buchs: »Weltgeschichte in Umrissen«.

Peters Großvater Paul, Verfasser wichtiger philosophischer Schriften – die jetzt neu herausgegeben werden –, war eng befreundet mit Wilhelm Dilthey. Peters Vater Heinrich, der sich gern als Seiner Majestät loyale Opposition bezeichnete, trat demonstrativ von seinem schlesischen Landratsposten zurück, als Wilhelm II. fünf Landräte in Schleswig-Holstein entließ, die im Landtag gegen sein Kanalprojekt gestimmt hatten. Von frühester Jugend an schärfte er seinen Kindern ein, daß man die Prinzipien des Staates verteidigen müsse, auch gegen den Träger der Krone.

Heinrich Yorck sprach sieben Sprachen. Er war universal

gebildet und verfügte über ein umfassendes klassisches Fachwissen. Die Antike war sein geistiger Raum. Für sie hatte er auch seine Frau – die ihm zuliebe Griechisch gelernt hatte – und die Kinder so stark zu interessieren gewußt, daß in Klein-Öls die Platonischen Dialoge gelegentlich mit verteilten Rollen im Urtext gelesen wurden.

Abends vor dem Schlafengehen versammelte Heinrich Yorck häufig die Kinder um sich und las ihnen vor – ganz ohne Rücksicht auf ihr Alter; oder er sagte am Bett der älteren ein Goethesches Gedicht auf, gerade so wie es ihm durch den Kopf ging. Peter und sein älterer Bruder kannten auf diese Weise in ihrem späteren Leben über hundert Gedichte Goethes und große Teile des Faust auswendig.

Die Erziehung im Hause war bewußt preußisch: Pflicht wurde groß geschrieben. Eine Korrektur der dadurch bedingten Strenge lag in der Rolle, die Goethe im Hause spielte, und wohl auch im Wesen der süddeutschen Mutter, einer Nachkommin Götz von Berlichingens, die künstlerisch interessiert war und viel Wärme ausstrahlte. Die geistige Atmosphäre war auf vielfältige Weise lebendig und außerordentlich anspruchsvoll. In der weltberühmten Bibliothek standen 150 000 Bände: Die klassische Literatur Europas in den Originalsprachen oder in Ausgaben der Zeit war mehr oder weniger vollständig vorhanden; weitere Sammelgebiete waren Geschichte, Philosophie und Theologie. Die üblichen Gäste waren Professoren, Politiker, hohe Militärs. Häufig hatte man dreißig bis vierzig Personen zu Tisch, wovon allerdings die Familie mit ihren zehn Kindern allein schon die Hälfte stellte, jedenfalls wenn man Hauslehrer und Gouvernanten mit dazurechnete. »Standesgenossen« wurden in Klein-Öls eigentlich nur zu den Jagden eingeladen; sie wären ohne solchen Anlaß wohl auch nicht so gern gekommen, weil die Präsenz von soviel Bildung sie eher erschreckte.

Peter, der zweite Sohn des Hauses, wurde Jurist. Referendar-, Assessor- und Doktorexamen absolvierte er, ohne daß in der Familie irgendein Aufhebens davon gemacht wurde. Sein älterer Bruder erfuhr erst bei Ausbruch des Krieges, daß Peter Leutnant der Reserve war. Nie sprach er über sich selbst. Er war ganz ohne persönlichen Ehrgeiz – immer nur an der Sache orientiert. Alle seine Handlungen und Überzeugungen waren durch sein untrügliches Stilgefühl geprägt, das weder aristokratischem Snobismus noch ästhetischer Manie entsprang, sondern ganz einfach Ausdruck seines innersten Wesens war.

Er hatte ein seismographisches Gefühl für Recht und Gerechtigkeit, ohne Moralist zu sein. Ausgesprochene Großzügigkeit zeichnete ihn aus, bei gleichzeitiger Bescheidenheit. Für sich selbst war er oft bedürfnislos, obgleich er schöne Dinge liebte und auch von gutem Essen, besonders von Wein, viel verstand. Als er in der Krisenzeit 1930/31 beim Kommissar für die Osthilfe in Berlin arbeitete, kam er eines Tages in seinem alten Opel ohne Mantel und ohne Schuhe nach Hause. Er hatte sie unterwegs irgend jemandem gegeben, von dem er meinte, er habe sie nötiger als er selber.

Nach dem Tode seines Vaters erbten er und die jüngeren Geschwister das Gut Kauern, das zu Klein-Öls gehörte. Dort setzte er im Laufe der Jahre manche der sozialen Ideen, die ihn beschäftigten, in die Tat um. So gab es in Kauern schon lange vor dem Krieg einen Kindergarten für die Gutsleute und einen Gemeinschaftsraum, auch ein gewisses Mitspracherecht und Gewinnbeteiligung.

Peter galt unter Kollegen und bei seinen Vorgesetzten als hervorragender Verwaltungsfachmann. Über den Oberregierungsrat aber kam er nicht hinaus, weil er es kategorisch ablehnte, in die Partei einzutreten. Auch seine Brüder Paul und Hans weigerten sich, als sie Reserveoffiziere seines Reiterregiments werden sollten, einer Aufforderung des Wehrbezirkskommandos nachzukommen und ihre Loyalität dem Nationalsozialismus und Hitler gegenüber zu erklären. Hans ist als Wachtmeister in Polen gefallen, Paul blieb lange Zeit Wachtmeister, bis er wegen besonderer Tapferkeit schließlich auch ohne diese Erklärung Offizier wurde. Wenn die Vorgesetzten gewußt hätten, daß er nie Munition für seinen Karabiner bei sich trug, um nicht in die Verlegenheit zu kommen, auf Menschen schießen zu müssen, hätten sie ihn vielleicht nicht befördert.

Während des Krieges arbeiteten in Kauern polnische Kriegsgefangene. Eines Morgens hatte einer von ihnen in einer Kurz-schlußhandlung den Inspektor mit der Peitsche angegriffen. Peter, der zum Wochenende von Berlin, wo er beim Preiskommissar arbeitete, herübergekommen war, ergriff sofort die Initiative: er wußte, daß der Pole mit Sicherheit im KZ enden würde. Den ganzen Morgen lief er von einem zum anderen, redete allen Leuten gut zu und verpflichtete sie zum Schweigen. Tatsächlich hielten alle dicht, und Pjotr wurde gerettet.

Als Peters Frau und seine jüngste Schwester im Mai 1945 zu Fuß durch Schlesien wanderten, um daheim nach den Leuten zu sehen, trafen sie Pjotr auf der Landstraße irgendwo in der Nähe von Kauern. Anstatt sofort heimzukehren, nahm er sich der beiden Frauen an, blieb während der ganzen Zeit bei ihnen und dolmetschte für sie, was den Umgang mit den Russen sehr erleichterte.

Peter Yorck war eine Mischung aus höchst heterogenen Eigenschaften – Gegensätze, die ihn auf seltsame Weise zu einem harmonischen Menschen werden ließen. Er war konservativ, Familie und Tradition bedeuteten ihm viel (in Klein-Öls lebte man auf fast chinesische Weise mit seinen Ahnen), allen Utopien stand er skeptisch gegenüber, war aber gleichzeitig moderner Betrachtungsweise – beispielsweise der sozialen Verhältnisse – durchaus aufgeschlossen, nicht himmelstürmend, sondern gewissermaßen wohlüberlegt. Gewinnend liebenswürdig, vor allem als Gastgeber, konnte er dennoch brüsk bis zur Feindseligkeit sein, wenn er auf Heuchelei stieß oder jemand ihn mit leeren Phrasen abzuspeisen versuchte.

Er war tief religiös. Wenn ich aus Ostpreußen herüberkam und in der Hortensienstraße am Botanischen Garten bei Peter und Marion Yorck wohnte und wenn es zufällig Sonntag war, wurde ich Zeuge, wie er morgens nach dem Frühstück eine riesige pergamentgebundene Bibel mit schönen Vignetten holte und einen Abschnitt daraus vorlas. Aber es gab normalerweise sicher niemanden, der diese Seite von ihm wahrnahm: er hatte nichts Frömmelndes oder Pietistisches. Im Gegenteil, er wirkte oft sarkastisch und hatte ein gewisses Vergnügen an Ironie. Manche Leute hielten ihn deshalb für »hochgestochen«.

179

Tatsächlich hielt er gerne Abstand, aber nicht aus Hochmut, sondern eher aus Scheu, oder um sich nicht decouvrieren zu müssen. Bemerkenswert war seine Begabung zur Freundschaft. In der Zusammenarbeit mit dem politischen Freundeskreis war er der Mittler zwischen so verschiedenen Menschen wie Stauffenberg, Beck, Julius Leber, Adam Trott und seinem engsten Freunde Helmuth Graf Moltke.

Die beiden – Moltke und Yorck – hatten sich erst verhältnismäßig spät kennengelernt. Am 16. Januar 1940 schrieb Moltke in einem Brief an seine Frau: »Zu Mittag habe ich mit Peter Yorck gegessen oder vielmehr bei ihm. Er wohnt draußen am Botanischen Garten in einem winzigen Haus, das sehr nett eingerichtet ist. Ich glaube, wir haben uns sehr gut verständigt, und ich werde ihn wohl öfter sehen ...« Das war der Beginn einer Freundschaft, die mit der Feststellung begann, daß das moralisch-politische Koordinatensystem übereinstimmte, die dann jahrelang um Gleichgesinnte warb und sich durch Erarbeitung der Grundlagen für ein Deutschland nach Hitler festigte und schließlich für beide am Galgen in Plötzensee endete.

Alle Freundschaften politisch engagierter Menschen fingen damals so an. Zu allererst wurde abgetastet, wes Geistes Kind der andere sei. So stark war das Bedürfnis, Gesinnungsfreunde zu finden, daß man mit der Zeit einen sechsten Sinn für diese Kunst entwickelte und natürlich auch für die Gefahren, die damit verbunden waren. Mir ist es häufig so ergangen, daß ich während eines kurzen Sachgespräches in einer gleichgültigen Behörde plötzlich an irgendeinem Wort, manchmal nur einem Attribut erkannte: »Der da ist einer, den man brauchen könnte.« Oder daß ich bei einer beliebigen Versammlung plötzlich spürte, da drüben in der Ecke steht einer, der denkt wie du. Dieser Urinstinkt zur Solidarität gedeiht offenbar nur unter äußerstem Druck.

Als Yorck und Moltke einander begegneten, bildete jeder von ihnen bereits den Mittelpunkt eines Freundeskreises. Moltke war damals 33 Jahre, Yorck drei Jahre älter. Für beide Kreise waren etwa die gleichen Grundelemente entscheidend: Konservatismus, Sozialismus, Christentum – nur waren diese Elemente bei jedem anders gewichtet.

Helmuth Moltke war früh mit Paul Tillichs religiösem Sozialismus in Berührung gekommen. Tillichs religiöser Sozialismus bediente sich der Analysen von Karl Marx, um die Gefahr der Entpersönlichung und Verdinglichung des Menschen in den automatisierten Prozessen der gesellschaftlichen Produktion und Konsumtion zu verdeutlichen. Er versuchte, die entleerte Autonomie der industriellen Gesellschaft wieder mit religiöser Substanz zu füllen.

Seine Zeitschrift *Neue Blätter für den Sozialismus* hatte in den zwanziger Jahren einen starken Einfluß auf die geistige Jugend. Harald Pölchau, der Gefängnispfarrer von Tegel und treue Gefährte der Kreisauer, dem es zu danken ist, daß viele Briefe ihren Adressaten erreichten, war ein Schüler von Tillich. Auch Carlo Mierendorff, der begabte und von den Nazis gefürchtete Sozialistenführer, der bald nach 1933 für viele Jahre in Hitlers KZs verschwand und erst 1938 wieder auftauchte, sowie sein Freund Theo Haubach, Mitbegründer des sozialistischen »Reichsbanner Schwarz-Rot-Gold« – einer bewaffneten Organisation zur Verteidigung der Weimarer Republik –, und schließlich der Sozialist Adolf Reichwein arbeiteten mit an Tillichs *Neuen Blättern für den Sozialismus*.

Viele der Widerstandsangehörigen waren Journalisten: Carlo Mierendorff war zunächst Chefredakteur von *Das Tribunal – Hessische radikale Blätter* und später vom *Hessischen Volksfreund*, beides progressive Zeitungen zwischen den Weltkriegen. Theo Haubach arbeitete von 1924 bis 1929 als außenpolitischer Redakteur beim *Hamburger Echo* und danach als Berater der *Neuen Blätter für den Sozialismus*. Julius Leber war Chefredakteur des *Lübecker Volksboten* und zugleich Chef der SPD in Lübeck. Wenige Wochen nach der Machtergreifung wurde er verhaftet und verbrachte mehrere Jahre im KZ. Pater Delp war als Soziologe Redaktionsmitglied bei der katholischen Zeitung *Stimmen der Zeit*. Karl Ludwig von Guttenberg schließlich war Herausgeber der *Weißen Blätter* und im Kriege, wie Moltke, Bonhoeffer und Dohnanyi, bei der Abwehr tätig.

Zu Moltkes Freundeskreis gehörten auch einige Gleichaltrige aus der Studentenzeit in Breslau: Horst von Einsiedel und Carl

Dietrich von Trotha, die 1928 – alle waren damals erst zwanzig-jährig – zusammen das erste Arbeitslager für junge Arbeiter, Bauern und Studenten im rückständigen Waldenburger Land in Schlesien begründet hatten; eine Einrichtung, die Hitler später zu einer paramilitärischen Organisation denaturierte.

Yorck, der konservativer als Moltke war, hatte die engeren Beziehungen zu den Militärs. Er kannte Beck, Claus Stauffenberg, Fritz-Dietlof von der Schulenburg, Cäsar Hofacker – sein Haus in der Hortensienstraße war fast immer der Treffpunkt. Die Gestapo hatte bei ihrer Kategorisierung der »Verräter« die Gruppe Moltke/Yorck nach Moltkes Besitz in Schlesien als Kreisauer Kreis etikettiert, weil in Kreisau zwischen Pfingsten 1942 und Pfingsten 1943 drei größere Treffen stattgefunden hatten. Im Grunde wäre es eigentlich zutreffender gewesen, die beiden integrierten Freundeskreise nach der Hortensienstraße zu nennen, wo während der vier entscheidenden Jahre ungezählte Sitzungen und Besprechungen stattgefunden haben. Nachdem Helmuth Moltke und Eugen Gerstenmaier, der seit 1942 Mitglied des Kreises war, im März 1943 zu den Yorcks in die Hortensienstraße gezogen waren, wurde dort fast jeden Abend debattiert.

Die erste Zusammenkunft in der Hortensienstraße Nr. 50 fand 1938 nach der »Kristallnacht« statt. Diese erste offene Terroraktion gegen die Juden hatte Peter Yorck tief erschüttert und empört, sofort hatte er Gleichgesonnene eingeladen, um zu beraten, ob man etwas tun könne. Und als er dann im Frühjahr 1939 von einer Dienstreise in die Tschechoslowakei mit dem Resümee zurückkam: Was da vor sich geht, ist reiner, simpler Imperialismus, gab es für ihn nur noch eine Möglichkeit: Widerstand zu leisten.

Das Jahr 1938 war für alle Oppositionellen ein Signal gewesen. Ludwig Beck, der Chef des Generalstabs, der immer wieder, freilich ganz vergeblich, den Hitlerschen Kriegsvorbereitungen gegen die Tschechoslowakei warnend entgegengetreten war, hatte schließlich 1938 resigniert seinen Abschied genommen. So wurde er zur Hoffnung für alle, die dem System kritisch gegenüberstanden. Für ihn galt nicht, wie für viele andere Offiziere, die Anfechtung des Höheren Befehls. Er hatte seinen Untergebenen stets gepredigt: »Ihr soldatischer Gehorsam hat dort eine Grenze, wo Ihr Wissen, Ihr Gewissen und Ihre Verantwortung Ihnen die Ausführung eines Befehls verbieten ...« Und: »Es ist ein Mangel an Größe und an Erkenntnis der Aufgabe, wenn ein Soldat in höchster Stellung in solchen Zeiten seine Pflichten und Aufgaben nur in dem begrenzten Rahmen seiner militärischen Aufgaben sieht, ohne sich der höchsten Verantwortung vor dem gesamten Volk bewußt zu werden.«

Beck und Goerdeler kannten einander seit 1935 und nahmen nun als Gleichgesinnte engere Verbindung auf. Ende 1941 legten sie ihre Gedanken in einer umfassenden Denkschrift *Das Ziel* dar. Der Kreisauer Kreis allerdings hielt Goerdeler für einen »Reaktionär« und apostrophierte jene Gruppe gern als die »Exzellenzen«, weil viele von ihnen bereits hohe Ämter bekleidet hatten. Goerdeler wiederum nannte die Kreisauer, zu denen Sozialisten und Arbeiterführer gehörten, »die Jungen« oder, wenn er ärgerlich war, auch »die Salonbolschewiken«. Eine programmatische Zusammenkunft beider Gruppen kam erstmals im Januar 1943 zustande; sie verlief offenbar für beide Seiten eher enttäuschend, wie Helmuth James von Moltke in einem Brief an seine Frau Freya berichtete.

Allmählich, vor allem nach der Begegnung von Moltke und Yorck im Januar 1940, bildete sich eine bewußte Oppositionsgruppe, die systematisch Kontakte knüpfte zu einzelnen Spezialisten und Leuten in Schlüsselstellungen, die über besondere Informationen verfügten, oder zu Mittelsmännern, die ganz neue Gruppen erschließen konnten. In diesem Sinne waren beide Kirchen von größter Wichtigkeit, weil sie legale Verbindungen zur Außenwelt unterhielten. Über Hans Schönfeld, Direktor der Forschungsabteilung des Weltrats der Kirchen in Genf, bekamen Theodor Steltzer sowie von der Gablentz gelegentlich Zugang zu einer der ökumenischen Konferenzen in Genf, wo sie übrigens 1939 John Foster Dulles und Max Huber trafen.

Die katholische Kirche war vielleicht noch wichtiger, weil sie die Masse der Gläubigen erreichte. Die beiden Jesuiten, die dem Kreisauer Kreis angehörten – Pater Delp und Pater Rösch –, waren imstande, viele wichtige Verbindungen zu halten. Außerdem: die

Bischöfe konnten damals Dinge sagen, die zu äußern kein anderer sich leisten konnte. Über den Bischof von Berlin, Graf Preysing, den er häufig sah, fand Moltke schließlich sogar die Möglichkeit, einen Hirtenbrief zu beeinflussen.

Auch damals glaubte man, ein Wendepunkt in der Geschichte sei gekommen oder stehe unmittelbar bevor. Die Oppositionellen waren fest entschlossen, eine »sinnvollere« Gesellschaft aufzubauen. Sie wollten eine neue soziale Ordnung errichten, deren Mittelpunkt Gerechtigkeit sein sollte. Sie waren davon überzeugt, daß das Nazi-Regime zusammenbrechen würde und daß für die Zeit danach etwas ganz Neues vorbereitet und rechtzeitig die richtigen Leute dafür ausgesucht werden müßten. Denn, daß es nicht genügen würde, den alten Zustand von vor 1933 wieder herzustellen, davon waren alle fest überzeugt.

Dieses Neue zu durchdenken und vorzubereiten, das war die Aufgabe, die die Kreisauer sich stellten. Vor allem anderen war ihnen die Erneuerung der moralisch-ethischen Maßstäbe wichtig. Sie waren sich einig darin, daß ohne metaphysische Dimension weder das Individuum noch die Nation leben könne. In dieser Überzeugung wurden sie durch den platten Positivismus und die Pervertierung aller Werte während der Nazi-Zeit ständig von neuem bestärkt.

Großen Wert legten sie auch auf den Aufbau der Demokratie von unten, auf die Schaffung überschaubarer Verwaltungseinheiten und auf eine konsequente Dezentralisierung als Antithese zum Obrigkeitsstaat im 19. Jahrhundert. Auch an eine Art Partizipation war gedacht. Moltkes Begründung: »Wo das fehlt, werden die, die ausschließlich regiert werden, empfinden, daß sie an den Ereignissen keinen Anteil haben und daß sie für das, was geschieht, nicht verantwortlich sind; während die, die nur regieren, das Gefühl bekommen, daß sie als herrschende Klasse überhaupt niemandem verantwortlich sind.«

Die Kreisauer waren überzeugt davon, daß das neue Europa durch übernationale Werte wie Humanität, Christentum und Sozialismus bestimmt sein würde. Sie glaubten fest, daß die Zukunft eine Föderation der Europäischen Staaten bringen werde. Seitdem im Jahr 1941 zwei Mitglieder des Auswärtigen Amtes zum Kreisauer Kreis gestoßen waren – Adam von Trott und Hans-Bernd von Haeften – wurden außenpolitische Fragen noch intensiver diskutiert.

Sehr beschäftigte die Kreisauer auch das Problem der Loyalität in der Diktatur, das Recht auf Widerstand, die Bedeutung des Eides, die Bestrafung der Kriegsverbrecher. Alles wurde diskutiert, zu allem eine Mehrheitsmeinung herausgearbeitet. Peter Yorck war maßgeblich und federführend an dem Dokument über Staatsaufbau und Wirtschaft beteiligt. Die Prämisse, von der ausgegangen wurde: Ein Umsturz hat stattgefunden – sei es, daß die Militärs ihn herbeigeführt oder die Alliierten Hitler besiegt haben.

Daß ein Umsturz unvermeidlich war, daß man sich dafür voll einsetzen müsse, wurde Peter Yorck schon sehr früh klar. Aber für ihn wie auch für Moltke, die beide sehr bewußt als Christen lebten, war die Vorstellung, Hitlers Ermordung planmäßig zu organisieren, ein schweres Problem, das anderen nicht so zu schaffen machte. Moltke weigerte sich, die Verbrecher mit »Gangstermethoden« zu beseitigen: »So kann man keine neue Epoche einleiten!« Yorck teilte seine Meinung nicht ganz so eindeutig, je weiter die Zeit fortschritt. In der letzten Zeit hatte er sich dann auch selbst zur Aktion durchgerungen. Alle miteinander aber hielten es für ihre Pflicht, darüber nachzudenken, was getan werden müsse, wenn es einmal soweit sein würde.

Freilich meinte gelegentlich dieser oder jener, es sei Zeitverschwendung, für eine unvorhersehbare Situation zu planen. Solche Pläne würden ja notwendig durch den Gang der Ereignisse überholt, letzten Endes werde sich der Sturz der Nazis auf ganz andere Weise vollziehen, als man jetzt annehme. Aber die Mehrheit war doch immer der Meinung, die Opposition müsse sich jener Arbeit unterziehen und sich den Gefahren stellen, die damit verbunden waren. Ihre Begründung: Weimar sei ja vor allem deswegen gescheitert, weil die Demokratie ohne gedankliche Vorbereitung und viel zu plötzlich über die Menschen hereingebrochen sei.

Viel wurde über die letzten Dinge der Politik gegrübelt, über die Rolle des Staates und die Grenzen der Freiheit. Da gab es auch zwischen den beiden führenden Freunden nicht zu allen Zeiten vollkommene Übereinstimmung, wie ein Briefwechsel vom Juni 1940 zeigt. Peter Yorck, der, wie er ausdrücklich sagte, unter Freiheit die Freiheit des anderen verstand, aber dennoch die Skepsis des Konservativen gegenüber der moralischen Standfestigkeit des Menschen hatte, befürchtete, wenn sich alles nur um die individuelle Freiheit drehe, dann werde die Gemeinschaft zu kurz kommen. Er war überzeugt, daß die Gesellschaft mehr ist als nur die Summe der Individuen, die sich gegenseitig die Freiheit garantieren. Es gebe eben, meinte er, einen Staat, und den müsse man schützen, aber auch er unterliege moralischen Forderungen.

Moltke in seiner Antwort an Yorck: »Ich kann keine ethischen Prinzipien entdecken, die für etwas anderes Gültigkeit besitzen als für menschliche Beziehungen. Wenn wir den Staat als moralische Persönlichkeit sehen, dann geraten wir, glaube ich, auf dem Weg über Hegel zur Vergöttlichung des Staates.«

Während Peter Yorck und Helmuth Moltke brauchbare, integre Menschen sammelten, die den neuen Staat bauen und verwalten sollten, und während sie sich bemühten, gemeinsam mit diesen moralische und politische Maßstäbe für ein Deutschland nach Hitler zu entwickeln, wurden die oppositionellen Offiziere von Zweifeln hin- und hergerissen: In der Phase spektakulärer Siege war es zu früh, Hitler umzubringen, zu groß schien die Gefahr der Dolchstoßlegende; und als die Rückschläge einsetzten, war es vielleicht schon zu spät, um etwas anderes als bedingungslose Kapitulation zu erreichen. Dennoch wurden immer wieder Vorbereitungen für ein Attentat getroffen, die immer wieder auf fast magische Weise scheiterten, weil Hitler seine festgesetzten Pläne oder vorgesehenen Routen änderte.

Ich weiß nicht, ob es einen institutionalisierten Kontakt zwischen den Militärs und den Kreisauern gab, aber am ehesten hat wohl Fritz-Dietlof Graf von der Schulenburg, der Peter Yorck besonders nahestand, diese Funktion erfüllt. Er war von 1937 bis 1939 stellvertretender Polizeipräsident von Berlin und während dieser Zeit an der Vorbereitung von Umsturzplänen beteiligt. 1939 wurde er Regierungspräsident in Breslau und bei Ausbruch des Krieges Soldat.

Fritzi, wie er von seinen Freunden genannt wurde, war ein geborener Revolutionär, der das jahrelange Planen des Kreisauer Kreises nur schwer ertrug und darum nur gelegentlich in die Hortensienstraße ging. Er wollte, im Gegensatz zu den Kreisauern, an der Tat beteiligt sein. Oft wurde er ungeduldig, dann nannte er Yorck und Moltke »Flagellanten«, die vor lauter Christentum sich nicht entschließen können, das Rechte zu tun. Ende 1942 fragte Schulenburg mich, wer in Ostpreußen unser bester Mann sei, wer also wohl als Landesverweser – so sollten die Chefs der Länder oder Provinzen heißen – geeignet sei. Ich nannte ihm Heinrich Dohna, Generalmajor a. D., der seinen Besitz Tolksdorf bewirtschaftete und in allen Kreisen – militärischen wie zivilen – ungemein geachtet war. Nachdem Schulenburg mit Stauffenberg und einigen anderen gesprochen hatte, bekam ich den Auftrag, zu Heinrich Dohna zu fahren und ihn »anzuwerben«. Dohna, ein unendlich nobler Mann, sagte zu, obgleich er genau wußte, was für ihn dabei auf dem Spiele stand. Er ist wie alle anderen in Plötzensee am Galgen gestorben. Bei zwei anderen – einem Truppenführer und einem höheren Beamten –, auf deren Mitwirkung man gehofft hatte, überwogen die Bedenken: meine Mission hatte keinen Erfolg, zeitigte aber auch keine bösen Folgen.

Nach dem 20. Juli 1944 hatte ich mir auf Umwegen die Aktenzeichen einiger Untersuchungsgefangenen besorgt, um zu versuchen, unter irgendeinem Vorwand Heini Lehndorff oder Heinrich Dohna sprechen zu können. Es war Anfang August, die Gestapo hatte mich bereits mehrfach vernommen, und so betrat ich mit einigem Bangen den berüchtigten Volksgerichtshof in der Bellevuestraße in Berlin. Tatsächlich gelang es mir, zu Staatsanwalt Schulze vorzudringen, der zu meiner Verwunderung sogar mit einer gewissen Hochachtung von Dohna sprach – was ihn offenbar selbst überraschte. Aber sehen durfte ich Dohna nicht. Von Schulze erfuhr ich, daß Lehndorff zwei Tage zuvor hingerichtet worden war.

Wenn man sich das große Grübeln und die zahlreichen moralisch-philosophischen Erwägungen und politischen Debatten vergegenwärtigt, die damals angestellt worden sind, um nicht die Welt, aber doch das eigene Volk zu verändern, dann drängt sich die Frage auf: Was eigentlich ist dann schließlich von all dem geblieben?

In der chaotischen Wirklichkeit nach 1945 nicht viel. Damals glaubte niemand, Zeit für grundsätzliche Erwägungen zu haben. Es ging allenthalben nur ums Überleben, um Brot für den nächsten Tag, um das Dach über dem Kopf, also ausschließlich um praktische und materielle Dinge. So wurde der Erfolg zum Maßstab aller Dinge: Die Kreisauer wären mit dieser Entwicklung ganz gewiß wenig glücklich gewesen.

Ich habe gelegentlich mit Eugen Gerstenmaier, der Peter Yorck sehr nahestand, darüber gestritten, wo Peter heute wohl politisch stehen würde. Ich war nicht Gerstenmaiers Meinung, daß er sich zum heutigen Konservativen entwickelt hätte. Zwar war sein angeborenes Stilgefühl konservativ, die Persönlichkeit aber, die sich nach und nach herausgebildet hatte, war so stark von sozialen und humanitären Zügen bestimmt, daß der reine Materialismus der ersten zwei Jahrzehnte nach 1945 diesen Teil seines Wesens sicherlich viel stärker hätte hervortreten lassen. Schließlich kam ja in allem, was die Freunde damals dachten und wofür sie standen, neben der Kritik am Kommunismus auch eine große Skepsis dem Kapitalismus gegenüber zum Ausdruck.

Ich denke, er wäre heute im Verhältnis zum Staat, den er schützen wollte, ein Konservativer, gegenüber den Mitbürgern ein Liberaler und der Gesellschaft gegenüber, um der Gerechtigkeit willen, die ihm so viel bedeutete, ein sozialer Demokrat. Dies mögen Hypothesen sein, eins aber steht für mich fest: Auch für Peter Yorck würde es am Anfang schwer gewesen sein, sich auf ein Leben einzustellen, in dem es vor allem um Karriere, Lebensstandard und Sicherheit ging und nicht mehr darum, Treuhänder oder Sachwalter für eine dem Persönlichen übergeordnete Sache zu sein.

Nie wieder ist bei uns so existentiell gelebt worden wie vor 1945, so bewußt und so lange Zeit auf dem schmalen Grat zwischen Tod und Leben. Politik war zu jener Zeit stets mit dem Einsatz der ganzen Person verbunden. Für niemanden sind heute das Ausmaß des Risikos und die Dimension der Gefahr, in der jene Männer und Frauen lebten, noch vorstellbar. Jeder wußte, wenn einer verhaftet werden sollte, könnte dies das Ende für alle bedeuten – denn wer hätte trotz aller Solidarität garantieren wollen, daß er gegen die Folter der Nazi-Schergen gefeit war? Niemand weiß, wie viele Todesurteile während der Nazizeit vollstreckt worden sind, aber die Zahl wuchs mit den Jahren lawinenhaft an. 1934 wurden 53 formelle Hinrichtungen vorgenommen, in den beiden letzten Jahren, 1943 und 1944, jedes Jahr über 6000. Im Rahmen der Wehrmachtjustiz sind von 1933 bis 31. 1. 1945: 24 559 Offiziere und Soldaten hingerichtet worden. In Konzentrationslager oder Strafanstalten sind während des Hitler-Regimes etwa eine Million Deutsche aus politischen Gründen eingeliefert worden – wie viele davon umgekommen oder ermordet worden sind, ist unbekannt.

Fest steht aber, daß in jenen Jahren außer den Millionen Juden etwa 80 000 Geisteskranke und 20 000 geschädigte oder mißgestaltete Kinder und etwa 30 000 deutsche Zigeuner umgebracht worden sind.

Während der ersten Jahre waren es Scharfrichter, die die Hinrichtungen vollzogen; als sie die Arbeit nicht mehr bewältigen konnten, wurden Guillotinen eingesetzt. Der »weitschauende Führer« hatte gleich 1933 zwanzig Stück bestellt. Sie wurden, wie Pölchau in seinem Buch »Die Ordnung der Bedrängten« schreibt, von den Insassen des Gefängnisses Tegel hergestellt.

Wie sehr Helmuth Moltke und Peter Yorck sich ergänzten – eigentlich bildeten sie erst zusammen ein Ganzes und damit den Kern des Kreises –, wird an den Abschiedsbriefen der beiden an ihre Frauen deutlich: Moltke, bis zum letzten Augenblick politisch motiviert und auf die Sache konzentriert, beobachtet die Szene seiner eigenen Verurteilung vor dem Volksgerichtshof mit kühler Distanziertheit und intellektueller Präzision. Er ist glücklich, daß dem Kreis attestiert wird, keine Gewalt geplant, keine Posten verteilt, keine praktischen Handlungen vorgenommen zu haben: »Wir werden gehängt, weil wir zusammen gedacht haben.« Er gibt eine detaillierte Schilderung, damit diese verbreitet und politisch ausgenutzt werden könne. Auch daran denkt er noch in dieser letzten Stunde:

»Um drei Uhr verlas Schulze, der keinen üblen Eindruck machte, die Anträge. Moltke: Tod und Vermögenseinziehung ... Dann kamen die Verteidiger, eigentlich alle ganz nett, keiner tükkisch ... Freisler begabt, genial und nicht klug, und zwar alles drei in der Potenz, erzählt den Lebenslauf, man bejaht oder ergänzt, und dann kommen die wenigen Tatfragen, die ihn interessieren ... «

»Als Rechtsgrundlage«, so fährt Moltke fort, »wurde verkündet: Der Volksgerichtshof steht auf dem Standpunkt, daß eine Verratstat schon der begeht, der es unterläßt, solche defätistischen Äußerungen wie die von Moltke, wenn sie von einem Mann seines Ansehens und seiner Stellung geäußert werden, anzuzeigen. Vorbereitung zum Hochverrat begeht schon der, der hochpolitische Fragen mit Leuten erörtert, die in keiner Weise dafür kompetent sind, insbesonders nicht mindestens irgendwie tätig der Partei angehören. Vorbereitung zum Hochverrat begeht jeder, der sich irgendein Urteil über eine Angelegenheit anmaßt, die der Führer zu entscheiden hat ...«

In Moltkes Abschiedsbrief heißt es weiter: »Schulze, Freisler und Berichterstatter in roten Roben. Typisch war ein Vorfall: aus irgendeinem Grunde wurde ein StGB (Strafgesetzbuch) gebraucht, weil Freisler was daraus vorlesen wollte. Es stellte sich aber heraus, daß keines aufzufinden war.«

Peter Yorcks Brief ist dagegen ganz persönlich und ausschließlich auf das Menschliche konzentriert. Keinen vergißt er. Für jeden hat er noch einen Extragedanken oder einen Gruß, für die Freunde, die Verwandten, die Gutsleute. Nur der erste Absatz gilt der politischen Situation: »Wir stehen wohl am Ende unseres schönen und reichen gemeinsamen Lebens. Denn morgen will der Volksgerichtshof über mich und andere zu Gericht sitzen. Ich höre, das Heer hat uns ausgestoßen: das Kleid kann man uns nehmen, aber nicht den Geist, in dem wir han- delten ... «

Als Peter Yorck, noch nicht 40 Jahre alt, in Sträflingskleidung und mit ungefügen Holzpantoffeln – der vorgeschriebenen Kleidung – zum Galgen ging, stolperte er. Er stolperte, sagte: »Hoppla!«, – ging, wie Pölchau berichtet, den Schritt zurück und machte ihn noch einmal ... (Schlesier und Ostpreußen sind eben abergläubisch.)

Alle großen Namen der preußischen Geschichte: Yorck, Molt-ke, Dohna, Schulenburg, Lehndorff, Schwerin sind in diesem letzten und wohl schönsten – weil der Macht so fernen, dem Wesentlichen so nahen – Kapitel noch einmal verzeichnet. Es ist, als wäre der Geist des Preußischen von Kant bis Kleist, von allen Pervertierungen gereinigt, noch einmal Gestalt geworden. Bald darauf wurde Preußen aus dem Buch der Geschichte gestrichen. Nun ist es nur noch Vergangenheit, vielleicht bald nicht einmal mehr dies.

Einige Jahre nach dem 20. Juli 1944 – es war kaum mehr als ein Jahrzehnt vergangen – schrieb mir ein unbekannter Leser der ZEIT, ein Professor, er sei in Schlesien gewesen und nach Kreisau gepilgert, um Helmuth Moltke Reverenz zu erweisen. In Kreisau, das jetzt polnisch ist, fragte er nach dem Haus, in dem Genera-tionen der Moltkes gelebt haben – verwunderte Blicke: »Moltke? Nie gehört . . .«

Immer »im Dienst« – und »meist dagegen«

Otto von Hentig

1990

Kinder haben kein rechtes Verhältnis zur Realität: für sie ist das Wirkliche wie das Wunderbare – Sinn und Unsinn sind noch gleichermaßen wahrscheinlich oder unwahrscheinlich. Ich habe mich als Kind zwar darüber gewundert, warum das Tischgebet, das ich täglich sprechen mußte, mit einem Komma anfing: »Komma Jesus, sei unser Gast . . . «, aber wirklich beunruhigt hat diese Frage mich nicht; bei Erwachsenen ist schließlich alles möglich.

Ein anderes geheimnisvolles Wortgebilde beschäftigte mich sehr viel eher – es lautete Ottohentig. Erst später entdeckte ich, daß es sich dabei um Vor- und Nachnamen eines sehr außergewöhnlichen Mannes handelte.

Wenn die großen Geschwister geheimnisvoll vom Ottohentig sprachen, dann klang dies wie ein Schlachtruf, in dem alles mitschwang: Verheißung, Abenteuer, Sieg, aber auch Hingabe und Opferbereitschaft. Bei mir pflegte sich dann stets ein schmerzliches Gefühl von Verlassenheit einzustellen: Ich war nicht dabeigewesen, war ausgeschlossen von den Erinnerungen der Großen an jene Abende, von denen oft in Andeutungen die Rede war. Denn ich hatte ja nicht mit ihnen zusammen am Kamin gehockt und zugehört, wenn Otto Hentig von den abenteuerlichen Reisen des Odysseus und anderen aufregenden Begebenheiten berichtete.

Aus universell gebildetem Hause stammend, stand ihm ein weites Repertoire von Geschichte und Geschichten über Zeiten und Erdteile hinweg zur Verfügung und ließ ihn zu einem unvergleichlichen und daher stets ungeduldig herbeigesehnten Erzähler

Otto von Hentig

werden. Otto von Hentig, der als junger Mann seinen Militärdienst bei den Dritten Kürassieren in Königsberg ableistete, kam von dort aus häufig zu den Wochenenden nach Friedrichstein, wo er dann, ehe noch mein Vater ihn in weltpolitische Probleme verwickeln konnte, sofort von den großen Geschwistern belagert und in Anspruch genommen wurde. Niemandem wurde ihre uneingeschränkte Bewunderung in so reichem Maße zuteil wie ihm, dem kein Pferd zu wild war und keine Strapaze groß genug. Jeden Sommer, lange bevor ich geboren wurde, pflegte die ganze Familie Hentig nach Ostpreußen zu reisen und meine Eltern im 20 Kilometer östlich von Königsberg gelegenen Friedrichstein zu besuchen. Da erschienen dann Vater Hentig, Staatsminister in Coburg-Gotha, damals noch ein selbständiger Fürstenstaat, seine sehr intellektuelle Frau und sechs hochintelligente, eigenwillige, vielmehr aufsässige Kinder, die eine frühe APO-Generation darstellten, mit allen Schrecken, die dies für ein geordnetes Haus bedeutet.

Von Otto, dem ältesten der Hentig-Kinder, stammt eine Schilderung von Friedrichstein aus dem Jahre 1902, die er in seinen Erinnerungen verzeichnet hat und die mich fast orientalisch anmutet, denn ich habe den Zuschnitt des Hauses vor dem Ersten Weltkrieg ja nicht gekannt: »In Königsberg holte uns ein Rappen-Viererzug und ein Gepäckwagen ab. Die Eltern bezogen regelmäßig die ›Königsstuben‹, die Räume also, in denen seit Friedrich Wilhelm I., mit Ausnahme des Alten Fritz, alle preußischen Könige gewohnt hatten. Uns Kindern waren die dahinter gelegenen Räume angewiesen. Unmittelbar nachdem Graf August die Morgenandacht mit etwa 21 zum Teil sehr anziehenden, jungen, sämtlich rosa uniformierten Stuben- und Küchenmädchen, dem ersten, zweiten und dritten Diener abgehalten hatte, kam auf einer riesigen Silberplatte das exzellente Frühstück. Mittags ein förmliches Frühstück, dann ein *high tea* und jeden Abend Diner in großer Toilette mit Gästen aus der Umgebung und der Stadt Königsberg – außerdem mindestens zwanzig ständige Besucher aus Diplomatie, Hoch- und Geistesadel.«

Für mich wurde die magische Vokabel Ottohentig zum ersten Mal zu einem persönlichen Begriff, als ich eines Tages – ich war etwa 14 Jahre alt – in der Bibliothek einen Ullstein-Band entdeckte, der betitelt war: »Meine Diplomatenfahrt ins verschlossene Land.« Es war der Bericht des jungen Diplomaten Werner Otto von Hentig, der vom Auswärtigen Amt zu Beginn des Ersten Weltkriegs in geheimer Mission nach Afghanistan geschickt wurde. Noch nicht dreißigjährig, war er zum Chef einer Delegation ernannt worden, deren Aufgabe es war, zum Emir in Kabul freundschaftliche Beziehungen aufzunehmen. Über den präzisen Inhalt der Mission erfährt man in dem noch während des Kriegs erschienenen Bericht nichts – nur ein Satz, in Kabul niedergeschrieben, läßt erraten, worum es sich handelt: »Die Engländer waren sich wohl bewußt, daß der einzige, der die Brandfackel nach Indien schleudern könne, der Emir sei . . .«

Das Pamir-Abkommen, 1907 zur Interessenabgrenzung zwischen Engländern und Russen abgeschlossen, lag damals noch keine zehn Jahre zurück. In diesem Vertrag hatte Rußland sich verpflichtet, für alle politischen Beziehungen zu Afghanistan englische Vermittlung in Anspruch zu nehmen und ferner, »keinerlei Agenten nach Afghanistan zu schicken«; dafür war England bereit, von jeder Besetzung afghanischen Gebietes Abstand zu nehmen. Die Folge war, daß das Land von den Engländern hermetisch abgeschlossen wurde und daß London gegen Hentigs Expedition, als diese trotz aller Geheimhaltungsbestrebungen bekannt geworden war, ganze Heerscharen von Agenten und bewaffneten Trupps aufbot, um das Gelingen zu verhindern.

Am 1. Juni 1915 brach die Expedition in Bagdad auf, das damals Ausgangspunkt für jeden war, der über Land nach Zentralasien strebte. Im Oktober erreichten die Teilnehmer das Ziel Kabul sehr viel rascher, als das Amt in Berlin angenommen hatte, und schneller wohl auch, als die Delegation selbst vorausgesehen hatte. Womit die Betreffenden freilich überhaupt nicht gerechnet hatten, war, daß die Expedition dort keineswegs ihr Ende fand, sondern daß sie, um heimzukommen, zunächst einmal nach Osten bis zum Pazifischen Ozean durchstoßen mußte.

Die meist weglose Strecke führte über den Hindukusch, eines der höchsten Gebirge dieser Erde, über das Pamir-Plateau – das Dach der Welt –, durch Chinesisch-Turkestan und die Wüste

Gobi nach Hankau und Schanghai. Als sie schließlich in Schanghai ankamen, hatte Hentigs Delegation eine Strecke von 15 000 Kilometer mit Pferden, Maultieren und Kamelen, oft zu Fuß nebenhergehend, bewältigt – wahrscheinlich der längste Ritt, der im Zeitalter des Motors überhaupt unternommen worden ist.

Diese Leistung gehört sicherlich zu den ganz großen, außergewöhnlichen Leistungen unseres Jahrhunderts. Das Unternehmen des Helden jenes abenteuerlichen Rittes ist ganz in Vergessenheit geraten; darum möchte ich einiges aus seinem Buch, das seit Jahrzehnten vergriffen ist, hier rekapitulieren.

Bereits auf dem Euphrat – also noch bevor sie Bagdad auf selbstgezimmerten Booten erreichten – hatten sich einige Teilnehmer Malaria geholt, die ihnen mit schweren Fieberanfällen noch lange zu schaffen machen sollte. Als sie Ende Juni in Isfahan ankamen, stellte sich heraus, daß ihnen der Weg durch Nordpersien versperrt war, weil ein Durchbruch durch die russische Front nicht möglich erschien. So blieb nur der Weg durch die große Salzwüste Mittelpersiens: 600 Kilometer in vierzig Tagen. Hentig hatte nur zwei Europäer mit, einen Arzt, der sehr schwer erkrankte und später starb, und den jungen Kaufmann Röhr, der alle türkischen und persischen Dialekte sprach und ebenso unverwüstlich war wie Hentig selber. Die Karawane, zu der wechselnde Eskorten und Treiber für die Lasttiere gehörten, schwoll an und ab, je nach der Begleitmannschaft, die die Granden der Provinzen und Länder, durch die die Expedition zog, ihr gewährten.

Die drei Europäer hatten zusammen sieben Reitpferde und sieben Tragtiere. Der Normalbestand der Karawane wurde ergänzt durch 12 Lastpferde und 24 Maultiere, zu denen gelegentlich eine Anzahl Kamele hinzugemietet wurde. Zuweilen waren sie mit insgesamt 120 Tieren unterwegs. Merkwürdigerweise trugen die Pferde die schweren Lasten (bis zu 150 Kilo), die Maultiere die leichteren.

Hentigs Niederschrift ist so sparsam in der Schilderung der Unbilden, daß man sich kaum ein Bild davon machen kann, was es heißt, monatelang am äußeren Rande der Leistungsfähigkeit zu operieren: Bei 62 Grad Hitze, minimalen Rationen, heißem Trinkwasser, das in sich zersetzenden Hammelschläuchen gespeichert wurde, marschierten sie mit immer unwilliger werdenden Tieren und dysenteriegeschwächten Menschen. Täglich waren sie zwölf bis vierzehn Stunden unterwegs – streckenweise Tag und Nacht durch einen Feind bedroht, der alles daransetzte, die Deutschen zu fangen. Am schwersten hatte es Otto Hentig selbst, der Chef des Unternehmens: »Man mußte sorgen, rechnen, ausspähen, führen, wachen und treiben, immer wieder treiben – den anderen ihren im Schlaf- und Ruhebedürfnis untergehenden Willen ersetzen . . . Die Morgenstunden sind die schwersten. Es ist, als ob die Dämmerung die Augenlider gewaltsam zuzöge – man weiß es, fürchtet sich davor. Die Tiere schreiten immer stumpfer, die Menschen reiten immer blöder dahin. Ein Gedanke hält beide, daß am Ziel Schatten und vielleicht auch Wasser zu finden sein wird.« Eine typische Hentig-Bemerkung: »Da die Aufgabe gelöst werden mußte, glaubten wir auch fest daran, daß sie gelöst werden könne.«

Tatsächlich erreichte die Karawane am 1. Oktober 1915 Kabul. Sie blieben dort bis zum Mai 1916 und traten dann den zweiten Teil der Reise an, der erst im Dezember des Jahres endete und der ihnen noch mehr Energie, Willen und moralische Kraft abverlangte als der erste. Zunächst durch Eis und Schnee über 5000 Meter Höhe, nachts eisige Stürme, tags sengende Hitze, ohne Weg und Steg, über Geröll und durch reißende Schmelzwasserflüsse, weil die einzigen Wege und Pfade vom Feind kontrolliert wurden. Bergbüffel tragen die Lasten, Kirgisen begleiten sie: »Atemlos, mit schwer pumpendem Herzen kamen wir langsam vorwärts – alle zwanzig bis dreißig Schritt mußten wir uns niedersetzen, um das Herz zu beruhigen.«

Nachdem sie Hindukusch und Pamir überwunden haben, nach dreißig Tagen feindlicher Bergwelt, erreichen sie mit zerschundenen Händen und zerschlissener Kleidung Sinkiang. Und dann geht es 130 Tage durch die heißen, endlosen Sandmeere Chinesisch-Turkestans und der Wüste Gobi: »Seit 100 Tagen haben wir nichts Ordentliches zu essen bekommen, seit zwei Jahren keine europäische Nahrung, auf die unser Körper nun einmal eingestellt ist. Von 100 Tagen sind wir 70 dauernd und ohne aufzusitzen marschiert . . . Bei der Abstumpfung aller Empfindung, bei der großen Müdigkeit, die uns täglich mehr angriff, trat hinter dem unerfüllbaren Wunsch nach Ruhe selbst der Hunger zurück.«

Schließlich – es ist zufällig der 24. Dezember 1916 – erreichen sie eine kleine, eher armselige Missionsstation unweit der Bahn nach Hankau und haben das Gefühl, ohne jeden Übergang direkt ins Paradies eingetreten zu sein.

Als ich fast 60 Jahre nach jener denkwürdigen Expedition Hentigs Buch noch einmal las, konnte ich meine Neugier nicht zähmen, ich schrieb ihm und bat, einmal klar zu sagen, wie der Auftrag lautete, der ihn nach Afghanistan geführt hatte. Es dauerte genau fünf Tage, da hatte ich einen ganz präzisen Bericht des damals Neunzigjährigen in Händen, der soviel über den Autor selbst, sein Urteilsvermögen, seine Bereitschaft zu selbständigem Handeln, aber auch über die Ahnungslosigkeit des damaligen Auswärtigen Amtes aussagt, daß ich ihn an dieser Stelle abdrukken möchte. Hentig schrieb:

»Das Inselreich dort, wo man die Quelle seiner Macht vermutete, anzugreifen, war ein alter, schon von Napoleon ventilierter Gedanke. Nachdem sich die Front in Frankreich festgefressen hatte, kam man im Auswärtigen Amt und beim stellvertretenden Generalstab auf diese Idee zurück. Afghanistan galt damals als die einzige wirklich starke Militärmacht Asiens, die England zweimal vernichtend geschlagen hatte.

Ich bekam diese Macht zum erstenmal in Herat zu sehen. Es war eine überständige Truppe, kostümiert mit alten europäischen Uniformen und bewaffnet mit englischen Beutegewehren. Die Offiziere sämtlich über sechzig Jahre alt und die Mannschaften zum Teil noch älter. Mein Entschluß, den mir zuteil gewordenen Auftrag zu modifizieren, war augenblicklich gefaßt, denn die Afghanen zum Losschlagen zu veranlassen, hätte ihre sichere und vollständige Niederlage bedeutet. Meine ganze Arbeit war deshalb in den nächsten Monaten darauf gerichtet, das Land erst einmal von den innenpolitischen Belastungen zu befreien, deren Vorhandensein ich sehr bald feststellen mußte; ferner, es aus der Abhängigkeit von den englischen Subsidien zu lösen sowie seine Wirtschaft und natürlich auch die Armee zu modernisieren.

Ich konnte mich bei der ersten Audienz durchaus an den Wortlaut meines Beglaubigungsschreibens, und zwar ohne jeden Hintergedanken, halten. Als mich der Emir gehört hatte, sagte er, er würde sich von unseren verschiedenen Anerbieten, die ich ihm wie ein Kaufmann seine Ware unterbreitet hätte, das Passende aussuchen. Hiergegen verwahrte ich mich und bat ihn, nach Kenntnis der Sachlage allein dem eigenen politischen Urteil zu trauen. Eine Vorentscheidung hatte der Emir bereits dadurch getroffen, daß er uns – entgegen seinem Vertrag mit England, keine Verbindung zu Fremden anzuknüpfen – ins Land gelassen und schließlich sogar, wenn auch ›in Privataudienz‹ und ohne Zeremoniell, aber immerhin doch sehr freundwillig, empfangen hatte.

Für uns galt es nun, unsere eigene Stellung zu festigen und Freunde, ja Anhänger für unsere Idee zu gewinnen – so den Kanzler Nasrullah, den Bruder des Emirs und seine auf Reformen bedachten Söhne, darunter vorzugsweise seinen zweiten Sohn Amanullah. Die höchste Voraussicht war dabei nötig, denn selbst freundschaftliche Beziehungen zu ihnen und ihrem Kreise erweckten Argwohn und lösten Verdächtigungen aus.

Als ich in einer weiteren Phase unserer Beziehungen regelmäßig zu Tagesaudienzen, die eher einem Vorlesungskurs glichen, berufen wurde, schlug ich dem Emir ein Programm vor, das den Ausgleich der inneren Stammesgegensätze sowie eine gerechtere Behandlung der Minoritäten zum Ziel hatte, ferner die Reform von Verwaltung und Armee und schließlich die innere und äußere Loslösung vom Souverän England. Diese Vorschläge lösten Aktivitäten aus, die den Engländern natürlich nicht verborgen blieben. Mit einer Scharfschießübung und der Mobilmachung des afghanischen Pionier-Corps, das heißt des Handwerker-Corps, das im Zuge einer Luftschutzsicherung für Kabul Gräben ausheben mußte, nahm diese bis dahin auf unser Gästehaus beschränkte Arbeit eine mir höchst unerwünschte sichtbare Form an. England sah sich zu verstärktem Druck veranlaßt und zum Angebot erhöhter Subventionen *(allowances)*. Bald mußten wir feststellen, daß wir kaltgestellt wurden. Nach Abschluß eines Handels- und Freundschaftsvertrags, der einige von mir nicht akzeptierte militärische

Bedingungen enthielt, bat ich um meinen Abschied. Der einzige Rückweg, der uns offenstand, führte durch China, wo ich das Ende des Kriegs abwarten wollte und von wo aus ich, wenn es die Umstände verlangten, nach Kabul hätte zurückkehren können.

Man ließ meine Reisekolonne nach Herat weiterziehen, während Niedermayer – als Kaufmann verkleidet – den Weg über Russisch-Turkestan nahm. Er erreichte noch im Spätsommer, nur von einem Behai begleitet, die türkische Grenze und nahm, da ich als verschollen galt, Gedanke, Leitung und Durchführung ›der‹ deutschen Afghanistan-Expedition in Vorträgen und schriftlichen Darstellungen für sich in Anspruch.

»Wie Du siehst«, so endet Hentigs Brief an mich, »konnte ich mich nicht an meinen Auftrag halten und habe deswegen auch wenig Dank von meiner Behörde geerntet, weil ich für die an meiner Expedition beteiligten Referenten ›nichts mitgebracht‹ habe. Den mir anvertrauten höchsten Orden, das Großkreuz des Roten Adlerordens mit Kette für Monarchen, brachte ich unverrichteterdinge wieder nach Hause zurück. Meine einzige Genugtuung war, daß Afghanistan in eine neue Phase äußerer und innerer Unabhängigkeit eingetreten war.«

Strapazen und Entbehrungen – diese Begriffe hat es für Otto Hentig zeit seines Lebens nicht gegeben. Auf der Rückreise von China war er 1916 – die Behörden verweigerten ihm die Ausreisepapiere, weil China inzwischen die Beziehungen zu Deutschland abgebrochen hatte – als blinder Passagier, in einem Schrank versteckt, in Schanghai an Bord eines amerikanischen Schiffes gegangen. Als sich dann unterwegs herausstellte, daß Amerika in den Krieg eingetreten war, sprang er bei Nacht über Bord und schwamm zweieinhalb Stunden lang, um nicht in Gefangenschaft zu geraten.

In Südamerika, wo er später als Botschafter in Montevideo Dienst tat, fiel er unter die Räuber und brachte es fertig, ohne Hilfe drei Banditen kampfunfähig zu machen. Er durchschwamm aus sportlichem Vergnügen den Bosporus. Und als er die Hitlersche Politik nicht mehr zu ertragen vermochte, meldete sich der fünfundfünfzigjährige Diplomat zu den Soldaten und verblüffte die jungen Offiziere seines Regiments damit, daß er ihnen, die dies nicht fertigbrachten, die Riesenwelle am Reck vormachte. Dem Nahen Osten galt immer sein besonderes Interesse und seine Liebe. In manchen jener Länder begegnet man heute noch den Freunden Hentigs. Eine ganze Generation von Arabern ist durch ihn geprägt worden. Vierzig Jahre nach jener Expedition durch Zentralasien – zu einer Zeit, da Hentig sich bereits im Ruhestand befand – holte König Saud ihn als Berater in sein Land.

Sein Leben war das eines großen Abenteurers und doch zugleich auch das eines bewußten und pflichtgetreuen Beamten. Hentig war Beamter aus Überzeugung. Er wollte seinem Lande dienen und der Sache, die ihm anvertraut war. Daß dies nur auf integre Weise geschehen durfte, war für ihn selbstverständlich. Kaum kann man sich heute noch vorstellen, daß der Begriff vom Ethos des Beamtentums wirklich gelebte Realität war.

Es war eben ein Privileg, Beamter zu sein. Nicht weil sich eine Pensionsberechtigung daraus herleitete oder der Anspruch auf stufenweise Beförderung, sondern weil man größere Verantwortung hatte und weil man deshalb mehr geachtet wurde. So praktische Dinge wie die Frage, welcher Gehaltsstufe er wohl angehöre, hätte Hentig sicher nie beantworten können. Er haßte alle Eigenschaften, die eine Entartung des Beamtentums anzeigen: Bürokratismus, Arroganz oder auch ihr Gegenteil, die Servilität.

Otto von Hentig war ein ungemein eigenwilliger Mensch, und seine Interpretation der Pflicht des Beamten deckte sich sehr oft nicht mit den Vorstellungen des Auswärtigen Amts: Gegen niemanden waren je zuvor oder je seither so viele Disziplinarverfahren anhängig wie gegen ihn: »Zeitweiliger Ruhestand«, »Zur Disposition gestellt«, »Beförderungssperre«, so lauten die Eintragungen in seiner Personalakte. Er hat seinen Vorgesetzten im alten A.A. in der Wilhelmstraße und auch im neuen Bonner Außenministerium das Leben oft schwergemacht. Aber dort, wo er als Vertreter des Deutschen Reiches und später der Bundesrepublik wirkte, wurde er geachtet und verehrt, denn dort setzte er alles ein: seine schier unbegrenzte Arbeitskraft, seinen ungestümen Willen, seine hochgespannte Phantasie.

Nach dem Krieg, ehe das Auswärtige Amt wieder in Aktion trat, war er eine Zeitlang im Außenamt der evangelischen Kirche tätig, wohl weil ihn dort die Persönlichkeit Niemöllers anzog, der in der Hitlerzeit die Zentralfigur des kirchlichen Widerstands gewesen war. Daß auch Hentig kompromißlos gegen das »Dritte Reich« gewesen ist, daß er als Generalkonsul in Amsterdam vielen Juden das Leben gerettet hat, versteht sich bei seiner Art von selbst. So stark war sein Bedürfnis, sich vom Nazismus zu distanzieren, daß er während jener Zeit in seinem Zimmer im Auswärtigen Amt ein Bild von August Bebel aufgehängt hatte. Sein Sohn, Hartmut von Hentig, Professor für Pädagogik an der Universität Bielefeld, der damals fünfzehn Jahre alt war, hat einmal den 1. September 1939 folgendermaßen geschildert: »An dem Tag, an dem die Nazis Polen überfielen, setzte Vater sich mittags stumm zu Tisch; plötzlich – ich höre noch die Gabel auf den Teller fallen – brach er die Mahlzeit ab mit dem Satz, der uns die folgenden Jahre hindurch begleiten und sie uns doppelt furchtbar machen sollte: ›Es kann Deutschland nichts Schlimmeres geschehen, als daß Hitler diesen Krieg gewinnt.‹ «

Otto von Hentig hatte eine gewisse Neigung, immer dagegen zu sein. Zur Zeit der Pariser Verträge kämpfte er gegen den Kalten Krieg, gegen die einseitige Option für den Westen, gegen das Sich-Einreihen in ein Blocksystem. Er war für Wiedervereinigung und darum für Neutralisierung. Und schon sehr früh trat er für eine positive Einstellung China gegenüber ein, das er Anfang der sechziger Jahre, ein halbes Jahrhundert nach seiner Pekinger Attaché-Zeit, noch einmal besuchte. Dieser nimmermüde Nonkonformismus hat ihm manche Feindschaft eingetragen.

Der Bogen seines Lebens war weit gespannt. Er reichte von der Mandschu-Dynastie Pekings, wo er 1911 als Attaché seine Berufslaufbahn begann, bis in die Tage der Bundesrepublik, an deren Problemen er streitbar wie eh und je teilgenommen hat. Im Jahre 1981 – in seinem 95. Lebensjahr – ist er noch Mitglied der Bürgerinitiative »Frieden durch Neutralität« geworden.

Es gibt wenige Menschen in diesem wechselvollen Jahrhundert, die sich in Haltung und Überzeugung immer gleich geblieben sind. Otto von Hentig war bis zu seinem Tode ein aufrechter, ganz und gar furchtloser Kämpfer für Recht, Freiheit und Wahrheit. Er starb 1984 in Norwegen.

Ein deutscher Generalstäbler
warnt die Engländer

Gerhard Graf Schwerin

1979

Es gibt vermutlich kaum einen zweiten deutschen Offizier, der in Krieg und Frieden, vor und während des Zweiten Weltkrieges so viel Zivilcourage bewiesen hat wie Gerhard Graf Schwerin. Man könnte ihn abenteuerlich nennen, wenn er nicht einem Draufgänger so wenig ähnlich wäre: Er spricht leise und nachdenklich, ist scheu, überaus liebenswürdig und wirkt auf manche Leute fast ein wenig naiv.

Aus einem pommerschen Geschlecht – sein Vater war Besitzer von Ziethen bei Anklam, seine Mutter eine Puttkamer – beginnt sein Lebensweg in der für die Jahrhundertwende typischen Weise. Er besucht die Kadettenanstalt in Berlin-Lichterfelde, rückt 1914 fünfzehnjährig als Fähnrich mit dem 2. Garderegiment zu Fuß ins Feld, wird mit dem Eisernen Kreuz 1. und 2. Klasse ausgezeichnet und zwei Jahre später zum Offizier befördert – wegen Tapferkeit wird das Patent zwei Jahre vordatiert. Nach dem Krieg ist er zunächst Kaufmann, dann tritt er 1923 in die Reichswehr ein. Das Milieu schildert er so:

»Im 100 000-Mann-Heer hochqualifizierter Berufssoldaten hatte Hitler wenig Anhang. Das änderte sich jedoch mit der ›Machtübernahme‹ und der politischen Unterstützung des Nationalsozialismus durch Hindenburg, Papen, Schleicher und die Rechtskonservativen um Hugenberg. Hitlers Erfolge in der Bekämpfung der Arbeitslosigkeit, der gewaltlosen Befreiung des Rheinlandes, der triumphalen Eingliederung Österreichs lösten eine alles überflutende Welle nationaler Begeisterung aus, die angesichts des Aufbaus einer starken modernen Wehrmacht auch

203

das Offizierskorps und die Soldaten ergriff. Der Kreis der Mitläufer und Opportunisten wuchs rasch, er reichte bis in die hohe Generalität, besonders nach der abgefeimten Abservierung des Generalobersten von Fritsch, die die endgültige Gleichschaltung des Heeres einleitete; etwa zehn Generale nahmen damals ostentativ ihren Abschied.«

Schwerin wurde nach Beendigung seiner Generalstabsausbildung im Herbst 1938 in den Generalstab des Heeres versetzt und mit der Leitung der Gruppe England/Amerika in der Abteilung Fremde Heere West beauftragt. Damit wurde er mitten hineingestellt in den Konflikt zwischen der nach außen abgeschotteten Geistesverwirrung, in die der Nationalsozialismus das deutsche Volk versetzt hatte, und den nüchternen und skeptischen Informationen von draußen, die zu jener Zeit das ganze Ausmaß der heraufziehenden Katastrophe bereits ahnen ließen.

»Es gab«, so sagt Gerhard Schwerin, »im damaligen Berlin eigentlich nur zwei geistige Inseln: die Abwehrabteilung im Oberkommando der Wehrmacht unter Admiral Canaris und den Kreis um Generaloberst Beck, wo sich diejenigen sammelten, die dem Regime noch nicht verfallen waren.« Durch sie hatte er engen Kontakt zum Widerstand.

Der erste wirkliche Schock im Generalstab war der Rücktritt seines Chefs, des Generalobersten Beck, der im August 1938 mit der Erklärung aus dem Dienst schied, er könne die »gefährliche Kriegspolitik« Hitlers nicht länger verantwortlich mittragen. Beck wurde entlassen. Mit ihm gingen eine Reihe fähiger Generalstabsoffiziere. Und als Hitler dann im Frühjahr 1939 das erst sechs Monate zuvor geschlossene Münchner Abkommen brach und in Prag einmarschierte, mithin das Argument »Selbstbestimmung der Völker«, das bis dahin als Camouflage mancher seiner Entscheidungen gedient hatte, unverhüllter imperialistischer Gewaltpolitik wich, ging ein Aufschrei durch die Welt. Graf Schwerin spürte, daß jeder jetzt alles tun müsse, um den Frieden zu erhalten.

Seine Analyse: Es muß unter allen Umständen gelingen, Hitler klarzumachen, daß, wenn er Polen angreifen sollte, England, das gerade eine Garantie-Erklärung für den Bestand Polens abgege-

Gerhard Graf Schwerin

ben hatte, gar nicht anders könne, als den Krieg zu erklären; daß, mit anderen Worten, die leichtfertigen Beteuerungen des Reichsaußenministers von Ribbentrop, England sei dekadent und werde niemals kämpfen, wäre auch gar nicht in der Lage dazu, leeres Geschwätz waren.

Sein Entschluß: Er verbrachte seinen Jahresurlaub in England, das ja zu seinem Aufgabengebiet gehörte, um zweierlei zu tun. Einmal verfaßte er einen umfassenden Bericht über die wahre Stimmung für den Generalstab, andererseits machte er den Engländern deutlich, daß sie eine viel härtere Sprache mit Hitler führen, viel brutaler mit ihm verhandeln müßten, wenn sie ihn vom Einmarsch in Polen abhalten wollten.

Major Oster und die Freunde vom Widerstand sowie der stellvertretende englische Militärattaché halfen heimlich, den Weg zu bereiten. Schwerin war – abgeschirmt und überwacht vom *Secret Service* – sechs Wochen in England, sah jeden Tag drei bis fünf Gesprächspartner, zum Teil hochgestellte Persönlichkeiten aus dem zivilen und dem militärischen Bereich, und predigte: Schickt ein Flottengeschwader nach Danzig, ladet den deutschen Luftwaffenchef ein und zeigt ihm eure neu aufgebaute Luftflotte, nehmt den gefürchteten Churchill ins Kabinett, treibt den Militärpakt mit der Sowjetunion voran. Ein drohender Zwei-Fronten-Krieg ist das einzige, was Hitler von weiteren Abenteuern abhalten kann. Ein deutscher Generalstäbler, der am Vorabend des Zweiten Weltkrieges »den Feind« warnt, der sich über Führerbefehl und patriotische Euphorie hinwegsetzt, um des Friedens willen, das hatte es noch nicht gegeben!

Zurückgekehrt, reichte er seinen Bericht ein, der sowohl vom Chef des Oberkommandos der Wehrmacht, Keitel, als auch dem Chef des Wehrmachtsführungsstabes, Oberst Jodl, gelesen wurde. Jemand hatte an den Rand geschrieben: »Feindpropaganda« – vier Wochen vor Ausbruch des Zweiten Weltkrieges. Schwerin wurde schwer gerüffelt, wegen Kompetenzüberschreitung und wegen Mißachtung des Führerbefehls, der verbot, daß ein im Ausland reisender Offizier andere Meinungen vertrete als die offizielle Auffassung des Auswärtigen Amtes. Er wurde mit sofortiger Wirkung aus dem Generalstab entlassen. Als seine Auffassungen sich vier Wochen später bestätigen, sollte er wieder eingesetzt werden, aber auf eigenen Wunsch ging er zur Truppe und wurde im Laufe des Krieges hoch dekoriert: Eichenlaub mit Schwertern zum Ritterkreuz.

Als man in den Kreisen des Widerstandes das nächstemal von ihm hörte, ging es um Aachen. Es war im September 1944. Hitler hatte die totale Evakuierung der Stadt angeordnet, sie sollte bis zum letzten Mann verteidigt werden, »auch wenn kein Stein auf dem anderen bleibt«. Als General Schwerin nach dem Rückzug durch Belgien dort anlangte, hatten die Amerikaner bereits einen Einbruch in den Westwall erzielt. Die Eroberung Aachens stand, wie Schwerin meinte, unmittelbar bevor. Die Bevölkerung, von der SS mit Todesdrohung zur Evakuierung angetrieben, verfiel in Panik und Verzweiflung. Schwerin nahm es auf seine Kappe, die sinnlose Evakuierung abzublasen. Er hielt die Verteidigung der Stadt für ein Verbrechen.

Bei einem Gang durch die Stadt stellte er fest, daß sämtliche Parteigrößen getürmt waren. Keine einzige Polizeistation war mehr besetzt. Schließlich entdeckte er einen Mann im Postamt, der zu bleiben versprach. Ihm gab er einen in englischer Sprache abgefaßten Brief an den Kommandeur der anrückenden Amerikaner: Er habe die Evakuierung gestoppt, fühle sich daher mitverantwortlich und bitte um menschliche Behandlung der Bevölkerung . . .

Jener Postbeamte gab den Brief einem SS-Mann, der nichts Eiligeres zu tun hatte, als ihn dem Gauleiter in Köln zu schicken, der den Vorfall Himmler meldete. Die Folge: Kurz darauf erschien ein Polizeikommando auf Schwerins Gefechtsstand, um ihn zu verhaften. Aber seine Leute fuhren vier Maschinengewehre auf und erklärten, sie würden jeden erschießen, der ihren Kommandeur anrühre. Als Schwerin, der bei der Truppe gewesen war, zurückkam, haben seine Offiziere ihn untertauchen lassen und in einem Keller der zerstörten Stadt versteckt. Der General wurde seines Postens als Kommandeur enthoben. Ein Kriegsgerichtsverfahren wurde eröffnet; aber ein wohlwollender Richter verschleppte die ganze Sache, bis sie niemanden mehr interessierte.

Ein halbes Jahr später war Schwerin wieder Kommandierender

General: an der Ostküste Italiens. Seine Truppe war von den Engländern immer weiter nach Norden zurückgedrängt worden, bis er mit den Resten von fünf Divisionen – etwa 30 000 Mann – schließlich am Po stand: Alle Brücken zerstört, wildes Durcheinander von flüchtenden Zivilisten, verlassenen Lastwagen und Panzern. Dort erhielt Schwerin den absurden Befehl, in der kommenden Nacht ohne schwere Waffen – »und wenn es schwimmend ist« – den Fluß zu überqueren. Der Funkspruch, den der General zurücksandte, lautete »Durchführung unmöglich, daher werden Waffen in Ehren niedergelegt.« Bis zum Ende seiner militärischen Karriere blieb er dem Grundsatz treu, niemals Menschenleben sinnlos aufs Spiel zu setzen.

Fünf Jahre später – nach Ausbruch des Korea-Krieges – mußte er sich noch einmal wenige Monate militärischen Aufgaben zuwenden. Die Hohen Kommissare, in deren Hände das Schicksal Deutschlands ruhte, begannen an die Aufstellung deutscher Kampfverbände zu denken. Graf Schwerin wurde »Berater des Bundeskanzlers für Sicherheitsfragen«. Aber wenig später, als dieses Projekt erst einmal wieder zurückgestellt wurde, brauchte man einen Sündenbock. Schwerin wurde entlassen. Er war zufrieden, daß er nun sein zuvor begonnenes neues Leben als Kaufmann in der pharmazeutischen Industrie wieder fortsetzen konnte.

Der letzte große Abenteurer

Satyanarayan Sinha

1976

Eines Tages, es muß etwa 1960 gewesen sein, rief Ulrich Mohr, den ich flüchtig kannte, bei mir an. Er wußte, daß ich Indien mehrfach bereist hatte und daß ich mich damals sehr lebhaft für dieses Land interessierte. Er habe einen indischen Abgeordneten zu Besuch, der . . . Ich ließ ihn nicht erst lange Ausführungen machen, sondern lud beide zum Abendessen ein.

Diese spontane Einladung habe ich nie bereut: Ich lernte an jenem Abend den einzigen wirklichen Abenteurer kennen, den ich in meinem Leben getroffen habe, einen Mann, der immer wieder seine Identität gewechselt hat und doch immer derselbe blieb, egal ob er Stalin als Hauptmann diente, Haile Selassie als Oberst, Nehru als Abgeordneter oder dem Dalai Lama als Beschützer.

Satyanarayan Sinha ist ein treuer Freund geworden. Treu freilich nur im strategischen Sinne, nicht im taktischen. Im Rahmen des Alltags ist er in einer Weise unzuverlässig, wie man es sich kaum vorstellen kann. Wenn er seine Ankunft in Europa und in Hamburg für die kommende Woche ankündigt, dann erfolgt gewöhnlich während der nächsten sechs Monate nichts. Niemand kommt, auch kein Brief. Plötzlich aber liegt ein Telegramm auf dem Tisch, er werde am folgenden Nachmittag für ein paar Stunden in Hamburg Station machen. Was dann wirklich geschieht, ist, daß er nicht am folgenden Tag eintrifft, sondern erst am übernächsten, und daß er nicht ein paar Stunden bleibt, sondern eine ganze Woche.

Als er mich vor kurzem wieder einmal besuchte – er kam aus Amerika -, traf er drei Tage später ein, als sein Telegramm in

Aussicht gestellt hatte. Der Grund, der sich anderntags ganz beiläufig herausstellte, war folgender: Er hatte in Florence in Alabama in einem Restaurant auf den Abflug der Maschine nach Washington gewartet. Im Gespräch mit der Dame, die ihn zum Flugplatz begleitete, erwähnte er gerade, daß er fließend Russisch spreche, woraufhin sich ein offenbar sympathischer Herr vom Nebentisch in die Unterhaltung einmischte, der beklagte, daß er nie Gelegenheit habe, diese Sprache zu praktizieren, obgleich er sie unter großen Anstrengungen unlängst in einem Kurs gelernt habe. Wie gern würde er jetzt mit seinem Gesprächspartner Russisch reden.

Als sich dann herausstellte, daß jener Herr im Begriff war, am gleichen Tag in seinem Wagen ebenfalls nach Washington aufzubrechen, dauerte es keine fünf Minuten und Sinha änderte seine Pläne. Er gab seinen Flug auf und fuhr die 2000 Kilometer nach Washington mit Mr. X im Auto. Da es unterwegs allerlei zu sehen gab, war die Verspätung von drei Tagen in seinen Augen ganz gerechtfertigt.

Wenn man Sinha in Hamburg in einen Zug nach Köln steckt, dann bringt er es fertig, in Frankfurt am Main zu landen. Ihn bei irgendwelchen Freunden anzusagen, ist vollkommen zwecklos, weil auf dem Wege dorthin stets irgend etwas eintritt, was seine Phantasie fesselt, und das heißt bei ihm, den ganzen Menschen in Fesseln legt.

Frankfurt am Main war übrigens ein besonderes Bindeglied zwischen uns. Es stellte sich nämlich heraus, daß er fast zur gleichen Zeit mit mir bei denselben Professoren Volkswirtschaft studiert hatte. Viele Namen rief er mir ins Gedächtnis zurück, die ich längst vergessen hatte. Auch er hatte in Frankfurt am Main ein gut Teil seiner Tage in der Bibliothek des Sozialwissenschaftlichen Instituts – von den Kritikern »Café Marx« genannt – zugebracht. Doch war er auf so ungewöhnliche Weise in jene Stadt gelangt wie sicher kein anderer der damaligen Studenten.

Sinha ist irgendwo im östlichen Indien in einer sehr armseligen Gegend geboren worden. Er wuchs wie Millionen von Indern mit wenig Nahrung und ziemlich viel Prügel auf. Als er etwa zehn Jahre alt war, fügte es sich, daß Gandhi auf einer seiner Kampa-

Satyanarayan Sinha

gnen auch in jenes Dorf kam. Der Mahatma wurde auf ihn aufmerksam und forderte den Jungen auf, sich im nächsten Jahr an einem der von ihm eingeführten Spinnwettbewerbe zu beteiligen.

Als es soweit war, ging der junge Sinha als erster durchs Ziel. Zur Belohnung wurde er eingeladen, in Gandhis Aschram einzuziehen. Aber bald begann er die Spinnerei zu hassen. Auch konnte er sich mit der spezifischen Mischung von *austerity* und Frömmigkeit nicht recht abfinden. Sein Traum galt Tagores Schule in Santiniketan, wo Philosophie, Musik und Tanz gelehrt wurden – ein Lehrer hatte ihm davon vorgeschwärmt. Schließlich stimmte der Meister zu, der Junge durfte nach Santiniketan, wo er vielerlei lernte, unter anderem auch Englisch. Nach zwei Jahren, mittlerweile war es 1926, war seine Lehrzeit beendet. Er mußte zurück nach Haus.

Aber nach dem Erlebnis von Tagores Schule schien das Zuhause so trostlos, daß er mit 13 Jahren ausriß und ein Leben auf eigene Faust begann. Zunächst gelangte er nach Benares: Gelegenheitsarbeit, unerwartete Hilfen, voraussehbares Elend, beglückende Freundschaften . . .

Durch irgendeinen verdienstvollen Zufall kam er schließlich in Beziehung zu einer Art Stiftsschule. Ein Lehrer fand Gefallen an ihm. Er nahm ihn als Schüler an, was damals bedeutete, daß er die Verantwortung für den Schüler übernahm. Er mußte zusehen, daß dieser von den gespendeten Speisen seinen Teil bekam und daß er von Zeit zu Zeit bei jeweils einem anderen Lehrer zum Essen eingeladen wurde.

»Und wo schliefen Sie?« fragte ich Sinha, als er mir diese Schule beschrieb. »Wissen Sie . . . «, so fangen viele seiner Sätze an, »wissen Sie, dort braucht man keine Wohnung. Am schönsten und kühlsten ist es, am Ganges zu schlafen. Und manchmal habe ich die Nächte auch auf der Veranda des Lehrers verbracht.«

Satyanarayan studierte Buddhismus, Sanskrit, Geschichte, Archäologie. Der Lehrer unternahm viele Reisen und wochenlange Wanderungen durch ganz Indien. Er führte seine Schüler zu den Ursprüngen der indischen Geschichte, zu berühmten Tempeln, zu den Stätten, wo Buddha gelebt hat. Er, der später ein bekannter

Führer der sozialistischen Partei und ein enger Freund Nehrus wurde, hatte seinen Schülern gleich von vornherein gesagt: »I won't force any learning on you. To get educated is your own responsibility.« Und dieses System hat funktioniert.

Satyanarayan, von seinen Freunden Satya genannt, hat diese Gelegenheit gierig wahrgenommen: Es gab eine gute, offene Bibliothek, er las viel und lernte mit großer Passion. Damals wurde das Fundament seines Wissens und seiner Bildung gelegt, vor allem indem sein Interesse für Menschen, Geschichte und Dichtung geweckt worden ist. Sinha überrascht einen immer wieder mit einer profunden Kenntnis der komplizierten historischen und kulturellen Geschichte Zentralasiens. Vor allem Tibet und dem Himalaja-Gebiet, das er wie kaum ein anderer kennt, gilt seine besondere Liebe.

Nebenbei geriet er in jener Zeit, was für einen aufgeweckten jungen Menschen ganz zwangsläufig war, in die beginnende antibritische Guerillatätigkeit der indischen Nationalisten: Bomben wurden gebastelt, Protestmärsche inszeniert, Verhaftungen und Exekutionen fanden statt. Mag sein, daß dies mit ein Grund war, warum der Lehrer ihm nach Ablauf von drei Jahren erklärte, er könne nun in dieser Schule nichts mehr lernen, er solle ins Ausland gehen, nach Ceylon in eine Art College, das von Buddhisten geleitet wurde. Damals und dort nahm das abenteuerliche Leben des Satyanarayan Sinha seinen Anfang.

Der inzwischen Sechzehnjährige war noch nicht lange dort, da nahm ihn eines Tages ein Bekannter zum Hafen mit, weil er dort etwas mit dem Zahlmeister eines Schiffes zu regeln hatte. Das Schiff hieß »Orsowa« und gehörte der Orient-Linie. Auf dem Weg von Australien nach London ankerte es in Colombo, um Wasser und Proviant an Bord zu nehmen. Der junge Inder erforschte alle Winkel und durchstreifte alle Gänge. Schließlich kam er zu einer Kabine und war hingerissen von der Ausstattung: Ein weiß bezogenes Bett mit weichen Kissen und glänzender Decke – so etwas hatte er noch nie gesehen. Er setzte sich einen Augenblick auf den Rand des Bettes, dann probierte er aus, wie es ist, wenn man sich lang ausstreckt, und bald schlief er ein.

Er wachte erst wieder auf, als er das regelmäßige Stampfen der

Maschine und das Plätschern der Wellen hörte. Der Kapitän war wütend, die Mannschaft unfreundlich, der einzige, der sich seiner annahm und für ihn sorgte, war der rothaarige, spitzbärtige Koch Kassimow, weil der Junge wiederum der einzige war, der aufmerksam zuhörte, wenn jener von seinen Abenteuern, vornehmlich amouröser Art, berichtete. Kassimow war es auch, der dafür sorgte, daß Satya nicht schon in Port Said, dem ersten Stopp nach Colombo, von Bord mußte, sondern erst in Neapel. Kein Zweifel, daß dies in einer zunächst nicht voraussehbaren Weise sein ganzes weiteres Leben bestimmt hat.

In Neapel nämlich überantwortete Kassimow den blinden Passagier einem Fischer aus Sorrent, mit dem er gerade einen vermutlich illegalen Handel abgeschlossen hatte, und trug ihm auf, dafür zu sorgen, daß jener irgendwo unterkomme. In Sorrent angelangt, berieten die Fischer im Hafen, was man mit dem fremdländisch gekleideten Knaben, der sich mit niemandem verständigen konnte, wohl machen könne. Einer von ihnen beschrieb ihm schließlich den Weg zu einer Villa, wo, wie er meinte, einer wohne, der wahrscheinlich sein Landsmann sei.

Satya stieg den Weg hinauf und blieb vor dem Tor der Villa stehen. Hinten im Garten arbeitete ein großer alter Mann, ein Riese, der alles sein konnte, nur kein Inder. Nach einiger Zeit schlurfte der große alte Mann zum Tor, um zu sehen, was der wunderliche Knabe von ihm wolle. Dieser deutete an, daß er Hunger habe, und also sprach der Riese: »Komm herein.«

Er ließ dann ein Mädchen aus der Nachbarschaft kommen, das Englisch verstand und dolmetschen konnte. Und so erfuhr er von der abenteuerlichen Reise des jungen Inders, und dieser erfuhr, daß er im Hause von Maxim Gorki gelandet war. Gorki, den die Geschichte des Knaben amüsierte – die Abenteuer des spitzbärtigen, rothaarigen Kochs inspirierten ihn später zu der Novelle »Kassimow« –, behielt ihn bei sich. Als er schließlich hörte, daß dessen Herzenswunsch darauf gerichtet war, die Engländer aus Indien zu vertreiben, also ein Freiheitskämpfer zu werden, begann der alte Revolutionär sich ernsthaft für ihn zu interessieren: »Du mußt in die Sowjetunion, nur dort bringen sie dir das Notwendige bei. Aber die Vorbereitungen dauern lang. In der Zwischenzeit gehst du am besten auf eine Universität, zum Beispiel nach Berlin, und lernst dort etwas Vernünftiges.«

Gorki hat von 1906 bis 1917 seiner Gesundheit wegen in Capri gelebt; dann war er nach dem Ausbruch der Oktober-Revolution in die Sowjetunion zurückgekehrt, hatte sie aber nach Lenins Tod wieder verlassen, weil ihn die Entwicklung enttäuschte. Er blieb bis 1932 in Sorrent und kehrte dann endgültig nach Moskau zurück. Auch in seinen späteren Jahren hat er sich dort um Satya gekümmert. Zunächst aber kaufte er ihm eine richtige Hose: »Ohne Hose kannst du keine Karriere machen« und ein Billett nach Berlin. Er trug ihm auf, sich dort bei der Liga gegen den Imperialismus zu melden, deren Präsident er war. Auch einen provisorischen Ausweis verschaffte er ihm.

Wenn Satya über seine Ankunft in Berlin erzählt, staunt man, daß er sich an jeden Namen und jede Adresse erinnert, obgleich das Ganze inzwischen Jahrzehnte her ist. »Vom Anhalter Bahnhof«, so berichtet er, »ging ich sofort zur Liga. Sie befand sich in der Friedrichstraße 24, ganz nah bei Aschinger, wo es einen sehr guten, billigen Studententisch gab. Chef der Liga in Berlin war damals ein alter indischer Revolutionär, Virendranath Chattopadhyahya, genannt Chatto, der in der Uhlandstraße 179 wohnte.« Satya erzählt vom indischen Informationsbüro in der Mauerstraße, von seinen Freunden Bindewald in Wannsee, die ihn einluden, in ihrem Haus zu wohnen, und mit denen er immer noch in Verbindung steht. Schlachtensee, Krumme Lanke, Nikolassee, das sind Namen, die ihm ganz geläufig von den Lippen gehen.

Das indische Informationsbüro, das eine Zweigstelle der Kongreß-Partei war, wurde von Nambia, dem späteren Botschafter Indiens in Bonn, geleitet. Seine Sekretärin, Eva Geissler, die heute in Zürich lebt, half Satya, ein Gesuch an die Universität in Frankfurt aufzusetzen, weil zu den dortigen Linken gute Beziehungen bestanden. Der Antrag hatte Erfolg, Satya wurde zugelassen. Und es fand sich auch ein Professor, der einst in Sanitiketan gewesen war und der sich dafür einsetzte, daß der junge Inder ein Humboldt-Stipendium bekam.

Ein anderer Professor schenkte ihm ein altes Fahrrad – Marke

»Dürrkopf«, wie Satya sich erinnert –, mit dem er in den Ferien durch Europa radelte. Das erste Mal nach Brüssel und Paris, das nächste Mal nach Hamburg, Kopenhagen, Oslo, Stockholm, Haparanda und wieder zurück. Ich kenne außer Satya niemanden, der stets und überall auf so viel freudige Hilfsbereitschaft stößt und dessen Weg durch so viele glückliche Fügungen gekennzeichnet ist. Freilich würde dies ohne sein unbewußtes Mitwirken sicherlich nicht geschehen: seine besinnungslose Bereitschaft, sich treiben zu lassen, seine fröhliche Begeisterung für alles Neue, Ungewöhnliche und Spannende schließen viele Menschen auf und wecken den Wunsch, wenigstens solange er erzählt, mit ihm auf dem fliegenden Teppich zu sitzen.

Satya bestand sein Doktorexamen in Frankfurt, wobei die prüfenden Professoren wohl beide Augen zugedrückt haben müssen, denn das ganze Studium hat nur knapp drei Jahre gedauert. Als er wieder nach Berlin kam, fand Chatto, es sei nun wirklich Zeit, das bürgerliche Leben hinter sich zu lassen und endlich zum praktizierenden Revolutionär zu werden. Satya wurde heimlich – den Augen der deutschen Polizei verborgen – auf ein sowjetisches Schiff geschleust und reiste gen Leningrad, wo er im April 1932 landete. Dort nahm ihn die Komintern in Empfang, um ihn auszubilden und dann nach Indien zurückzuschicken.

Satya erhielt einen Paß, ausgestellt auf den Namen Alexander Sergewitsch Gregoriew. Geburtsort: Odessa; Geburtsdatum: 8. November 1907. Nun war er also sowjetischer Bürger. »Wieso eigentlich Geburtsdatum 1907?« fragte ich, »dies ist schon das dritte Geburtsdatum, von dem ich weiß. Was stimmt denn nun eigentlich? Und wie ist das überhaupt mit Ihren Pässen? Wann und wo haben Sie denn den ersten richtigen bekommen?«

Ich bemerkte voller Schrecken, daß der Ton dieser Frage indigniert und vorwurfsvoll klang, aber ich war an der Aufgabe, biographische Ordnung in Satyas Leben zu bringen, bereits total verzweifelt. Er selbst sah auch ganz erschrocken aus, wie sollte er das, was für ihn doch ganz sonnenklar war, jemandem erklären, der offenbar vollkommen andere Vorstellungen hatte. Seine überraschende Antwort lautete: »Einen Paß, so richtig, wie Sie meinen, habe ich noch nie besessen.«

»Ja, aber der jetzige muß doch richtig sein? Zeigen Sie ihn doch mal!« Satya gab mir seinen Paß. Ich las: Name: Sinha – Vorname: Satya, Narain. Geburtsdatum: Oktober 1910.

»Ja, der Vorname stimmt nicht, das sehe ich. Und das Geburtsdatum?«

»Ich sagte schon, ich bin nicht im Oktober 1910, sondern im März 1913 geboren. Der Irrtum mit dem Vornamen ist vielleicht aus meiner deutschen Zeit übriggeblieben. Da meinte man, ich hieße mit Vornamen Satya und mit Nachnamen Narain. Und da mir das ganz und gar gleichgültig war, ließ ich es dabei, und darum ist auch mein Doktor-Diplom auf diesen Namen ausgestellt.« Sinha blickte zögernd vor sich hin – ich hatte das Gefühl, daß noch irgend etwas kommen werde und wartete geduldig.

»Und wissen Sie«, es klang sehr zögernd, »eigentlich heiße ich auch gar nicht Sinha.«

»Sondern?«

»Mein Vater hieß Sing.«

»Und wo und wann wurde aus dem Sing der Sinha?«

»In Addis Abeba 1936. Der englische Botschafter Sir Sydney Barton dachte, ich sei ein Sohn von Lord Sinha, dem einzigen Inder, der im englischen Oberhaus saß, und weil ich meinen Paß verloren hatte . . .«

»Es wird immer abenteuerlicher . . .«

»Sie haben recht. Aber wenn Sie wollen, können Sie ja im ›Hansard‹ nachlesen: Im britischen Parlament hat William Gallacher, ein kommunistischer Abgeordneter, im März 1936 eine Anfrage, meinen Paß und meinen Status in Äthiopien betreffend, gestellt.«

Merkwürdig, da kannte ich Sinha nun seit 15 Jahren, und jetzt stellte sich heraus, daß ich gar nicht Sinha, sondern Sing kannte. Aber ich will den Faden erst einmal wieder aufnehmen, wo er abgerissen ist, in Moskau.

Die ersten Monate in Moskau waren für ihn reich an Enttäuschungen gewesen: die Komintern-Funktionäre hatten keinerlei Respekt vor Indiens Freiheitskampf. Sie erklärten, Gandhi sei ein Agent der britischen Imperialisten und der *National Congress* eine höchst reaktionäre Organisation. Aber an Ausbrechen war nicht zu denken. Satya blieb sechs Monate in Moskau und kam von dort aus im Herbst nach Kowrow, dem militärischen Trainingszentrum der Komintern.

Seine erste Verwendung nach beendeter Ausbildung erhielt er in einer Kosaken-Einheit, die in Sinkiang stationiert war. Sinkiang gehörte damals nominell zu China, aber das ferne Peking war nicht in der Lage, dort wirklich die Herrschaft auszuüben: In Kashgar waren es die Engländer, die als Beherrscher Indiens den Einfluß besaßen. Das gesamte Ili-Tal war in russischer Hand, und in Urumchi, der heutigen Hauptstadt der chinesischen autonomen Region Sinkiang, hatten die Sowjets mehr zu sagen als die Chinesen. Während fast eines Jahrhunderts fanden in Sinkiang ständig Aufstände der islamischen Turkvölker gegen die chinesische Oberhoheit statt, wovon vor allem die Russen profitierten. Wie die Äußere Mongolei war dieses Gebiet damals eine Art russische Kolonie, ein Pufferstaat zwischen Rußland und China. Nach dem Sieg Maos in China wurde Sinkiang erst Provinz und dann autonome Region der Volksrepublik China, die einen Teil der Kasachen, Kirgisen und Uguren umsiedelte und durch Chinesen ersetzte. Diese Maßnahmen haben in den ersten Jahren zu neuen Aufständen in Sinkiang geführt, sicher nicht ganz ohne Zutun der Sowjets, die dort ihren Einfluß eingebüßt hatten.

Stalin, der seinen Einfluß nach Süden auszudehnen gedachte, unterhielt an dieser Front keine militärischen Formationen, sondern Partisanenverbände, die die Aufgabe hatten, in ständigen Vorstößen allmählich immer mehr Land unter Kontrolle zu bringen. Meist mußten sie im Kampf mit dem Gegner erst einmal die Waffen erobern, mit denen dieser dann geschlagen oder vertrieben werden sollte. Satya wurde einer solchen Einheit als Hauptmann zugewiesen, weil man wohl annahm, daß er als Inder dort seine nationalen Interessen gegen den Einfluß der Engländer mit Passion entfalten werde, und weil er auch einige Brocken der dortigen Sprachen beherrschte.

Aus seinen Erzählungen über diese Zeit ist mir außer dem häufig wiederkehrenden Wort »Wodka« nur die Art und Weise in Erinnerung geblieben, wie er das Bevölkerungsproblem dieser Grenzgebiete zu lösen versuchte. In jener Gegend war nämlich das

Zahlenverhältnis zwischen Burschen und Mädchen sehr ungünstig: auf jeweils hundert Burschen kamen nur etwa fünfzig Mädchen. Dieser beklagenswerte Zustand war, so hieß es, deswegen schwer zu ändern, weil nach der Sitte des Landes bei jeder Brautwerbung ein Kamel, vier Maulesel und acht Ziegen für ein Mädchen offeriert werden mußten.

Hauptmann Satya erklärte: »Zum Teufel, dann werden wir die Landessitten ändern. Von jetzt ab wird nach buddhistischer Sitte geheiratet. Bis heute abend«, so befahl er, »holt ihr fünfzig Mädchen von der anderen Seite herüber, nach Sonnenuntergang halten wir dann die Hochzeitszeremonie und machen ein Fest.« Alle mußten »Mano Buddha« sagen – wir beten zu Buddha –, und damit war die Eheschließung vollzogen. Eine wenig kostspielige Methode, die allergrößten Beifall fand und den Erfinder sehr populär machte.

Im übrigen lernte Satya in jener Zeit fliegen und entdeckte seine Liebe für Zentralasien.

Als Satya 1934 nach Moskau zurückkehrte, hatten dort die Säuberungsprozesse gerade begonnen. Kirow war bereits umgebracht worden, viele Köpfe rollten, Angst und Schrecken breiteten sich aus. Als er Gorki wiedersah, sagte dieser: »Ich habe dich damals hierhergebracht, ich werde auch dafür sorgen, daß du heil wieder herauskommst.« So verließ Satya denn nach zwei Jahren die Sowjetunion. Der neue Sowjetbürger verwandelte sich wieder in einen Inder ohne Paß.

Von allen Geschichten aus jener Zeit in der Sowjetunion kann ich die aufregendste auf keine Weise nachprüfen. Darum will ich sie wörtlich, also in seinen Worten – ich bat ihn, sie niederzuschreiben –, hier wiedergeben. Vorausschicken muß ich, daß er während der sechs Monate, die er am Anfang in Moskau war, oft in Gorkis Haus in der Nikitinskie Worote, Ecke Tolstoi-Straße, zum Vier-Uhr-Mittagessen eingeladen war. Gewöhnlich blieb er dann bis zum späten Abend und lernte in einer Ecke des Studierzimmers Russisch. Übrigens hat er die Sprache so perfekt gelernt, daß er später einen Teil der Unterhaltungen, die Nehru mit Chruschtschow führte, gedolmetscht hat.

In Sinhas Bericht heißt es: »Am 15. Jahrestag der Oktober-Revolution, am 8. November 1932, marschierte ich mit einer Komintern-Einheit auf dem Roten Platz am Lenin-Mausoleum vorbei, auf dem Stalin mit den Mitgliedern des Politbüros Position bezogen hatte – auch Gorki stand dort oben.

An jenem Tage aßen wir erst um acht Uhr abends das übliche Mittagessen. Dann ging Gorki in sein Arbeitszimmer, und ich schwätzte mit Marfa, einer seiner Enkelinnen. Plötzlich erschienen ein paar der grün uniformierten Kreml-Garden, und im nächsten Augenblick betrat Stalin das Zimmer. Dies war keineswegs ungewöhnlich, aber diesmal wirkte sein pockennarbiges Gesicht ganz farblos. An der Hand führte er seine sechsjährige Tochter Swetlana. Er verschwand sofort im Arbeitszimmer von Gorki, während ›Swetoschka‹ sich zu Marfa gesellte. Nachdem Stalin wieder gegangen war, ging ich zu Gorki. Der alte Mann saß da mit geschlossenen Augen, schlug sich mit beiden Händen an die Stirn und stieß flüsternd die Worte aus: ›Dieser Mörder, dieser schreckliche Mörder!‹, und nach einiger Zeit: ›Stalin hat Nadeschda getötet. Er hat Swetlana hierhergebracht, damit sie die Leiche ihrer Mutter nicht sieht!‹« Satyas Bericht fährt fort: »An jenem Abend blieb ich noch lange bei Gorki. Er nahm Tolstois ›Kreutzersonate‹ zur Hand und bat mich, ihm eine bestimmte Passage daraus vorzulesen. Dann sprach er wieder: ›Stalin hat den Verdacht, daß seine Frau den jungen Krischasanowski liebte, der als Diplomat an der Botschaft in Berlin ist, weil sie sich für ihn einsetzte, als er hingerichtet werden sollte. Das Ganze ist wahrscheinlich nichts als eine Machenschaft der Geheimpolizei. Von nun an ist niemand mehr sicher, auch ich nicht, es sei denn, ich würde Stalin noch lauter preisen, als die anderen es tun.‹«

Im Laufe der Jahre habe ich viele phantastische Geschichten von Satya gehört, aber immer eher zufällig und ohne jede chronologische Ordnung. Einmal beispielsweise sprachen wir über Tiger in Indien und Löwen in Afrika, worauf er von einem weißen *lion cub* zu schwärmen begann, das ihm einmal geschenkt worden sei. »Weiße Löwen-Babys bekommen nur Kaiser oder sehr hohe Würdenträger geschenkt«, warf ich ein. Er bemerkte sofort den ungläubigen Unterton und sagte trotzig: »Ich aber bekam es von einem Kaiser geschenkt.«

»Wohl vom Kaiser von China?«

»Nein, vom Kaiser Haile Selassie in Abessinien.«

Wie er denn dorthin gekommen sei, wollte ich wissen.

»Ich war doch Korrespondent für eine Nachrichten-Agentur.«

»Und bekam jeder Korrespondent in Addis Abeba vom Kaiser einen jungen weißen Löwen geschenkt?«

»Nein, aber ich habe für den Kaiser gegen die Italiener gekämpft.«

»Aber Korrespondenten schreiben doch und schießen nicht...«

Schließlich kam folgende Geschichte zutage. Irgendwann, nachdem Satya aus Rußland zurückgekehrt war, wurde er durch Vermittlung von Hendryk de Man, der bis zum Ausbruch des Dritten Reiches Professor in Frankfurt gewesen war, wo auch ich ihn kennen- und achtengelernt hatte, Korrespondent für die *Europa-Presse*. Hendryk de Man, der später belgischer Ministerpräsident wurde, war damals, 1935, Arbeitsminister in Brüssel. De Man besorgte ihm auch einen Nansen-Paß.

Die Agentur schickte Satya im September 1935 nach Äthiopien, wo sich gerade düstere Wolken zusammenbrauten. Schon die Reise dorthin war reich an Abenteuern. Er kaufte unterwegs an der Grenze zwischen Sudan, Eritrea und Äthiopien eine junge Sklavin frei, um sie wieder nach Hause zurückzubringen. Aber diese Großherzigkeit trug ihr nicht die Freiheit ein, sondern den Tod, weil die Karawane unterwegs von irgendwelchen wilden Stämmen überfallen wurde. Doch will ich hier alle diese Arabesken weglassen, um zum Kern der Sache zu kommen:

Als Satya, der ja den Partisanenkrieg sozusagen an der Quelle studiert hatte, in Addis ankam, stellte er fest, daß die Äthiopier so gut wie überhaupt nicht auf den Krieg vorbereitet waren. Seiner Betriebsamkeit gelang es, von der Schweizer Firma Oerlikon für Äthiopien eine Reihe von 200-mm-Flugabwehrgeschützen zu erwerben. In der ersten Schlacht, die im Frühjahr 1936 bei Wabbischibili stattfand, wurden diese Waffen eingesetzt. Satya hatte sich während dieser Zeit so sehr für die Sache begeistert, daß er seinen Korrespondenten-Status vergaß und Kombattant wurde.

Viel Erfolg als Berichterstatter hatte er ohnehin nicht gehabt. Nur wenige seiner Berichte wurden in der europäischen Presse gedruckt; keiner glaubte ihm die italienischen Grausamkeiten, die er schilderte, niemand hielt seine Berichte für objektiv – außer dem Kaiser, der von ihnen gehört hatte und Sinha zum Dank jenes weiße Löwen-Baby schenkte.

Als Addis im April 1936 erobert wurde, der Kaiser nach England flüchtete und das große Chaos ausbrach, mußte auch Satya, der auf der italienischen Fahndungsliste stand, so rasch wie möglich verschwinden. Über Französisch-Somaliland erreichte er Djibouti und fand ein französisches Schiff namens »Anger«, das nach Schanghai unterwegs war.

Froh, endlich einen roten Faden in der Hand zu haben, fragte ich: »Sind Sie denn damals direkt von Rußland nach Äthiopien gegangen?«

»Wissen Sie, als ich von Moskau nach Deutschland zurückkam, sagte man mir, daß ich mein Doktor-Diplom nicht bekomme, solange die Dissertation nicht gedruckt ist. Dafür aber fehlte das Geld. So ging ich im Herbst 1934 für sechs Monate in eine Fabrik, um Geld zu verdienen. Es war eine Zuckerrübenfabrik in Klein-Wanzleben bei Magdeburg. Die Fabrik hieß Rabethge und Gieseke.«

Diese sächsische Einlage bei Rabethge und Gieseke zwischen Stalin und Haile Selassie schien mir sehr typisch für Sinha, aber höchst originell für einen Abenteurer, der ja wohl auch ohne Doktortitel durchs Leben hätte kommen können. Sinha ist eben nicht nur ein Abenteurer, sondern er ist zugleich überlegt, präzis, konsequent und ausdauernd.

»Ja, und dann, was geschah in Schanghai?«

»Dorthin bin ich nie gekommen. Als wir in Madras vor Anker gingen, war die Versuchung zu groß: nach sechs Jahren wollte ich endlich wieder einmal in Indien sein. Einem Techniker, der an Bord kam, gefiel mein Anzug so gut; da tauschten wir, und ich ging als Madrasi-Monteur verkleidet an Land, fuhr nach Kalkutta und von da aus zu Tagore.«

Offenbar hat Sinha sich dann längere Zeit mit Schreiben über Wasser gehalten: er verfaßte eine Serie, in der er seine Erlebnisse für *Ogonjonek*, die größte Illustrierte des Landes, schilderte. In einer der Illustrationen, einer Zeichnung von Vicochy, ist auch die Begegnung zwischen Gorki und dem jungen Inder in Sorrent festgehalten worden. Eine ganze Reihe von Büchern, vornehmlich Reisebeschreibungen, entstanden damals, meist in Hindi oder Bengali; später kamen auch fünf oder sechs Bücher in englischer Sprache heraus. In der Rubrik Beruf steht denn auch in Sinhas heutigem Paß: »Autor«.

»Ich kann nicht glauben, Satya, daß Sie der Versuchung, im Freiheitskampf erneut Bomben zu basteln, widerstehen konnten.«

»Doch, einige Jahre schon, ich war damals Lehrer in Benares an meiner alten Schule, aber nachdem der Zweite Weltkrieg ausgebrochen war, verkündete Gandhi die *Do-or-die*-Bewegung, und da habe ich dann auch wieder mitgemacht.«

Als ihm der Boden zu heiß wurde, verließ er Indien und ging nach Tibet. Ein paar Jahre hat er dort gelebt, ist immer wieder heimlich hin- und hergegangen, meist über Sikkim, manchmal über Nepal oder auch Kulu Valley. In jener Zeit hat Satya eine intime Kenntnis von Land und Leuten in Tibet und den Nachbargebieten erworben, die ihm später sehr nützlich sein sollte.

»Also sind Sie ums Gefängnis herumgekommen?«

»Nein, keineswegs. Von 1942 bis zum Kriegsende, also zweieinhalb Jahre lang, war ich eingesperrt.«

»Und warum?«

»Ich hatte sozusagen fünf Engländer getötet.«

»Was heißt sozusagen, Satya?«

»Das heißt, ich war nicht allein, sondern ich war der Führer einer Gruppe von etwa 20 Leuten, die in Bihar, wo ich damals lebte, eine Einheit bildeten.«

Und dann erzählte er folgende Geschichte: Eines Tages, es war Herbst 1942, hatten er und seine Gruppe gehört, daß englische Soldaten in einem Nachbardorf Frauen vergewaltigt hatten. Nach seiner Meinung tun nur Banditen so etwas und nicht Soldaten. Darum mußten sie bestraft werden. Die Gruppe, unter Führung von Sinha, trieb die Engländer in ein Maisfeld, dann, so sagte er, »haben wir sie umzingelt, ihnen die Gewehre abgenommen und sie erschossen«. Abends und am nächsten Morgen beim Appell fehlten sie. Man hat nie herausgefunden, was passiert ist, aber man hatte Sinha im Verdacht, und darum verhaftete man ihn, obgleich bis zu seiner Entlassung im Sommer 1945 keine Beweise vorlagen. Als Zeuge dafür, daß seine Handlung durchaus rechtens war, beruft er sich auf Sir Francis Tucker.

»Was hatte denn der damit zu tun?« Diese Frage förderte wieder eine erstaunliche Geschichte zutage:

»Wissen Sie, 1963 war ich in London. Ich wollte erreichen, daß mein in englischer Sprache geschriebenes Buch über den beginnenden Konflikt mit den Chinesen, ›China strikes‹, in England verlegt würde. Aber ich fand keinen Verleger. Verzweifelt und ärgerlich saß ich auf dem Trafalgar Square, da sah ich plötzlich General Timayya vorbeigehen.« Timayya, der von 1957–1961 Oberbefehlshaber der indischen Streitkräfte gewesen war, nahm damals als Mitglied des Londoner ISS-Instituts an einer von dessen Sitzungen teil.

Ich selber hatte Timayya Jahre zuvor in Indien kennengelernt und freute mich, daß er und Sinha auf dem Rückweg von London nach Delhi in Hamburg bei mir zu Gast waren. Auf diese Weise hatte ich auch gleich eine Bestätigung für die Begegnung auf dem Trafalgar Square, die mir sonst vielleicht eher unglaubwürdig erschienen wäre.

Timayya, der das Manuskript kannte, fand einen Verleger, der es aber seinerseits zuvor einem Experten, Sir Francis Tucker, zur Begutachtung vorlegte. Tucker war zu jener Zeit – also Anfang der vierziger Jahre – Kommandeur der IV. Division in Nord-Bihar gewesen, der Provinz, in der Sinha und seine Leute operierten. Tucker bat Sinha zu sich und fragte im Laufe des Gesprächs: »Waren Sie nicht der Mann, der damals fünf englische Soldaten . . . « »Wenn es Soldaten gewesen wären, hätten sie gegen Männer gekämpft und nicht Frauen vergewaltigt.« Sinha bestand auf seiner Interpretation. Ob es stimmt, daß Sir Francis Tucker ihm schließlich zustimmte, weiß ich nicht, aber jedenfalls schrieb dieser eine sehr positive Kritik des Buches im britischen *Army, Navy and Airforce Journal*.

Nach dem Krieg und nach der Unabhängigkeitserklärung Indiens wurde Sinha als Diplomat nach Europa geschickt – zunächst als politischer Berater zur Militärmission nach Berlin, später als Erster Sekretär nach Bern. Als aber Nehru 1951, nachdem die

Chinesen in Lhasa eingezogen waren, aus Rücksicht auf Peking das Asylgesuch des Dalai Lama abschlug, quittierte Sinha den diplomatischen Dienst und wurde Abgeordneter. Er war zornig über den Mangel an Solidarität und auch darüber, daß seine Vorhaltungen und die Landkarten des Kominform, die er in Prag entdeckt hatte, von Delhi nicht ernst genommen wurden. Dabei zeigten sie doch deutlich, daß die Chinesen im westlichen Himalaja, also in Ladak, und ebenso im östlichen Himalaja, im Bereich der *North-East Frontier*, territoriale Ambitionen hatten. So löste denn auch seine Jungfernrede im Parlament, die diesem Gegenstand gewidmet war, einen richtigen Aufstand aus. Die *New York Times* vom 4. Juni 1952 schrieb auf der ersten Seite ihrer internationalen Ausgabe: »Ein vollgestopftes Haus hörte mit großer Aufmerksamkeit, ständig durch kommunistische Abgeordnete unterbrochen, eine vorzüglich dokumentierte Rede, in der die Behauptung aufgestellt wurde, daß die sowjetische Strategie auf die Übernahme Indiens abziele. Die Rede wurde von einem 38 Jahre alten Mitglied des Parlaments gehalten, von Dr. S. Sinha, der Hauptmann in der sowjetischen Armee gewesen ist . . . Bewaffnet mit vielen Dokumenten, Landkarten und Geheimpapieren, belegte er seine Anschuldigungen, daß die Kommunisten in allen Teilen des Landes Aufstände planten. Die kommunistischen Abgeordneten schrien lauthals ›Maul halten!‹, wurden aber von den Kongreßmitgliedern übertönt.«

Sinha hatte 1950 in Berlin die Geheimprotokolle des Hitler-Stalin-Pakts gesehen, die damals, zu Stalins Lebzeiten, noch nicht bekannt waren, und hatte deren Inhalt nun zum besten gegeben. In diesen Protokollen wurde festgestellt, wo jeweils »das Zentrum der territorialen Interessen« der Beteiligten lag: für Deutschland in Afrika, für Italien in Nord- und Nordost-Afrika, für Japan im Gebiet südlich von Japan, für die Sowjetunion »im Süden ihres Territoriums in Richtung auf den Indischen Ozean«! Am Schluß hieß es, daß »die Vier Mächte ihre jeweiligen territorialen Aspirationen wechselseitig respektieren werden und deren Verwirklichung nichts in den Weg legen würden«. Die Landkarten, die Sinha gleichzeitig vorlegte, waren ebenjene des Kominform, die die chinesischen Aspirationen in Indien darstellten.

Die Authentizität der Unterlagen wurde sogleich bestritten, und die ganze Angelegenheit als *The Sinha Case* einem Parlamentsausschuß zugewiesen. Nach sechs Monaten legte dieser seinen Bericht vor, der die Echtheit bestätigte (*House of the People-Committee of Privileges* »*The Sinha Case*«, *Parliament Secretariat, New Delhi,* September 1952). Aber, so schreibt Sinha in seinem Buch »China Strikes«, »auch dann waren die Behörden noch nicht bereit, die Eroberung Tibets durch China als den Auftakt der Attacke gegen Indien anzusehen.«

In den folgenden Jahren war sein ganzes Interesse auf die Himalaja-Region, auf Tibet und die chinesische Bedrohung konzentriert. Mit einem kleinen Flugzeug, das er für 800 DM aus den amerikanischen Surplus-Beständen erworben hatte, flog er kreuz und quer durch das Himalaja-Gebiet oder treckte zu Fuß mit seinen Freunden, tibetanischen Karawanenführern, durch die Berge.

Im Mai 1954, ausgerechnet an dem Tage, an dem das Parlament in New Delhi den Indisch-Chinesischen Vertrag debattierte, mit dem Tibets Freiheit verraten wurde, überbrachte ein Lama ihm einen Hilferuf aus Lhasa. In der Präambel jenes Vertrags waren zum erstenmal die *Panch-sheel,* die fünf Prinzipien außenpolitischen Verhaltens, niedergelegt, die die beiden Staaten gegenseitig zu respektieren versprachen: territoriale Integrität und Souveränität, Nichtangriff, Nichteinmischung, Gleichheit, friedliche Koexistenz.

Über diese Debatte berichtete der indische *The Statesman* unter dem 19. Mai 1954: Nehru erklärte, einige Abgeordnete hätten das Abkommen mit China über Tibet kritisiert und behauptet, es beweise nur Indiens Schwäche, und es sei falsch gewesen, es abzuschließen. Es sei aber ganz im Gegenteil klar, vernünftig und vertrauensbildend. Wer das nicht verstehe, sei einfach engstirnig . . . Dr. Sinhas Gerede über die früheren britischen Regelungen und sein Hinweis auf gewisse Landkarten – dazu könne er nur sagen, dies alles sei das Werk britischer Imperialisten. Und, so fügte Nehru hinzu, »die Unterschrift unter den Vertrag über Tibet ist das Beste, was wir im Bereich der Außenpolitik während der letzten sechs Jahre gemacht haben«. Damals ahnte Nehru noch nicht, wie bitter er dies 1962 bereuen sollte.

Sinha aber focht dies alles nicht an. Er flog, treckte und schnüffelte überall herum und versuchte, den Ereignissen und der Entwicklung auf der Spur zu bleiben – auch als er 1957 nicht wieder ins Parlament gewählt wurde. Ein wenig beruhigte ihn, daß er bei einem Besuch in Moskau erfahren hatte, die Sowjetunion werde die Bitte der Chinesen, zehn Divisionen mit Waffen auszurüsten, nicht erfüllen.

Im März 1959 erklärte der Dalai Lama, dessen Position immer unhaltbarer wurde, die Unabhängigkeit Tibets und löste damit eine allgemeine Rebellion im Lande aus. Sofort begann eine großangelegte Jagd auf ihn. Sinha erhielt in jenen Tagen eine Botschaft vom tibetischen Ministerpräsidenten Surkhang Shape, die ein zuverlässiger Karawanenführer namens Lobsam überbrachte. Er war 38 Tage von Lhasa nach Delhi unterwegs gewesen.

Die Botschaft bestätigte, daß der seit langem für den äußersten Notfall vorgesehene Plan am 10. März ausgelöst werde. Der Plan: eine Karawane mit einem Pseudo-Dalai Lama setzte sich in Marsch, während der richtige Dalai Lama, derweil als armer Lama verkleidet, an anderer Stelle nach Indien hereinschlüpfen sollte. Zusammen mit Lobsam flog Sinha nach Gantock und stieg von dort aus hinauf nach Phari, dem höchsten Dorf der Welt (5000 Meter), das er fünf Tage später erreichte. Dort waren die Khampa-Guerillas, die den Marsch des falschen Dalai Lama abdecken sollten, bereits versammelt.

Sinha und Lobsam übernahmen nun eine Karawane von 17 Maultieren, mit denen das seit Jahren versteckte Gold des Dalai Lama transportiert wurde, um zu versuchen, es nach Indien durchzuschleusen. Nach langen gefährlichen Märschen kamen sie an der Grenze an. Eisiger Wind fegte über den 5000 m hohen Paß, die chinesische Grenzwache fror zum Glück ebenso wie die »Pilger«, die ihre müden, ausgezehrten Maultiere mit ständigen Schlägen vorantreiben mußten.

»Was führt ihr mit?«

»Gold! Das Gold des Dalai Lama!«

»Macht keine dummen Witze, ihr Idioten, seht zu, daß ihr weiterkommt!«

Noch einmal, in ähnlicher Weise, spielte diese Szene sich bei den indischen Grenzwächtern ab, dann war der tibetanische Schatz gerettet, und der Jubel war groß. Ein Jahr später hatte die Sache noch ein Nachspiel: Als Tschou En-lai im Sommer 1960 nach Delhi kam, wurde Sinha gleich darauf zu Nehru bestellt, der ungemein wütend war. Er hatte vom chinesischen Ministerpräsidenten erfahren, daß es Sinha gewesen war, der das Gold aus Tibet heraustransportiert hatte, und daß seine Begleiter überdies unterwegs drei chinesische Soldaten umgebracht hatten. Nehrus Zorn war groß:

»Du also warst es, der das Gold nach Indien hereingeschmuggelt hat?«

»Geschmuggelt, wieso? Ich habe sowohl den chinesischen als auch unseren Grenzwachen gesagt, daß wir Gold transportieren.«

»Und wer hat dir erlaubt, nach Tibet hineinzugehen?«

»Sie selbst, Sir. Sie haben im Parlament gesagt, Indien hätte nichts dagegen, wenn Dr. Sinha, über welchen Paß auch immer, nach Tibet ginge!«

Sinha ist ein vorzüglicher Kenner Zentralasiens und seiner Probleme. Ich habe viel von ihm gelernt, vor allem, was die chinesisch-sowjetische Rivalität in diesem Gebiet anbetrifft, die sich der europäischen Perspektive im allgemeinen entzieht. Er hat schon in seinem 1961 erschienenen Buch »The Chinese Aggression« eine Landkarte abgedruckt, in der die indischen Territorien markiert sind, die die Chinesen dann ein Jahr später im Herbst 1962 mit Waffengewalt erobert haben.

Nach seiner Meinung haben die ersten Spannungen zwischen den beiden kommunistischen Großreichen schon 1957 begonnen; bis dahin wurden alle militärischen Lieferungen aus der Sowjetunion über die Eisenbahn nach Fernost geleitet. Von 1957 an ließ Peking dieses Material nur bis an die Grenze von Sinkiang verladen, um es von dort aus nach Kashgar zu schaffen, was den Argwohn der Sowjets wachrief. Außerdem zeigte sich, daß das im Oktober 1957 beschlossene »Abkommen über die neue Technik der nationalen Verteidigung«, das die sowjetische Hilfe beim Bau von Reaktoren und bei der nuklearen Forschung in China festlegte, schon bald darauf wieder in die Brüche ging.

Diese ganze Region südlich und östlich des Pamir, das Gebiet also, in dem die Sowjetunion, China, Indien und Afghanistan mehr oder weniger zusammenstoßen, ist für die Sowjets von allergrößter strategischer Bedeutung. Darum hat Moskau sich auch geweigert, die Bewaffnung für zehn chinesische Divisionen zu liefern, als deutlich wurde, daß diese Waffen für Sinkiang bestimmt waren. Spätestens dann, also zwischen 1957 und 1959, begann Moskau mit seinen Hilfeleistungen für die technische und militärische Ausrüstung Chinas zu zögern, im März 1960 wurden sie dann ganz gestoppt.

Sinha glaubt, daß, wenn je eine bewaffnete Auseinandersetzung zwischen China und der Sowjetunion stattfinden sollte, sie dort in jenem zentralasiatischen Bereich beginnen wird. Er meint, wenn die Chinesen ihren Träumen freien Lauf lassen, dann träumten sie, sie könnten eines Tages die im Nordosten Sinkiangs gelegene Äußere Mongolei auf dieselbe Weise annektieren wie Tibet in den fünfziger Jahren. Er, der ein Landkarten-Fetischist ist und von London bis Hongkong alle entsprechenden Buchläden nach alten und neuen Karten durchwühlt, behauptet, es gäbe auch bereits eine chinesische Karte, auf der die Äußere Mongolei als chinesisches Territorium markiert sei.

Im Jahre 1959 bekam auch Indien zum erstenmal die Krallen des chinesischen Drachen zu spüren, vor denen Sinha immer wieder gewarnt hatte. Im Oktober jenes Jahres überfielen die Chinesen aus heiterem Himmel die indischen Grenzwachen, die auf 5300 Meter Höhe am Kongka-Paß im Aksai-Chin-Gebiet stationiert waren, um den Zugang von Tibet nach Indien zu überwachen. Sie töteten dort ein Dutzend indischer Soldaten und wären, so glaubt Sinha, zweifellos schon damals über Indien hergefallen, wenn die Russen nicht in ebenjenem Moment den Transport aller Waffen in diesen Teil der Welt gestoppt hätten. Um so ärgerlicher war Sinha über Nehru, der auch jetzt noch nicht aufhörte, die zweitausendjährige chinesisch-indische Freundschaft zu preisen.

Die Chinesen hatten zwar nicht das Land im Aksai-Chin in Besitz genommen, aber sie hatten, ohne daß die Inder es bemerkt hätten, in jener abseitigen und unzugänglichen Ecke des Landes eine für sie lebenswichtige Straße gebaut. Diese Straße, die fast 200 Kilometer weit über indisches Territorium führt, stellt die einzige Verbindung dar zwischen Sinkiang und West-Tibet, das von Peking aus sonst nur sehr schwer zu erreichen war. Drei Jahre später, im Oktober 1962, erfolgte dann der chinesische Überfall auf Indien. Tschou En-lai stand nicht an, später zu erklären, es sei bedauerlich, daß Indien als Werkzeug der amerikanischen Imperialisten den Grenzkonflikt provoziert und die fünf Prinzipien der friedlichen Koexistenz verletzt habe!

Sinha hatte immer behauptet, der Sitz der chinesischen Handelsmission in Kalimpong sei das Hauptquartier des indischen Zweigs der chinesischen Komintern, ausgestattet mit Sendeanlagen und Abhörgeräten. Jedenfalls war die Wahl von Kalimpong strategisch außerordentlich geschickt und der Ort überdies seit langem ein Zentrum für alle asiatischen Geheimdienste. Ich war einmal im Jahr 1966 dort und wurde von Sinha sogleich zu jenem etwas außerhalb gelegenen Gebäude geführt, das er, seit die Chinesen es verlassen hatten, noch nicht besichtigt hatte – was er dann mit großer Gründlichkeit nachholte.

Ich kam damals aus Japan und Vietnam und hatte von unterwegs bei ihm angefragt, ob es möglich sei, zwei oder drei Wochen unter seiner Führung mit Maultieren im Himalaja zu trecken. Auf seine begeisterte Zustimmung hin flogen mein Neffe Hermann Hatzfeldt und ich nach Kalkutta.

Er hatte seine Ehre dareingesetzt, uns dort einen Empfang zu bereiten, wie er sonst nur allerhöchsten Würdenträgern zuteil wird. Weiß der Himmel, was er den Behörden erzählt haben mochte, jedenfalls hatte er es fertiggebracht, die Erlaubnis zu erwirken, ein altes, bresthaftes Taxi auf das Flugfeld zu beordern, von wo aus wir unter Umgehung der üblichen Formalitäten direkt in die Stadt fuhren. Ich hätte nie für möglich gehalten, daß die dem heiligen Bürokratius so freudig ergebenen Inder eine solche Verletzung ihrer Vorschriften zulassen würden. Übrigens rächte sich diese großzügige Geste später bitterlich, indem wir bei der Ausreise die allergrößten Schwierigkeiten hatten: Die Grenzpolizei wollte nicht glauben und konnte sich überhaupt nicht vorstellen, wieso wir ohne Stempel hatten einreisen können.

Inzwischen ist Sinha älter, aber nicht alt geworden. Noch vor einigen Jahren hat er als Mitglied des Sportclubs der Himalaja-Flieger, der HIPIA, zu der offenbar auch eine Reihe anderer Abenteurer gehören, ziemlich wilde Sachen unternommen. So haben er und seine Kameraden von einer Dornier 28 zwei, wie er schreibt, *12-feet-new-type teleguided bombs* auf eine chinesische Raketenbasis in Tibet geworfen; so sind sie ferner heimlich in Tibet gelandet, um einen besonders heiligen goldenen Buddha zu entführen, der in der Nähe eines Klosters versteckt war. Unter heftigem Beschuß gelang es ihnen, wieder zu starten und den Buddha an einen prominenten Pilgerort in Nord-Indien zu bringen: »Wenn Sie das nächste Mal kommen, zeige ich ihn Ihnen.«

Es könnte sein, daß Satyanarayan Sinha, der sein ganzes Leben lang aus der Hand in den Mund gelebt hat – wobei die Hand oft ganz leer war -, auf seine alten Tage noch richtig reich wird. Er hat ein großes Areal entdeckt mit reichhaltigem Phosphatvorkommen und hochprozentigem Uran, und er hat die Schürfrechte erworben. Auf die Frage, was in aller Welt er denn mit soviel Geld machen werde, antwortet er ohne Zögern: »Tibet befreien!«

Furchtlos im Kampf gegen Korruption

Mochtar Lubis

1976

Es hat lange Zeit gedauert, bis die ehemaligen Kolonialgebiete sich zu eigenen Persönlichkeiten gemausert hatten. Technisch hingen sie noch lange Zeit an der Nabelschnur ihrer europäischen Kolonialherren.

So konnte man noch in den sechziger Jahren nicht ohne weiteres innerhalb Westafrikas telefonieren, weil alle Leitungen strahlenförmig zum Zentrum Paris oder London gingen. Man konnte auch nicht von Westafrika direkt nach Ostafrika fliegen. Wer per Flugzeug von Accra nach Nairobi gelangen wollte, mußte zunächst von Accra zurück nach Europa und dann dort neu zum Flug nach Nairobi ansetzen.

Andererseits war es auch wieder verblüffend, wie oberflächlich die Tünche europäischer Zivilisation in diesen Ländern haftete, wie lebendig sich die eigenständige Welt darunter erhalten hat. Ich erinnere mich, wie sehr es mich beeindruckte, als ich dies zum erstenmal in Vietnam wahrnahm. Damals führten die Franzosen dort noch das Regiment: Es war 1954 – also kurz ehe sie, schwer geschlagen, den Rückzug antraten.

Saigon hatte zu jener Zeit ganz den Charakter einer südfranzösischen Stadt: schattige Alleen, hübsche kleine Restaurants, elegante Läden. Die Straßen hießen Boulevard Lattre de Tassigny, Avenue Foch . . . Ich kam aus Bangkok, wo es angesichts der fremden Schriftzeichen außerordentlich schwierig gewesen war, sich zurechtzufinden. Erfreut über die sichtbare Erleichterung, bestieg ich mit einer langen Adressenliste eines jener Miniaturwägelchen, die von radelnden Einheimischen fortbewegt werden.

232

Mochtar Lubis

Ich nahm sorglos Platz, sagte Boulevard Lattre de Tassigny 135, aber nichts geschah. Ich wiederholte die Adresse ein zweites und drittes Mal – nichts. Schließlich stieg ich aus und versuchte es mit einem anderen. Resultat: Wieder sah der Vietnamese mich verständnislos an; ich hätte ebensogut *ham and eggs* sagen können oder Kopf und Kragen. Lattre de Tassigny sagte ihm nichts – in seiner Sprache trug diese Straße einen ganz anderen Namen: Über die Welt, in der er und seine Landsleute lebten, hatten die Europäer für ein paar flüchtige Jahrzehnte ein loses Netz gespannt – für die Okkupanten hatte es orientierende Bedeutung, aber für niemanden sonst.

Gleichermaßen erstaunlich erschien es mir damals, wie wenig die führenden Leute Afrikas oder Asiens einander über die Grenzen hinweg kannten, ehe die Mitgliedschaft in der UN und die vielen Konferenzen unserer Tage dies von Grund auf änderten. Um so verblüffender war es für mich, den Namen eines Indonesiers, noch ehe ich ihn in seinem Heimatland kennenlernte, in Bangkok, Singapur und Malaysia erwähnt zu hören. Stets wurde er als ein hervorragender Exponent der moralischen und geistigen Elite Asiens apostrophiert.

Mochtar Lubis, 1922 in Sumatra geboren, hat sich seinen Namen im Kampf gegen Korruption und Ungerechtigkeit gemacht. Ein Kampf, der weit gefährlicher ist, als es einst der Freiheitskampf gegen die Kolonialmächte war. Gewiß war die indonesische Freiheitsbewegung auch seine Sache gewesen, aber sie war für ihn nicht das Allerwichtigste. Nationalismus war ihm weder Ziel noch Erfüllung, allenfalls Teil eines größeren Ganzen. Ihm ging es nicht um die Indonesier, die Holländer, die Japaner – ihm ging es und geht es um den Menschen, um die *humanitas*.

Sein erstes Buch, 1953 in Indonesien erschienen, später ins Englische übersetzt, heißt »A Road with no End«. Es handelt von der Revolution und dem Kampf gegen die Rückkehr der Holländer unter englischer Ägide. »Revolution ist nur ein Mittel, um die Freiheit zu erreichen«, heißt es da, »und Freiheit ist nur ein Mittel, um des Menschen Leben mit mehr Glück zu erfüllen und nobler zu gestalten.« Und an anderer Stelle: »Das Individuum ist ein Ziel – der Staat nur ein Mittel.«

Zu ebenjener Zeit entwarf Sukarno gerade sein Konzept der nationalen Persönlichkeit Indonesiens – eine Art Antithese zu Mochtars Humanismus, der sich, verglichen mit der heroischen Weltanschauung seines Führers, geradezu »dekadent« ausnahm und – so lautete denn auch der Vorwurf – »gesellschaftlich unproduktiv«. Ein Umstand, der angesichts der scharfen Kritik, die Mochtar Lubis nicht müde wurde, als Journalist an der Korruption von Regierung und Armee zu üben, geradewegs auf den Konflikt zusteuerte.

Als Neunundzwanzigjähriger hatten Mochtar und ein paar Freunde 1949 zusammen die Tageszeitung *Indonesia Raja* gegründet, deren Chefredakteur er dann wurde. Die Besonderheit des Blattes bestand darin, daß es stets – das heißt, wenn es nicht gerade verboten war – Korruptionsfälle anprangert; und zwar nicht mit dunklen Andeutungen und generellen Beschuldigungen, sondern im Klartext und mit Dokumentation: wer, was, wo und wieviel. So hatte er 1969 wochenlang detaillierte Unterlagen – Photokopien von belastendem Material, Briefe und Aussagen – veröffentlicht, aus denen ganz eindeutig Korruption und Mißwirtschaft der großen nationalen Ölgesellschaft Pertamina und ihres mächtigen Chefs hervorgingen.

Der Widerhall in der Öffentlichkeit war so groß, daß Präsident Suharto sich genötigt sah, eine Art *Royal Commission* einzusetzen mit der Aufgabe, Nachforschungen über Korruption im allgemeinen und bei der Pertamina im besonderen anzustellen. Die Ergebnisse dieser Recherchen: Ungezählte Beispiele von Bereicherung und Machtmißbrauch wurden veröffentlicht. Der Präsident erklärte, er selbst werde sich an die Spitze des Kampfes gegen Korruption stellen. Dann verging viel Zeit, und nichts geschah. In gewissen Abständen fragte Mochtar Lubis in seinen Leitartikeln, warum denn nichts geschehe; aber es blieb dabei, die guten Vorsätze waren verflogen. Nichts änderte sich – außer daß Mochtar vermutlich einige Feinde dazugewonnen hatte.

Damals, bald nach Gründung der Zeitung, war es Mochtar Lubis gelungen, im Jahre 1950, als Sukarno heimlich eine zweite Frau genommen hatte, auch die Dokumentation hierfür – also den Ehekontrakt – in Photokopie abzudrucken. Das löste einen Sturm der Entrüstung im Lande aus mit Protesten und Anti-Sukarno-Kundgebungen, denn die Abschaffung der Polygamie galt allenthalben als Signum des Fortschritts. Besonders die Frauenorganisationen waren zornig, und da sie eine wichtige Rolle im Kampf um die nationale Unabhängigkeit gespielt hatten, war das für den Chef und die Führung äußerst unangenehm.

Mochtars zweites Buch »Twilight in Djakarta« ist denn auch im Gefängnis geschrieben und nach England herausgeschmuggelt worden. Es schildert das Leben in Djakarta während der fünfziger Jahre, nicht in literarischer Ambition, sondern um eines moralisch-politischen Zweckes willen. Es ist höchst aufschlußreich und gibt Zeugnis von dem seltenen Mut des Autors.

Neben anderem geht es um den unmenschlichen Kontrast von Luxus und Armut in Indonesien. Plötzlich versteht man, warum in einem Lande, in dem alle Leute unterbezahlt werden, jenes »Eine Hand wäscht die andere« geradezu unvermeidlich ist und warum dieses System zwangsläufig zu einem immer undurchdringlicheren Dickicht von Korruption wird. Der Autor schildert, wie agile Geschäftsleute fiktive Gesellschaften gründen und Einfuhrlizenzen erschwindeln; wie Beamte, die von Hungerlöhnen leben sollen, dabei mitwirken, weil sie an den Profiten beteiligt werden. Wie ein Zeitungsbesitzer Artikel schreibt, um dunkle Geschäfte eines Bekannten zu verschleiern, weil jener, der Einfluß in der Partei hat, diesem dafür einen Parlamentssitz verschafft, der es ihm wiederum ermöglicht, Einfluß zu gewinnen und diesen dann in Geld umzusetzen.

Da ist ferner die Geschichte eines redlichen jungen Angestellten, der mit diesen Gebräuchen nichts zu tun haben will. Seine Familie lebt mit zwei anderen zusammen in einer Wohnung; von Jahr zu Jahr verspricht er seiner Frau, dafür zu sorgen, daß sie ein eigenes kleines Haus bekommen werden. Alle anderen, die sich jener üblichen Methoden bedienen, sind längst aus der Misere heraus. Lange Zeit widersteht er dem Drängen seiner Frau, die ihn zu verachten beginnt, weil er offenbar nicht so tüchtig ist wie die Kollegen. Schließlich wird das dritte Kind geboren, und nun vermag auch er es nicht mehr auszuhalten in der Enge mit den ständig streitenden Mitbewohnern: Er fällt um ...

Ein anderer kleiner Beamter hört zu Hause täglich die Klagen: Kein Geld, und die Preise steigen, Anschreiben im Laden ist nicht mehr möglich, zu viele Schulden sind bereits aufgelaufen. Die Kinder sehen immer abgerissener aus, die Frau liegt immer häufiger krank im Bett, Medizin kann er nicht kaufen, schließlich sind alle Vorsätze dahin, auch er fällt um und macht es wie die anderen.

Eingeblendet zwischen diese realistischen Schilderungen sind Szenen aus einem Debattierklub, wo eine Gruppe von Menschen, die sich verantwortlich fühlt, darüber nachdenkt, wie man das Land retten könne. Sie diskutieren darüber, was Wahrheit ist; darüber, ob vielleicht der Kommunismus eine bessere Methode sei, um anständig durchs Leben zu kommen; sie reden über Gott und die Welt, aber die Zustände vermögen auch sie nicht zu ändern.

Mitte der fünfziger Jahre, angesichts der immer schwieriger werdenden Wirtschaftslage, verblassen die Ideale von Humanismus und Menschenwürde – Nationalismus und Fremdenhaß breiten sich aus. Alles Kosmopolitische, wie es Mochtar und seinen Freunden vorschwebte und wie sie es sich 1945 vorgenommen hatten, wird verdammt. Mochtar hängt die Literatur an den Nagel und engagiert sich politisch.

1956 muß er für einen Monat ins Gefängnis, dann folgt Hausarrest bis zum April 1961. Kaum war er frei, fuhr er nach Tel Aviv zur 10. Generalversammlung des Internationalen Presseinstituts. Mochtar Lubis ist viel gereist: in Asien, Australien, Europa und Amerika. Er spricht fließend Englisch und Holländisch, liest Deutsch und Französisch. Er schreibt in Bahasa Indonesia, der Landessprache, die in den zwanziger Jahren aus dem Malayischen entwickelt worden ist. Bis zu jenem Zeitpunkt wurde in Java Javanisch, in Bali Balinesisch gesprochen – aber immer schon war das Malayische die *Lingua franca*. In Tel Aviv, wo er viele Freunde aus aller Welt traf, trat auch als Sprecher auf: Er geißelte die Pressezensur und die Zustände in seinem Lande. Gleich nach der Rückkehr wurde er verhaftet und in Madium in Ost-Java mit zwei Dutzend führenden Politikern eingesperrt. Erst 1966, nach dem Sturz Sukarnos, sah er die Freiheit wieder.

Zwar durfte er in Madium schreiben und lesen, auch Sport treiben, aber die Jahre verstrichen ungenutzt, die Zustände im Lande wurden immer unhaltbarer, und Mochtar empfand die Inaktivität, zu der er verdammt war, als immer unerträglicher. Auch die Trennung von der Familie schmerzte. Hally, seine kluge und talentierte Frau – sie ist eine begabte Malerin – lebte mit den drei kleinen Kindern im fernen Djakarta und durfte nur zweimal im Jahr zu ihm. Sie hat jene Jahre der Trennung – und es sollten nicht die letzten sein – mit bewundernswerter Zuversicht und großer Geduld ertragen. Damals begann Mochtar, Kindergeschichten zu schreiben, die er Hally schickte, um nicht den Kontakt zu den Kindern zu verlieren, die gewöhnt waren, daß er ihnen abends Geschichten erzählte.

Immer hat es mich gegrämt, daß man so wenig über das eigentliche Leben der Menschen weiß, die man in Asien oder Afrika kennt. Man trifft Politiker, Professoren, Journalisten, spricht mit ihnen über politische Dinge, philosophische Probleme, menschliche Fragen, aber wie so einer aufgewachsen ist, wie das in seiner Jugend war, als die internationale Zivilisation die Welt rundum noch nicht mit einer einheitlichen Tünche überstrichen hatte, das weiß man nicht. Darüber aber muß man sich klar sein: Die westlichen Erziehungsmethoden, die mittlerweile alle Länder erobert haben, die neuen Technologien in Industrie, Städtebau und Verkehr, dazu die modernen Massenmedien haben die traditionellen Wertbegriffe überwuchert und sind im Begriff, sie erbarmungslos zu zerstören. Ein ganz neues System von Prioritäten und Verhaltensweisen ist an ihre Stelle getreten.

Die alten Vorstellungen vom indischen *Kharma*, dem Glauben also, daß die soziale Rolle, die wirtschaftliche Lage, überhaupt das derzeitige Dasein eines Menschen die Konsequenz seines Verhaltens im vorangegangenen Leben sei und mithin ertragen werden muß, gehen mehr und mehr verloren. Das *Krengchai* der Thais, also die Bereitschaft, Menschen zu akzeptieren, wie sie sind, ohne das, was sie tun, zu bewerten oder es ihnen nachzusehen, vermischt sich mit den Maßstäben, die das neue Wertsystem setzt, das um Leistung und Erfolg kreist. Die Verwirrung und moralische Verunsicherung, die das Umfunktionieren der traditionellen Wertbegriffe mit sich bringt, sind die Wurzel mancher »Unsitten«, über die der Westen sich dann beklagt.

Mochtar ist in dieser Hinsicht ein besonderer Fall: Er ist im besten Sinne ein Weltbürger und ist doch zugleich tief verwurzelt in seiner indonesischen Welt. Man muß ihn zu Haus erleben, nicht im städtischen Milieu von Djakarta, sondern draußen in den Bergen, wo er ein kleines, selbstgezimmertes Haus hat. Man muß beobachten, wie gelöst er sich dort bewegt, wie er plötzlich Teil der Natur wird – wie ein edles Tier, das, von der Enge eines Käfigs befreit, wieder in die ihm vertraute Umgebung versetzt worden ist.

Mochtar also ist sich der heimischen Welt noch bewußt und ihr stolz verhaftet, so daß er sich gern seiner Jugend und der Sitten des Elternhauses erinnert; aber er ist gleichzeitig so vertraut mit unseren Gewohnheiten und Anschauungen, daß er seine Erinnerungen in unsere Sprache zu übersetzen vermag.

Mochtar Lubis ist im Mandailing-Gebiet von Sumatra geboren. In dieser Region gab es zwei herrschende Familien – die Nasutions und die Lubis –, die nach der von hausväterlichen Gesichtspunkten bestimmten Sitte untereinander zu heiraten pflegten. So auch in diesem Fall: Vater Lubis, ein Neffe des »Regierenden«, heiratete eine Nasution, die Tochter des Mangaradja Sorik Marapi – des Herrschers von Sorik Marapi, also der Feuerberge, einem kleinen Fürstentum im Süden von Sumatra. Sie war offenbar eine bedeutende Frau. Sehr selbstbewußt, aber auch warmherzig und von den Kindern über alle Maßen verehrt. Mochtar meint, sie sei wahrscheinlich die erste Indonesierin gewesen, die gegen die Polygamie revoltiert hat; sie nämlich stellte Mochtars Vater, der, als er um sie anhielt, bereits eine Frau hatte, das Ultimatum: »Entweder sie oder ich« – und sie gewann. Die erste Frau wurde heimgeschickt. Und einige Jahre später, nach einem großen Streit mit ihrer Schwiegermutter, noch einmal dasselbe: »Sie oder ich« – und wieder gewann sie. Ihr Mann schickte seine Mutter zurück in ihr heimisches Dorf. Vater Lubis war Beamter in der holländischen Verwaltung. Er hatte die höchste Stufe, die ein Indonesier erreichen konnte, erklommen: Er war *Demang*, so etwas wie ein Distriktkommissar, zuständig für

Ordnung in einem bestimmten ländlichen Gebiet. Alle Männer in dem Dorf, in dem Mochtar aufwuchs, waren Jäger – sie jagten Elefanten, Tiger, Bären, Gazellen und Wildschweine. Jagen und das Zapfen der Gummibäume war die traditionelle Männerarbeit, alles andere – also die wirklich mühsame Arbeit: das Bestellen und Ernten der Reisfelder und das Sammeln von Brennholz – hatten die Frauen zu besorgen. Die Männer, die Muße und Geselligkeit lieben, saßen tagtäglich vor dem mohammedanischen Abendgebet, also vor Sonnenuntergang, zwei Stunden im Kaffeehaus zusammen, besprachen die politischen Neuigkeiten und den Dorfklatsch, manchmal las auch einer aus der Zeitung vor – aber wehe, wenn eine Frau gewagt hätte, sie dabei zu stören.

Mochtar ist für indonesische Verhältnisse ein Riese, das heißt, er ist von Statur einem großgewachsenen Europäer vergleichbar. Einmal fragte ich ihn: »Wieso bist du eigentlich so groß geraten – ist das in deiner Gegend von Sumatra so üblich?« Mochtar, der wie die meisten seiner Landsleute gern lacht und herumalbert, antwortete: »Ja, hab' ich dir denn nie erzählt, daß ich deutsches Blut in den Adern habe?« Erstaunen meinerseits. »Meine Vorfahren haben einmal einen deutschen Missionar geschlachtet und verspeist. Aber«, setzte er beruhigend hinzu, »sie haben ihm dann ein Denkmal gesetzt, für sein Fortleben ist also gesorgt.« Wahrscheinlich hatte er diese Geschichte ersonnen, um zwei Fliegen mit einer Klappe zu schlagen: um sich einerseits über sich selber lustig zu machen – die Bataks, zu denen sein Stamm gehört, sind tatsächlich Kannibalen gewesen –, andererseits, um die Fremden zu persiflieren, die so pedantisch auf die Reinerhaltung ihres Blutes bedacht sind.

In den Erzählungen aus seiner Jugend ist viel von Gesang und Musik – Flöten aus Reisstroh oder Bambus gefertigt – die Rede, von Gelächter und Fröhlichkeit und viel auch von Essen: *Lemang* zum Beispiel, Reis mit Kokosmilch verrührt, in einen jungen Bambus gestopft und dann gekocht, sowie andere Delikatessen, die im Familienkreise vor Festtagen präpariert wurden. Armut gab es in der Gegend nicht, weil, wie er sagt, die Bindungen innerhalb der Großfamilie so stark sind, daß immer alle mit durchgezogen wurden.

An Festtagen, ehe der *Ramadan*, der Fastenmonat, begann, pflegten die Eltern mit allen Kindern – Mochtar hatte neun Geschwister – und mit möglichst vielen Freunden hinauf in die bewaldeten Berge zu gehen. Dort wurde gepicknickt, getanzt, gesungen und in einem klaren Bache gebadet, um, der Tradition entsprechend, den Fastenmonat »rein an Körper und Geist« zu beginnen.

Mochtar hat einmal so einen Tag beschrieben: »Die Sonne malt glänzende Stellen auf das Wasser, die Vögel singen im dichten Dschungel; wie beglückend der Einklang zwischen mir, dem Strom, den kleinen glitzernden Fischen, den Sonnenstrahlen und dem gelbgefiederten Vogel auf einem hohlen Ast am anderen Ufer . . . Dies gehört zu den glücklichsten Erinnerungen meiner Kindheit: nackend in dem rasch dahinfließenden Wasser des Bergstroms zu sitzen, mit den Fischen zu spielen und dem Lied der gelben Vögel zu lauschen.«

Sechs Jahre ging Mochtar Lubis in die örtliche Schule, dann für drei Jahre in eine Art Handelsschule – alles andere hat er sich selbst beigebracht, hat ihn das Leben gelehrt. Die Lehrer der Handelsschule waren Indonesier, die in Holland ausgebildet worden waren und die Ideen von Freiheit, Demokratie und Kommunismus mit zurückgebracht hatten. Von ihnen hörte Mochtar auch zum erstenmal etwas über Karl Marx.

Nach verschiedenen Wechselfällen fand er den Beruf, für den er prädestiniert war – er wurde Journalist. Während des Krieges arbeitete er bei der Nachrichtenagentur *Ansara News Agency*, deren Präsident damals Adam Malik, der spätere Außenminister Indonesiens, war.

Ich lernte Mochtar vor Jahren bei einer Konferenz in Princeton, USA, kennen. Seither haben wir während vieler Sitzungen nebeneinander gesessen, weil wir beide in Paris im Vorstand der *Association pour la liberté de la culture* sind. Immer, wenn er dort das Wort nimmt, bin ich, wie auch damals in Princeton, wieder gefesselt von der seltenen Kombination sachlich klarer Präsentation und der moralisch-philosophischen Perspektive, unter der dies geschieht.

Seine Art, zu reflektieren und zu sprechen, schlägt jeden in

Bann. Ich erinnere mich, wie gebannt vor einigen Jahren im Seminar in Aspen, Colorado, alle lauschten, als er über die Sorgen der Dritten Welt sprach. Er begann mit der Feststellung: »Ein Aspekt erfüllt mich mit Abscheu: die Verschwendung, die hier getrieben wird. Ein halbes Dutzend Leute könnten bei mir daheim von dem leben, was in diesem kleinen Ort, in dem Sträßchen, in dem ich untergebracht bin, weggeworfen wird. Es scheint, daß beide – Produzenten und Konsumenten – gemeinsam in einem Teufelskreis gefangen sind: Jeder wird genötigt, mehr zu verbrauchen, als er will; und um die daraus erwachsenden Schäden: hoher Blutdruck, Schlaflosigkeit, Nervosität, wieder zu beseitigen, tritt dann eine neue Industrie in Aktion und produziert Pillen aller Art. Ihr Amerikaner stellt 6 Prozent der Weltbevölkerung und verbraucht 30 Prozent aller Energie und 60 Prozent vieler anderer Rohstoffe – könnt ihr das eigentlich verantworten?«

»Ich habe hier«, so fuhr er fort, »ein paar ganz einfache Tennisschuhe für 5 Dollar gekauft. Dafür müßte in Indonesien einer zwei Wochen arbeiten. Ihr habt unsere Forderung nach Preisstabilität der Rohstoffe, nach einer gewissen Stabilisierung der Export-Erlöse nie wirklich ernst genommen. Wie soll es weitergehen: Sind wir zu der Alternative verdammt, entweder in eure Fußstapfen zu treten oder für immer unterentwickelt zu bleiben? Wenn ihr in dieser Weise weitermacht und uns allen zusammen nichts Besseres einfällt, dann wird einer aus meiner Welt eines Tages die gleiche Frage stellen, aber der wird dann ein Gewehr in der Hand haben, und vielleicht wird bei euch dann einer aufstehen, der auch ein Gewehr in der Hand hat, und ihm antworten . . .«

Dem Buch »A Road with no End« hat Mochtar eine Frage Jules Romains' vorangestellt, die lautet: »Was brauchen wir, um frei von Furcht zu werden?« Wenn ich Mochtar mit einem Wort beschreiben sollte, dann würde ich das Wort »furchtlos« wählen. Als ich im Frühjahr 1974 nach mehrjähriger Pause wieder einmal in Djakarta war, gab es dort unter den Intellektuellen viele besorgte Gesichter. Die revolutionären Unruhen beim Besuch des japanischen Ministerpräsidenten Tanaka im Januar jenes Jahres und die Verhaftungen, die in der Folge vorgenommen worden waren, hatten Intellektuelle getroffen: Anwälte, Wirtschaftsberater, Studentenführer, insgesamt westlich orientierte Bürger.

Auch Mochtar, der bereits mit einem Ausreiseverbot belegt war, schien mir gefährdet zu sein, denn seine Zeitung hatte die Korruption der großen japanischen Gesellschaften immer wieder aufs Korn genommen. Für meine besorgte Frage hatte er nur ein vergnügtes Lächeln. »Also kann dir nichts passieren?« – »Doch, natürlich ist alles möglich, aber es wäre für mich ja nichts Neues. Überraschend wäre für mich nur, wenn General Suharto dieselben Leute fürchten sollte, die Sukarno einsperren ließ.«

»Weißt du«, setzte er dann ernst hinzu, »wirkliche Freiheit bedeutet, frei von Furcht zu sein, und das ist nicht eine Frage der äußeren Umstände, sondern der Bewältigung des inneren Angstkomplexes. Denn Angst haben alle, nicht nur die, die eingesperrt werden, sondern auch die, die einsperren lassen; gerade das ist ja das Motiv: Sie lassen die Leute einsperren, vor denen sie sich fürchten. Ich habe das hinter mir, ich werde mich nie mehr fürchten.« Mochtar Lubis weiß, wovon er spricht, denn die Regierung, die ihn nach dem Sturz Sukarnos aus dessen Gefängnis befreite, hat ihn zehn Jahre später wieder eingesperrt. Ein Jahr nach den Ereignissen des Tanaka-Besuches, im Februar 1975, lange Zeit nach allen anderen also, wurde Mochtar tatsächlich verhaftet und in das Nirbaya-Gefängnis bei Djakarta eingeliefert. Ein Vierteljahr blieb er dort, dann wurde er wieder freigelassen. Seine Zeitung aber und zehn andere, die im Januar 1974 verboten wurden, dürfen noch immer nicht erscheinen.

Es scheint, daß in den Ländern der Dritten Welt die Entwicklung fast allenthalben nach dem gleichen Schema abläuft: Die Sehnsucht nach Freiheit führt zur Revolution. Der Wunsch, die eigene Position zu behaupten – weil angeblich nur so die Errungenschaften der Revolution bewahrt werden können -, läßt dann allmählich die Revolutionäre von gestern zu Diktatoren von heute werden.

Die Zeitspannen, in der liberale Geister wie Mochtar, denen es um mehr Humanität geht, frei atmen können, sind allenthalben nur kurz. Es sind wirklich nur Atempausen.

Mittler in feindlicher Welt

»Demokratie bedeutet, das Zusammenleben
der Menschen, so wie sie sind,
zu organisieren, nicht aber,
aus den Menschen etwas machen zu wollen,
was sie nicht sind.«

Richard von Weizsäcker

Ein Leben für Vertrauen und Gleichberechtigung

Hans-Dietrich Genscher

1990

Eine neue Epoche ist angebrochen. Nicht eine neue Phase, wie schon oft während der letzten Jahrzehnte, in denen es immer wieder einmal Ansätze zur Entspannung gegeben hat. Diesmal ist es ein von Grund auf neues Muster, an dem der Weltgeist webt.

Einer der ersten im Westen, der den seit Gorbatschows Machtübernahme sich abzeichnenden Wandel bemerkte und ernst genommen hat, war Hans-Dietrich Genscher. Er war schon 1970 als Innenminister für Brandts Ostpolitik eingetreten, übrigens stets bei gleichzeitiger Beschwörung, unter allen Umständen an der Westpolitik festzuhalten. Mit aller Energie hat er seit eh und je die Europapolitik vorangetrieben; schon 1981 hat er zusammen mit seinem italienischen Kollegen Colombo die Grundlage für diese neue Phase entworfen, die nun 1992 in die Praxis umgesetzt werden soll. Seit Helmut Schmidt ihn 1974 zum Außenminister machte, waren Entspannung und Sicherheit seine erklärten Ziele.

Das ›Neue Denken‹ Gorbatschows hat Genscher schon ernst genommen, als die Abrüstungsvorschläge des sowjetischen Generalsekretärs im US-Verteidigungsministerium noch als Täuschungsmanöver abgetan wurden und Bundeskanzler Kohl ihn mit dem Propagandaminister Goebbels verglich.

Zu einem sehr frühen Zeitpunkt hat der Außenminister der Bundesrepublik sehr überzeugend den Sachzwang definiert, unter dem Gorbatschow steht: »Gorbatschow braucht Menschen, die zur Leistung motiviert, die zur Verantwortung bereit und die kreativ sind. Das verlangt eine offene Informationspolitik, die Aufforderung zu konstruktiver Kritik, die Forderung nach Verbesserung der Rechtssicherheit und auch eine neue Außenpolitik. Gewiß, Festigkeit ist geboten, aber eine Politik der Stärke, des Strebens nach Überlegenheit, des in die Ecke Rüstens muß ein für allemal zu den Denkkategorien der Vergangenheit gehören. Eine solche Haltung müßte die Menschheit in die Katastrophe führen.« Und an anderer Stelle: »Man muß wissen, ob man Politik der Verantwortung betreiben will oder die Machtpolitik von gestern.«

Schon im Jahr zuvor, 1986, hatte Genscher vor der 41. Generalversammlung der Vereinten Nationen in New York erklärt: »Als Volk in der Mitte Europas betrachten wir es als unsere geschichtliche Aufgabe, den Ost-West-Gegensatz zu entschärfen und schließlich zu überwinden. Wir wären schlechte Deutsche und schlechte Europäer, wenn wir anders handelten ... Wir wollen im Bewußtsein der Geschichte die deutsch-sowjetische Zusammenarbeit stetig fortentwickeln. Sie ist unabdingbar für eine realistische, europäische Entspannungspolitik. Auch werden wir konsequent den Prozeß der deutsch-polnischen Versöhnung fortsetzen.«

Immer schon war sein Streben auf kooperative Sicherheit in Europa gerichtet, hat er für Dialog und Verhandlungen als Ergänzung zu Rüstung und Waffenproduktion plädiert. Der Bericht des belgischen Außenministers Harmel von 1967, das war sein Gaubensbekenntnis – also mit Stärke, aber zugleich Bereitschaft Verhandlungen anzustreben, um schließlich zur Entspannung zu gelangen. Im Grunde war dies ja schon das Modell von Präsident Kennedy gewesen, der in seiner berühmten Peace Strategy Rede im Juni 1962 empfohlen hatte: Rüsten und Reden; und das, was Gorbatschow vorschwebt, läuft ebenfalls wieder darauf heraus.

Merkwürdig, daß das, was 1962 für Kennedy Richtlinie war, 1967 den Harmel-Bericht bestimmte, 1970 Brandts Ostpolitik zugrunde lag und was seit 1974 für Genscher zum Modell geworden ist, sich erst jetzt, 1989/90, als allgemeine Erkenntnis durchsetzt. Das Bewußtsein der Menschen braucht eben lang,

Hans-Dietrich Genscher

um sich zu verändern. Und wenn Gorbatschow nicht gekommen wäre, dann stünden wir wohl heute noch dort, wo wir vor zehn Jahren waren.

Von Bismarck hat man gelegentlich gesagt, er könne mit fünf Bällen gleichzeitig jonglieren. Genscher bringt es nur auf drei. Er beherrscht und überwacht gleichzeitig drei große Komplexe: die Ost-West-Problematik, die Europäische Gemeinschaft und die transatlantische Westbindung. Wenn man es genau nimmt, dann muß er allerdings mit zweimal drei Bällen hantieren, denn er ist zugleich Außenminister, Vizekanzler und Parteiführer – drei Funktionen, die jede für sich einen Menschen voll ausfüllen können. Kein Wunder, daß seine Lebensweise den Außenstehenden oft übertrieblich hektisch anmutet.

Mag sein, daß man dafür eine tiefenpsychologische Erklärung heranziehen muß. Genscher sagt: »Zwischen meinem 20. und 30. Lebensjahr hatte ich eine schwere Lungentuberkulose; dreieinhalb Jahre habe ich in Krankenhäusern und Heilstätten verbringen müssen. Seither empfinde ich jeden Tag, an dem ich morgens aufstehen und arbeiten kann, als ein Geschenk.«

Der Tag, an dem die DDR gegründet wurde, der 7. Oktober 1949, war der Tag, an dem der Student Hans-Dietrich Genscher sein Referendar-Examen bestand. Für sein Referendariat mußte er sich bei der berüchtigten Hilde Benjamin vorstellen, die damals Leiterin der Personalabteilung des neu gegründeten Justizministeriums war. Sie maß ihn mit mißtrauischen Blicken, examinierte ihn sehr genau, fragte skeptisch: »Lesen Sie denn auch? Und was lesen Sie?« Genscher hatte während jener langen Krankheitsjahre unendlich viel und sehr verschiedenes gelesen. So antwortete er wahrheitsgemäß:

»Ja, beispielsweise Marx und Lenin.«

Diese Antwort mag ihr opportunistisch erschienen sein, denn sie begann sogleich ein wissenschaftliches Examen. Nach einiger Zeit war sie offenbar beeindruckt von der Wissensfülle des Kandidaten; da sie aus den Papieren ersehen hatte, daß er der Liberalen Partei angehörte, fragte sie streng:

»Wenn Sie soviel über Marxismus-Leninismus wissen, warum sind Sie dann nicht in die SED eingetreten?«

»Weil ich soviel darüber weiß.«

Daraufhin legte sie die Unterlagen unwirsch beiseite. Das Interview war beendet.

Stets ging es dem Außenminister darum, Treue zum Atlantischen Pakt mit der Öffnung nach Osten zu vereinbaren, Risiko zu meiden und Spannungen abzubauen. Seine Ziele blieben immer die gleichen: den unentschlossenen Sinn der EG-Partner auf die europäische Union zu richten, die Abrüstung der Mittelstrecken-Raketen voranzutreiben, die Modernisierung der Kurzstrecken-Raketen zu verhindern.

Während der ganzen 80er Jahre hat Genscher beständig dafür geworben, die KSZE stärker heranzuziehen und auszubauen. Schließlich ist es ihm dann auch gelungen, die Amerikaner von der Nützlichkeit dieser Institution zu überzeugen. Was ihm dabei in der letzten Zeit vorschwebte und worin er mit seinen Kollegen aus Moskau und auch aus Paris übereinstimmt, ist die Vision einer sicherheitspolitischen Zusammenarbeit, bei der sich das Schwergewicht allmählich von den konfrontativen Militärbündnissen weg, auf überwölbende kooperative gesamteuropäische Sicherheitsstrukturen verlagert.

Genscher sucht immer von neuem nach Auswegen, die für die Russen akzeptabel sein könnten: »Aus der neuen Lage darf der Westen keine einseitigen Vorteile ziehen, wir müssen ein Szenario schaffen, bei dem niemand als Verlierer dasteht.« »Und«, so sagte er: »ohne die Sowjetunion werden wir Europa nicht bauen können.«

Dieses Verständnis für östliche Vorstellungen hat Genscher in Washington und auch bei der Eisernen Lady in London zeitweilig in Verruf gebracht und ihn dem Verdacht ausgesetzt, deutsche Sonderinteressen zu vertreten und nicht ausreichend proamerikanisch zu sein.

Heute ist der Schmähruf »Genscherismus« verstummt. Seine Kritiker haben eingesehen, daß die Haltung des Außenministers dem Osten gegenüber keinen Kotau vor der Macht darstellte, sondern daß Genscher einfach früher gesehen hat, was schließlich alle bemerkt haben und was er schon 1987, auf dem Davoser Weltwirtschaftsforum in die Forderung kleidete: »Nehmen wir Gorbatschow ernst, nehmen wir ihn beim Wort.«

Auch den drohenden Konflikt mit Polen, den CSU-Chef Waigel mit seiner Forderung nach den Grenzen von 1937 auf dem Schlesier-Treffen auslöste, hat Genscher mit seiner Rede im September 1989 vor der UN in New York einigermaßen entschärfen können; die dort formulierte Grenzgarantie, daß Polens Recht, »in sicheren Grenzen zu leben, von uns Deutschen weder jetzt noch in Zukunft durch Gebietsansprüche in Frage gestellt wird«, ist gleich darauf vom Bundestag mit großer Mehrheit bestätigt worden und schließlich, im Sommer 1990, in die offizielle Erklärung der beiden Deutschlands eingegangen.

In dem schicksalhaften Jahr 1989 hat der Außenminister eine durch allgemeine Ratlosigkeit gekennzeichnete Situation mit Phantasie und Tatkraft gerettet. Es ging damals um folgendes: Nachdem die Ungarn den trennenden Zaun an der Grenze zu Österreich im Mai durchschnitten und damit eine Öffnung nach Westen geschaffen hatten, entstand Unruhe unter der DDR-Bevölkerung. Sehr bald danach strömten DDR-Bürger nach Budapest, Prag und Warschau und ließen sich dort auf deutschem Botschaftsgelände nieder; die Bewegung beschleunigte sich rasch, bis schließlich der Strom im Herbst zu einem Sturzbach anschwoll, den niemand mehr kontrollieren konnte.

Die DDR verlangte, die Flüchtlinge müßten zunächst in die DDR zurückkehren, erst dann dürften sie nach Westen ausreisen. Aber die argwöhnischen Flüchtlinge glaubten keinen Moment an diese Zusicherung. Tausende kampierten in Zelten, die im Morast der regendurchweichten Gärten provisorisch aufgestellt worden waren. Das Botschaftspersonal war ratlos. Bonn desgleichen. Und kein Ende war abzusehen.

Der Außenminister, zu dieser Zeit bei der UN-Herbsttagung in New York – gerade erst von einem Herzinfarkt genesen – führte dort Gespräche mit dem ebenfalls ratlosen DDR-Außenminister Oskar Fischer. Und dann plötzlich der rettende Gedanke Genschers: Wenn die Flüchtlinge mit der DDR-Reichsbahn über DDR-Gebiet in die BRD reisen, dann ist die Bedingung doch erfüllt. Nach einigem Zögern stimmte Ostberlin zu und Genscher flog selbst nach Prag, weil die skeptischen Flüchtlinge den Worten von Rechtsanwalt Vogel nicht trauten. Unvergeßlich das Bild, das vom Fernsehen rund um die Welt getragen wurde: Genscher auf dem Balkon der Prager Botschaft beginnt einen Satz mit den Worten: »Wir sind zu Ihnen gekommen, um Ihnen mitzuteilen, daß heute Ihre Ausreise ...«. Weiter kam er nicht, ein einziger Jubelschrei aus tausend Kehlen erstickte alles weitere.

Seit General Marshall ist es keinem Außenminister vergönnt gewesen, so entscheidend an der Veränderung der Welt mitzuwirken. Damals, nach dem Ende des Zweiten Weltkrieges, wurden die Strukturen der internationalen Ordnung – einer transatlantischen Architektur – neu geschaffen; aber in ihnen, in der Bipolarität, war der Kalte Krieg schon systemimmanent angelegt. Heute deuten die Zeichen in andere Richtung. Warum? Das Bewußtsein der Menschen hat sich verändert; die Probleme sind auf nationaler Ebene nicht mehr zu lösen; die Kommunikationsgesellschaft mit Elektronik und Satelliten rund um die Welt ist bereits Realität; Politik und Diplomatie, Dialog und Verhandlungen sind an die Stelle von Rüstung und einer Politik der Stärke getreten. Nur das europäische Sicherheitssystem, das Modell der neuen, internationalen Ordnung, muß noch ausgetüftelt werden.

Wenn es heute unter den Verantwortlichen für die auswärtigen Angelegenheiten dieser Welt einen gibt, der begriffen hat, daß es in dieser Phase der Geschichte nicht um Hegemonie geht, sondern um Vertrauen und Gleichberechtigung, so ist es Hans-Dietrich Genscher.

Zu Hause in drei Welten

Fritz Stern

1999

Der Historiker Fritz Stern schlägt jeden Leser in Bann, gleichgültig, ob er über das 19. Jahrhundert und die Personen, die es prägten, schreibt, oder über Hitler, der es verstand, sich als Erlöser des gequälten deutschen Volkes darzustellen.

Stern hat als erster auf die pseudo-religiöse Heilsqualität Hitlers hingewiesen. Dieser versprach dem durch Versailles gedemütigten, durch Arbeitslosigkeit und Reparationen gequälten Volk Erlösung. Erlösung von Hoffnungslosigkeit und Verzweiflung. Er versprach, so sagt Stern, die Wiederherstellung seiner nationalen Ehre, die Tilgung der Schmach von Versailles und nicht zuletzt Vollbeschäftigung. Für ratlose, verwirrte Menschen war dies eine Versuchung – vor allem für ein zur Autoritätsgläubigkeit erzogenes Volk wie die Deutschen. Konrad Heiden hat die Absurditäten des Nationalsozialismus in die Worte gefaßt: »Marsch ohne Ziel, Taumel ohne Rausch, Glauben ohne Gott.«

Seine erste Regierungserklärung, die am 1. Februar 1933 im Rundfunk übertragen wurde, schloß Hitler mit den Worten: »Möge der allmächtige Gott unsere Arbeit in seine Gnade nehmen, unseren Willen recht gestalten, unsere Einsicht segnen und uns mit dem Vertrauen unseres Volkes beglücken.«

Hitler wurde von den einfachen Leuten wirklich als Erlöser religiös verehrt. Ich habe manchmal zu Hause in Ostpreußen bei der örtlichen Verwaltung die Briefe eingesehen, die ihm die Leute schrieben und die die Reichskanzlei dann zur Stellungnahme in das Dorf zurückschickte. Sie waren stets im religiösen Duktus

Fritz Stern

verfaßt: Du, der Du unsere Not kennst ... Du, der allein uns helfen kann ... Die Nazis hatten die Fähigkeit, wie Fritz Stern sagt, Politik in ein permanentes Weihespiel zu verwandeln und die Menschen in ständigen Rausch zu versetzen.

Hitlers Botschaft war einfach, zugleich Offenbarung und Prophezeiung, und er intonisierte sie immer wieder: Das Leben ist Kampf, im Grunde ein Kampf der Rassen, in dem die unbarmherzige jüdische Rasse der reinen, aber vertrauensseligen arischen Rasse gegenübersteht. Juden und Marxisten, die die sogenannte Novemberrevolution bewerkstelligt und von ihr profitiert haben, waren verantwortlich für die Niederlage von 1918, für die Ketten von Versailles, für die Zerrissenheit und die Klassengegensätze der Weimarer Republik.

Hitler versprach die Erlösung des Landes, eine Volksgemeinschaft im Inneren, die die Klassengegensätze in einem höheren Sinne aufhebt und unter der Herrschaft des genialen Führers Ordnung und nationale Größe wieder herstellt. Er wollte sein Volk von Versailles befreien, von der jüdischen Herrschaft und von der bolschewistischen Bedrohung ... Jede Rede und jede Veranstaltung war eine Feier der Leidenschaft und des Irrationalen.

Wenn man bedenkt, wie groß im damaligen Deutschland Not, Verzweiflung und Ratlosigkeit waren, dann hat Stern sicher recht, daß einer, der wortgewandt, mit Zuversicht und Elan, Optimismus verbreitete, für viele unwiderstehlich in seiner Wirkung war.

An anderer Stelle sagt der Historiker: »Die Nationalsozialisten lernten das Spiel, mit den Träumen der Jungen und dem Kummer der Alten umzugehen. Jede Zusammenkunft und jeder Marsch lockte mit der Aussicht auf das Gemeinschaftserlebnis, mit dem Taumel kollektiver Reaktion, der Glorifizierung eines Einzigen, der Entbietung des Grußes und der gemeinsamen Abzeichen.«

Am 1. April 1933 hatte die NSDAP zum Boykott aller jüdischen Geschäfte aufgerufen, was sich freilich bei der Bevölkerung als wenig populär erwies und im Ausland mit Feindseligkeit aufgenommen wurde, wie Stern schreibt:

»Juden konnten Trost in der Tatsache finden, daß es im Frühjahr 1933 so wenig spontanen Antisemitismus gab, daß offizielle

Boykott-Aktionen nur unbedeutende Resultate zeitigten, daß Deutsche auch weiterhin zu jüdischen Ärzten und Rechtsanwälten strömten; selbst ein bestimmtes Maß an gesellschaftlichem Umgang wurde in den ersten Jahren aufrechterhalten. Wie jeder Deutsche – zum Leidwesen Himmlers – einen ›anständigen Juden‹ hatte, so hatten auch die meisten Juden ihren ›anständigen Arier‹, der weiterhin mit ihnen Kontakt pflegte. Auch die Juden konnten sich durch die augenfällige Normalität täuschen lassen, die das Regime weiterhin zuließ.«

Wir waren einmal beide auf einer deutsch-polnischen Tagung, die dem Thema ›Verlorene Heimat‹ gewidmet war. Am Schluß seines einführenden Vortrags berichtete Fritz Stern von einem Besuch in seiner Heimatstadt Breslau, die er als zwölfjähriger Junge hatte verlassen müssen. Er erzählte, wie er 40 Jahre später, sicherlich mit schwerem Herzen, die Villa seiner Großmutter betrat und den jetzt dort lebenden polnischen Offizier Czeslaw Ostenkowicz kennenlernte. Im Wohnzimmer, so schildert er, stand eine Büste von Franziskanerpater Maximilian Kolbe, dem guten Geist von Auschwitz. Es stellte sich nämlich heraus, daß Ostenkowicz fünf Jahre in den Konzentrationslagern Auschwitz, Birkenau und Buchenwald gelitten hatte. Nachdenklich und versonnen, die Zufälle des Lebens überdenkend, schüttelte Fritz Stern zum Abschied dem Polen die Hand, der das Schicksal hatte erleiden müssen, dem seine Familie entkommen war.

Fritz Stern hat etwas fertiggebracht, das, so scheint mir, ohnegleichen ist. Er, der Verjagte und Enteignete, hat ohne Ressentiment und mit leidenschaftlicher Objektivität dem Wesen der nationalsozialistischen Politik nachgespürt, die, wie er sagt, mit jener unwiderstehlichen Kombination von Erfolg und Terror die Deutschen in Bann geschlagen hatte. In dem grandiosen Buch *Dreams und Delusion* – einer Dialektik von Traum und Täuschung – erklärt er seinen amerikanischen Landsleuten, wie und warum dieses System funktionierte.

Eine weite Verbreitung beim deutschen Publikum hat die Rede gefunden, die Fritz Stern 1987 zum Gedenken an den DDR-Aufstand des 17. Juni im Bundestag in Bonn gehalten hat. Sie hinterließ einen tiefen Eindruck. Er warnte die Deutschen damals:

»Bei aller Anerkennung bleibe immer ein Hauch von Sorge angesichts dieser ›ruhelosen Deutschen‹, auch könne niemand sich ganz befreien von der Erinnerung an die technisch organisierte deutsche Barbarei. Darum gäbe es immer noch Sorge, Mißtrauen und Ungeduld …«

Sehr eindrucksvoll war auch seine Rede bei der Verleihung des Friedenspreises 1999 in der Frankfurter Paulskirche. Er und auch ich – wir beide – haben uns allerdings sehr darüber gewundert, daß die FAZ aus dieser offiziellen Rede einen Absatz gestrichen hat, ohne die Streichung kundzutun.

In jenem Absatz hatte Stern die Deutschen gepriesen, die sich in der Hitlerzeit menschlich richtig verhalten haben und als Beispiel Marion Dönhoff genannt. Genau dies aber hat der Frankfurter Allgemeinen, wie aus den vorangegangenen Querelen hervorging – nicht gepaßt, und so hat sie den ganzen Absatz einfach weggestrichen.

Fritz Stern hat nicht eine Heimat, sondern drei: Deutschland, Amerika und die Welt. Er hält allen dreien die Treue – wir können viel von ihm lernen.

Ein deutsch-polnischer Fährmann

Karl Dedecius

1986

Karl Dedecius hat einmal gesagt, der Übersetzer habe die Funktion eines Fährmannes. Übersetzen heißt, so meint er, über-setzen hinüber über den trennenden Fluß auf die andere Seite. Nun wäre diese Begabung allein gewiß nicht ausreichend, eine weitere Voraussetzung ist unerläßlich: umfangreiches Wissen. Der Übersetzer muß die Geschichte des betreffenden Landes kennen, nicht nur die Geschichte im historischen Ablauf, sondern auch die Geistes- und Kulturgeschichte.

Dedecius hat in den siebziger Jahren ein Büchlein geschrieben, »Deutsche und Polen«. Es ist wunderbar geeignet, uns die Geschichte unseres Nachbarlandes näherzubringen. Man lernt daraus, daß es in den deutsch-polnischen Beziehungen nicht nur düstere Kapitel gegeben hat, sondern viele lichte Momente enger freundschaftlicher Beziehungen und gegenseitiger Befruchtung. Der Autor führt uns im Flug durch die Jahrhunderte mit dem Spürsinn und der Achtsamkeit, aber auch der Abenteuerlust des Entdeckers.

Niemand kann sagen, welcher Nation der Autor angehört. Er ist Deutscher, aber es könnte auch sein, daß er Pole wäre: Er ist stolz darauf, daß der Humanismus in Polen bedeutende Persönlichkeiten wie Johannes Laski, den Zeitgenossen und Freund von Erasmus, hervorgebracht hat; daß der große Gelehrte, Philosoph und Staatsmann Leibniz, dem unsere Geistesgeschichte so viel verdankt und der für die Gründung der Preußischen Akademie der Wissenschaft in Berlin verantwortlich war, daß er polnischer Dezendenz ist – der Urgroßvater war während religiöser Verfolgungen aus Polen nach Deutschland geflohen. Auch E.T.A. Hoffmanns Vorfahren kamen aus Polen.

Man spürt aber auch gleichermaßen Stolz und Befriedigung bei Dedecius, wenn er den umgekehrten Vorgang schildert, beispielsweise daß der polnische Freiheitsheld General Dabrowski, der nach der dritten Teilung Polens 1796 in Italien die polnische Legion aufstellte, Schillers Gedichte in der Satteltasche mit sich führte. Er – Dabrowski – war es übrigens, der das berühmte Lied, das später zur Nationalhymne wurde, »Noch ist Polen nicht verloren«, damals zum Fanal des Freiheitskampfes gemacht hat.

Als sich nach dem Aufstand vom November 1830 Ströme polnischer Flüchtlinge über Sachsen, Franken, Hessen und die Pfalz ergossen, schlug ihnen eine Welle bewegter Anteilnahme der Dichter und Intellektuellen entgegen, und die Bevölkerung organisierte allenthalben Hilfe und bezeigte ihnen Solidarität.

Schiller hat mit seinem Gerechtigkeitssinn und seinem nie ermüdenden rebellischen Geist den polnischen Schriftstellern viel bedeutet. Dedecius schildert in jenem Büchlein, daß Adam Mikkiewicz, mit dessen Erstlingswerk im Jahr 1822, wie er sagt, die moderne polnische Literaturgeschichte begann, ganz fasziniert von diesem deutschen Dichter war. Nachdem er »Maria Stuart« gelesen hatte, rief er aus: »Alles ist wundervoll. Erbarmt euch und schickt mir irgend etwas Deutsches, denn ich habe für meine besten Augenblicke nichts mehr zu lesen!« Und über die »Räuber« sagte er: »Nichts anderes hat mich so stark bewegt, und nichts wird es jemals wieder tun.« Mickiewicz ist einer der großen Polen litauischer Provenienz, der freilich die wenigste Zeit seines Lebens in der Heimat verbringen konnte, weil er als Fünfundzwanzigjähriger wegen Zusammenarbeit mit den geheimen polnischen Studentenbünden verhaftet und nach Zentralrußland verbannt wurde. Als er schließlich die Strafe verbüßt hatte, wollte er über Deutschland, wo er Goethe in Weimar besuchte, heimreisen, aber dann brach der November-Aufstand von 1830 in Warschau aus. Darum blieb er mit den Flüchtlingen längere Zeit in Dresden und ging dann in die Emigration nach Paris.

In Dresden schrieb Adam Mickiewicz 1832 das Drama »Die Totenfeier«, Teil III, das bei den polnischen Unruhen von 1968,

Karl Dedecius

wie sich mancher von uns noch erinnern wird, eine Rolle gespielt hat.

Man kann sich heute gar nicht vorstellen, wie vielfältig jahrhundertelang der geistige Austausch, wie eng die kulturellen Beziehungen zwischen Deutschen und Polen waren. Dedecius schreibt: »Als Polen geteilt und besetzt war, wurden Bücher polnischer Autoren in der *Librairie Etrangère* in Leipzig gedruckt und – in Weinfässern – ins besetzte Land geschmuggelt. Allein in den Jahren 1833 bis 1860 hat in Leipzig ein einziger Herausgeber 400 Titel, zum Teil in Taschenbuchformat, darunter 40 Titel der ›Bibliothek polnischer Klassiker‹ für Polen produziert und hinübergeschmuggelt. Es gab lebenslange, intensive Freundschaften zwischen deutschen und polnischen Dichtern, so zwischen Stefan George und Waclaw Rolicz-Lieder. Die beiden hatten sich als Zwanzigjährige in Paris kennengelernt. Von den lebenden polnischen Schriftstellern haben inzwischen manche in der Bundesrepublik höhere Auflagen als in Polen, wobei es sich nicht etwa um Emigranten handelt. In einzelnen Fällen – dies trifft für Witold Gombrowicz zu – ist eine Gesamtausgabe ihrer Werke in der Bundesrepublik noch vor einer polnischen zustande gekommen.

Alljährlich werden von bundesdeutschen Verlagen etwa dreißig Übersetzungen aus dem Polnischen veröffentlicht. Umgekehrt, aus dem Deutschen ins Polnische, sind es auch über zwanzig, obgleich doch viele Polen die deutsche Literatur im Original lesen. Und so wichtige polnische Autoren wie Leszek Kolakowski oder der Nobelpreisträger Milosz waren, noch ehe sie in Polen erschienen, in deutscher Sprache zu lesen.

Niemand hat in Deutschland mehr getan, um Interesse und Verständnis für die polnische Literatur zu wecken, als Karl Dedecius. Er hat der polnischen Literatur Resonanz verschafft und ihr einen festen Platz in unserem Geistesleben gesichert. Mit Recht hat er als erster Deutscher den Übersetzerpreis des Polnischen PEN-Clubs erhalten. »Lyrik«, sagt er in der Einleitung zu den polnischen Gedichten, »Lyrik, die polnische zumal, reagiert auf gesellschaftliche Vorgänge spontan, ohne Aufschub und ohne Kalkül, was ihr einen spezifischen Informationswert verleiht als wahrheitsintensiver Bericht zur inneren Lage der Nation.«

Wer ist nun dieser Karl Dedecius, der schon so viele Jahre als Mittler wirkt zwischen diesen beiden Völkern, die so manches verbindet und die so traumatische Erinnerungen trennen?

In einem Brief an den Dichter Różewicz, der im gleichen Jahr in Polen geboren wurde, gibt er ein Psychogramm, das für beide gilt. Dedecius schreibt:

»Wir haben beide zur gleichen Zeit und an ähnlichen Schulen eine gleiche Grundausbildung genossen: die gleichen Texte gelesen, auf gleiche Art zu rechnen und zu folgern gelernt, die gleichen Ideen – Ideale und Täuschungen – aufgebürdet bekommen. Und just 1939, als man uns für reif erklärte, just in dem Augenblick, als Ihnen und mir die ersten eigenen, freien Entscheidungen in Aussicht standen, wurden wir beide abrupt in die äußerste Unfreiheit geworfen. In zwei extreme Zwangssituationen. Ich ward über Nacht potentieller Faschist und Sie mein potentielles Opfer. So begann unsere gemeinsame Erfahrung mit den Formen der Unruhe. Für Sie in den Partisanenwäldern an der Oder und Warthe, für mich an der Wolga in Stalingrad. Eben waren wir noch im heißen Sand der Wieluner-Ebene herumtollende Kinder gewesen, auf gleiche Weise vorbelastete Halbwüchsige, an gleichen Dingen des Lebens interessierte Pennäler – und wurden dann übergangslos zu Feinden, die sich gegenseitig nach dem Leben zu trachten hatten.« Soweit der Brief an Różewicz.

Karl Dedecius wurde 1921 in Lodz geboren, der zweitgrößten Stadt Polens, einer Vielvölkerstadt, die, in der Mitte des Landes gelegen – also frei von eifernder Grenzler-Mentalität – war. Dort ging er zur Schule und wuchs auf diese sehr natürliche Weise mit den polnischen Klassikern auf. In seiner Klasse gab es ein Dutzend Polen, sechs Deutsche, sieben Juden, zwei Franzosen und einen Russen. Ein ideales Milieu, um Toleranz und Aufgeschlossenheit zu praktizieren, Scheuklappen und nationalistische Enge gar nicht erst aufkommen zu lassen.

In Lodz hatte Dedecius seine Freunde, und dort machte er am polnischen Gymnasium im Frühjahr 1939 sein Abitur. Wer studieren wollte, mußte auch in Polen zum Arbeitsdienst. Der junge Dedecius wurde weit nach Osten an die russische Grenze geschickt. Als im September der Krieg ausbrach und die Russen nach

Westen vordrangen, wurden alle aus dem Arbeitsdienst entlassen und mußten sehen, wie sie sich nach Hause durchschlugen. Nach langem Fußmarsch endlich im November wieder zu Hause in Lodz angekommen, wurde er – denn er war ja deutscher Staatsangehöriger – 1940 zum deutschen Arbeitsdienst und 1941 zur Wehrmacht eingezogen.

Das Schicksal verschlug ihn nach Stalingrad, das er vom ersten bis zum letzten Tag mitgemacht hat. Hunger, Fleckfieber, Malaria wurden überstanden, allerdings nur mit 37 Kilo Gewicht; dann nach fünf Jahren Arbeitslager schließlich aus der Gefangenschaft entlassen. Im Lebenslauf heißt es: »Ich ging nach Weimar, wo meine Braut inzwischen wohnte.« Und in Klammern ist der lapidare Satz hinzugefügt: »Da meine Eltern nicht mehr am Leben waren.« Ich glaube, wenn man da weiter nachforschen wollte, würde sich wohl herausstellen, daß die Eltern, so wie viele Polen durch Schuld der Deutschen ihr Leben einbüßten, das ihre durch Schuld der Polen verloren haben – und sicher nicht weniger grausam. Aber da Dedecius nie und zu niemanden darüber gesprochen hat, bin ich nicht ganz sicher, ob dies richtig ist.

Wer heute verzagt, weil er vergeblich ein paar Dutzend Bewerbungen schreibt, der sollte sich vor Augen führen, daß Dedecius, als er 1952 in die Bundesrepublik kam, etwa 100 solcher Schreiben verfaßt hat, ehe er – der für Frau, zwei Kinder und die Schwiegereltern zu sorgen hatte – schließlich ein Angebot von der »Allianz« erhielt. Zunächst nur auf Probe. Aus der Probe sind dann 25 Jahre geworden, bis es ihm 1979 gelang, einen Traum zu verwirklichen und sein Hobby, Vermittler zu sein zwischen polnischer und deutscher Kultur, mit dem Deutschen Polen-Institut auf eine feste Basis zu stellen.

1959 war seine erste Übersetzung polnischer Lyrik als Buch unter dem Titel »Lektion der Stille« erschienen – ein großer Erfolg. 1964 folgte eine Erstausgabe der Gedichte des großen Dichters Zbigniew Herbert. Heute liegen etwa 85 Buchpublikationen von Dedecius vor, sieben davon sind sozusagen eigene Produktionen, bei den anderen handelt es sich um Übersetzungen. Es sind Monographien und Anthologien, die alle mit umfangreichen Nachworten, den Biographien der Autoren und Kommentaren versehen sind, die etwas von deren Umwelt vermitteln. 85 Bücher in 25 Jahren – wer sich ein halbes Dutzend in der gleichen Zeit abgerungen hat, kann nicht begreifen, wie dies überhaupt möglich ist. Karl Dedecius hat eine sehr einfache Erklärung dafür: »Verlorenes Leben gab's in meiner Biographie genug: daher diese verbissene Rationaliät im Umgang mit der eigenen Zeit.«

Dedecius hat den Nobelpreisträger des Jahres 1980, Czeslaw Milosz, bereits 1959 übersetzt und seine Werke damit für eine große Leserschaft im Westen erschlossen. Sehr früh auch übersetzte er ein anderes großes Talent: Tadeusz Różewicz, und natürlich auch Jerzy Lec, dessen Aphorismen bei uns inzwischen eine Auflage von 300 000 Exemplaren erreicht haben.

Will man Karl Dedecius recht verstehen, muß man sich, so scheint mir, die Eigenart der Polen, »das ewig Polnische«, vergegenwärtigen: Für die Polen ist Dichtung etwas Existentielles, denn Literatur ist für sie stets Geschichte und Heimat zugleich gewesen. Das hängt mit ihrem historischen Schicksal zusammen, mit der periodisch geteilten Existenz – geteilt zwischen ganz und gar verschiedenartigen Kulturen, zwischen den orthodoxen, dem Osten verhafteten Russen, den katholischen, urbanen Habsburgern und dem protestantischen, ordnungsfanatischen Preußen. Da blieben als überwölbende Heimat nur die Sprache und die Kirche. Kein Wunder, daß die polnische Geistesgeschichte in mancher Weise schizophren ist. So viele verschiedene Faktoren haben über die Jahrhunderte das kulturelle Leben der Polen bestimmt: die Nähe von Wien, ihre Vorliebe für Paris, die Aufruhr provozierende Bevormundung durch Moskau.

Für jemand, der es mit Politik zu tun hat, ist natürlich ungemein aufschlußreich, wie die Polen sich während der Nazizeit verhalten haben: Fast unglaublich scheint es, daß sie es schafften, während dieses totalitären, mit unvorstellbarer Grausamkeit regierenden Regimes einen polnischen Schattenstaat aufrechtzuerhalten. Die Nazis hatten erklärt, sie selber würden die Herren sein, die Polen müßten die niederen Dienste verrichten. Sie verfügten, daß die intellektuelle Schicht und die Elite zu eliminieren seien; kein Pole habe das Recht, auf eine höhere Schule zu gehen; einfaches Rechnen bis höchstens 500 sei für sie ausreichend.

Aber wie die Polnische Akademie der Wissenschaft bezeugt, erhielten etwa eine Million Schüler aller Klassen insgeheim Unterricht. Allein in Warschau bestanden damals 8000 Jugendliche das Abitur im Untergrund. Es gab außerdem seit 1940 ein ebenfalls geheimes Netz der sogenannten »Fliegenden Universitäten«. Im Jahr 1944 waren es mehr als 200 Professoren und Dozenten aller klassischen Fakultäten, die sich dafür zur Verfügung stellten. Im Wintersemester 1943/44 hatten sich in ganz Polen 4235 Abiturienten neu zum Studium eingeschrieben.

Das Konspirative, Geheime, die Auflehnung gegen Gesetz und Autorität ist den Polen tief eingepflanzt. Sie nehmen es sozusagen mit der Muttermilch auf. Als ich vor einigen Jahren von einer Polen-Reise zurückkam, schilderte ich in einem Artikel eine kleine Begebenheit, die mir typisch erschien. Der 11jährige Sohn von polnischen Freunden zeigte mir ein Album, in das die Schüler kleine Solidarność-Erinnerungszeichen und Flugblätter *en miniature* einkleben. Diese Symbole tauschen die Schüler untereinander aus wie früher die Briefmarken. Als der Vater des Jungen den Ausschnitt aus der ZEIT bekam, las er seinem Sohn den betreffenden Passus vor: eine Sekunde lang strahlende Freude und dann, im Bruchteil der nächsten Sekunde, die Reaktion: »Dann muß ich sofort das Album verstecken.« Niemand braucht in Polen zum Partisanen erzogen zu werden, die Geschichte hat es getan.

Aber es sind ritterliche Partisanen. Der Eid der polnischen Untergrundarmee lautete: »Vor Gott dem Allmächtigen, vor der heiligen Jungfrau Maria, der Königin der Krone Polens, lege ich meine Hand auf dieses heilige Kreuz, Symbol des Märtyrertums und der Erlösung, und ich schwöre, daß ich die Ehre Polens mit aller meiner Kraft verteidigen will, daß ich mit den Waffen in der Hand kämpfen werde, um mein Vaterland von der Sklaverei zu befreien, bereit, mein Leben zu opfern.«

Im Jahr 1979 gelang es einigen unentwegt Interessierten, an ihrer Spitze Dedecius, das Deutsche Polen-Institut in Darmstadt zu gründen, das im März 1980 eröffnet wurde. Es gelang dank der hilfreichen Bereitschaft der Stadt Darmstadt, die das schöne Olbrich-Haus auf der Mathildenhöhe zur Verfügung stellte, und dank der großzügigen Hilfe der Länder Hessen und Rheinland-

Pfalz, die diese Aktivität überhaupt erst ermöglicht haben. Mehr, als man zunächst hoffen konnte, gelang auch, weil die Robert-Bosch-Stiftung, die sich mit großem Elan und viel Geschick der Völkerverständigung widmet, beschloß, die wissenschaftlichen und kulturellen Beziehungen zu Polen zu fördern. Sie finanziert die Edition »Polnische Bibliothek«.

Desgleichen hat das Deutsche Polen-Institut der Volkswagen-Stifung viel zu verdanken. Sie unterstützte den Aufbau einer wissenschaftlichen Spezialbibliothek, deren Kern von Karl Dedecius eingebracht worden war und die heute mehr als 12 000 Bände umfaßt. Die VW-Stiftung finanziert außerdem das »Handbuch der Literatur des 20. Jahrhunderts«.

Die Philosophie, die dem Ganzen zugrunde liegt, läßt sich am ehesten durch das Stichwort Kontinuität definieren. Es soll gelingen, die Völker durch Kulturaustausch und durch Bereicherung ihres Wissens um einander auf eine Beziehung zu verpflichten, die Stetigkeit ermöglicht und gegenseitige Achtung lehrt. Denn die Verse von Zbigniew Herbert wird es noch geben, wenn die politischen Probleme unserer Zeit längst anderen gewichen und die Taten der Politiker niemandem mehr bekannt sind.

In den ersten Jahren sind fünf Bände jährlich erschienen, fertig liegen also bereits 35 Bände vor. Das ehrgeizige Ziel, das der Planung zugrunde liegt, heißt: 100 Bände insgesamt. Einer der großen polnischen Verlage hat jetzt die Herausforderung angenommen und wird 100 Bände deutscher Literatur ins Polnische übersetzen lassen.

Zu dem Band »Polnische Prosa des 20. Jahrhunderts« schrieb Gabriel Laub: »Diese Anthologie ist ein literarisch-historisch präziser Schnitt durch die polnische Literatur unseres Jahrhunderts, repräsentativer als jegliche Zusammenstellung, die je in Polen herausgegeben wurde – und zwar deshalb, weil sie auch die Exilliteratur mit umfaßt.« Auch dies ist ein Verdienst von Dedecius, das ihm seine zweite Heimat – oder sollte man sagen: seine Zwillingsheimat? – eines Tages noch danken wird. Der Börsenverein des Deutschen Buchhandels hat ihn 1990 für seine Verdienste mit der Verleihung des »Friedenspreises des Deutschen Buchhandels« ausgezeichnet.

Der höchste Grad der Freiheit

Lew Kopelew

1990

Bei der Beisetzung von Boris Pasternak in Moskau trat plötzlich ein junger Mensch an das offene Grab und sprach einen Vers des Dichters, ein zweiter folgte ihm, und dann löste sich einer nach dem anderen aus der umstehenden Menge, Freunde wie Fremde traten vor, sprachen auswendig ein paar Strophen, gingen zurück und tauchten wieder unter. Ich glaube, es gibt kein zweites Land, in dem Literatur und Dichtung eine so große Rolle spielen wie in Rußland. Ungezählte Monatszeitschriften in hoher Auflage sind am ersten Tag ausverkauft. Literarische Vorträge im kleinen Freundeskreis sind ebenso häufig wie große öffentliche Diskussionen mit zeitgenössischen Autoren.

Eine Vorstellung von der großen Popularität literarischer Werke in Rußland habe ich eigentlich erst durch meinen Freund Lew Kopelew bekommen. Lew ist Germanist, Literaturkritiker und Theaterwissenschaftler. Leider ist er vor einigen Jahren in Ungnade gefallen, so daß in der Sowjetunion seit langer Zeit nichts mehr von ihm veröffentlicht wurde. Erst im August 1990 hat ihn Staatspräsident Gorbatschow rehabilitiert.

Ich habe vieles von ihm gelernt: Daß die deutschen Aufklärer des achtzehnten Jahrhunderts von Gottsched bis Schlözer die Werke ihrer russischen Kollegen ins Deutsche übersetzt haben; daß die Jugendfreunde Goethes, Lenz und Klinger, nach Rußland auswanderten, weil die Sehnsucht sie dorthin trieb; daß Herder russische und ukrainische Lyrik übersetzte; daß es von Chamisso Nachdichtungen russischer Dichter gibt; daß Heine, der unter dem Einfluß des Dichters Tjutschew erwog, nach Rußland zu

Lew Kopelew

gehen, seinen jüngeren Bruder überredete, eine Stelle als Militär-
arzt in der russischen Armee anzunehmen.

Karl August Varnhagen von Ense, der Freund Goethes und
Heines, war, so Kopelew, der erste, der die »weltliterarische«
Bedeutung Puschkins in einer Rezension hervorhob und als erster
dessen Werke übersetzte. Von Rilke, der um die Jahrhundertwende Tolstoi und den Maler Repin besuchte, der Werke von Ler-
montow, Dostojewskij und Tschechow ins Deutsche übertrug,
der Pasternak und Gorki kannte – von Rilke bis zu Heinrich Böll,
dessen Bücher in Millionen-Auflage in der Sowjetunion gelesen
werden, hat es über die letzten zwei Jahrhunderte einen regen
literarischen Austausch zwischen den beiden Völkern gegeben.

Die Regierenden freilich, die stets die Freiheit des Geistes
fürchteten, waren nie sehr angetan von diesen Kontakten. In
seinem Essay »Faust in Rußland«, der in der Fischer-Reihe erschienen ist, schreibt Kopelew über die Zeit nach dem Dekabri-
sten-Aufstand: »Eine Hofdame erinnert sich an die Empörung
Zar Nikolaus I., als er erfuhr, daß seine Frau (eine Tochter der
preußischen Königin Luise) am ›Faust‹ Gefallen fand: ›Diese
Wirrköpfe Schiller, Goethe und ähnliche Schurken haben das
ganze jetzige Durcheinander vorbereitet. ‹«

In Kopelews Essay heißt es weiter: »Die ersten russischen
Faust-Ausgaben wurden denn auch von der Zensur rigoros bear-
beitet: Der Prolog im Himmel entweder ganz gestrichen oder stark
gekürzt; die Anrede ›Herr‹ durch ›reiner Geist‹ ersetzt; das Faust-
Gespräch über die Religion gestrichen; im Flohlied hieß es statt
›König‹ ›alte Dame‹.«

Wenn man Lew Kopelew und seine Frau Raja – sie ist Amerikanistin – in ihrer Wohnung in Moskau besucht, einerlei zu
welcher Tageszeit, klingelt das Telefon bestimmt ununterbro-
chen: Ein Theaterintendant fragt um Rat, er wolle ein Stück von
Goethe in der nächsten Saison aufführen – was wohl am geeig-
netsten sei? (Kopelew sagt: »Natürlich ›Egmont‹«.) Ein Student
ruft an, er sitze an einer Dissertation über ein Thema aus der
deutschen Literatur – was soll er lesen? (Kopelew nennt ihm zwei
Werke.) Eine Lehrerin fragt, wann sein Vortrag über Rilke statt-
findet und ob sie teilnehmen dürfe ...

»Lew kann einfach nicht nein sagen«, klagt Raja, »für jeden ist er da, selbst aber kommt er zu nichts. Soviel Hilfsbereitschaft bedeutet doch schließlich, daß irgendwo anders jemand beraubt wird oder irgend etwas Schaden leidet: Seine Gesundheit, seine Kraft, seine Zeit. Lew aber gibt jedem etwas: Rat, Bücher oder mindestens Zeit, und die wird doch immer kostbarer, je älter er wird und je weniger Zeit ihm bleibt. Er prüft die Arbeiten von irgendwelchen Kandidaten – gescheiten und törichten –, natürlich, ohne je etwas dafür zu fordern. Er tut viel mehr als ein normaler Professor an der Universität. Es gibt zu viele Freunde, Kameraden, Kollegen, Bekannte – oft müssen wir aus Moskau flüchten, damit er mal zu sich selbst kommt.«

Raja hat recht, Lew ist die Güte in Person. Und er ist dabei auch noch lustig – er kann lachen wie kaum ein anderer, was nach neun Jahren in Stalins Lagern und Gefängnissen eine schier überirdische Leistung ist. Wenn der hochgewachsene, bärtige Mann, der einer Ikone oder einem Tolstoischen Roman entstiegen sein könnte, die Arme ausbreitet, um einen Freund zu begrüßen, dann geht jedem das Herz auf.

Immer fühlt er sich verantwortlich. Jeder Hilferuf scheint sich speziell an ihn zu richten. Und immer ist er bereit, steht er zur Verfügung. Typisch ist folgende Geschichte: Lew war sehr krank gewesen, hatte drei Wochen im Krankenhaus zugebracht – Herzinfarkt. Er mußte sich schonen, war selber ängstlich geworden, lag viel zu Bett, fühlte sich außerstande, schwere Dinge zu tragen oder andere physische Arbeit zu verrichten. An einem schönen Sonnentag ging Raja mit ihm am Strand der Moskwa spazieren. Plötzlich ein lauter Hilfeschrei: ein kleines Mädchen war hinausgeschwommen und ging plötzlich unter. Es war ein Sonntag, viele Leute am Strand, ein paar junge Leute schon im Wasser – aber der erste, der wie ein Blitz zu der Stelle schoß und tauchte, war Lew.

Seine politischen Protest- und Rettungsaktionen sind genauso spontan: Von Sinjawskij hatte er nur gehört, und von Daniel kannte er noch nicht einmal den Namen, aber als die beiden in Schwierigkeiten gerieten – es war im Februar 1966 –, hatte er sofort das Gefühl: »Ich muß helfen.« Und so war er unter den ersten drei, die protestierten. Einen anderen Dissidenten, der in eine Irrenanstalt eingeliefert worden war, kannte er nur wenig, mißbilligte dessen Ansichten auch zum Teil, aber als er hörte, wie schlecht es jenem dort erging, setzte er sich hin und schrieb einen Brief an den Chef der Anstalt: »Wir sind alle Menschen, wir wollen alle von unseren Kindern geachtet werden, auch Sie wollen doch den Ihren ohne Scham in die Augen blicken. Sie können dem Gefangenen, der ein nobler Mann ist, nicht die Freiheit geben, aber soviel Macht, daß Sie seine Existenz erträglich gestalten können, haben Sie.« Später erfuhr er, daß der Betreffende von jenem Moment an Bücher, Papier, Feder und etwas mehr zu essen bekommen hatte.

Wenn man Lew auf diese Aktivitäten anspricht und dabei ein wenig die Stirn runzelt, sagt er: »Ich zahle doch nur meine Schulden ab.« Und erklärend fügt er hinzu: »Als ich seinerzeit verhaftet wurde, haben meine Freunde protestiert, einige sogar an Stalin geschrieben, was damals lebensgefährlich war.«

Nach und nach habe ich Kopelew dazu gebracht, seine Lebensgeschichte zu erzählen. Sie ist ungewöhnlich, vielleicht aber auch ganz typisch für seine Generation – beides Grund genug, sie einmal in Umrissen niederzuschreiben.

Lew ist 1912, also noch während des *ancien régime*, in der Ukraine geboren, wo sein Vater Agronom auf einem Gut war. Das Gut lag unweit Kiew in unmittelbarer Nähe von Babij Jar, einem Ort, der später zu einer Stätte des Grauens werden sollte. Auch seine Großeltern wurden dort 1941 von der SS erschossen. Im gleichen Hause mit dem Agronomen lebte eine deutsche Familie, Schlesier, die Kinder oder Enkelkinder im Alter von Lew und seinem Bruder hatten. Die enge Freundschaft, die sich dort anbahnte, führte dazu, daß die beiden Kopelew-Jungen fließend Deutsch lernten.

Mit fünfzehn Jahren war für Lew die Schulzeit beendet. Es folgten sechs Jahre Arbeit als Hilfsarbeiter, Bauarbeiter, Metalldreher – dann wurde er Werkjournalist und Lehrer in der Erwachsenenschule im Charkower Lokomotiv-Werk. Nebenher oblag ihm als »Rotem Hilfsaktivist« die Kulturarbeit mit den ausländischen Arbeitern; er gewann dort manche Freunde, darunter Willy

Husemann aus Berlin, dessen Bruder Walter später zur »Roten Kapelle« gehörte und 1943 hingerichtet wurde.

In Charkow war er Mitglied des *Komsomol* und hatte als solcher die Aufgabe, am »Umbau der Landwirtschaft« mitzuarbeiten, also an der Kollektivierung – oder deutlicher gesagt: an der befohlenen Ausplünderung der Bauern. Lew sagt, er und seine jungen Genossen hätten dies als eine »bittere historische Notwendigkeit« angesehen und ihre Mitwirkung daran als »heilige Pflicht«, weil ja alles dem Aufbau einer glücklicheren Zukunft dienen sollte.

Nach der großen Hungersnot von 1932 wurde er schwer krank. Von körperlicher Arbeit dispensiert, durfte er ein Studium an der philosophischen Fakultät der Universität Charkow beginnen. Aber Stolz und Freude währten nicht lang, 1935 wurde er ausgeschlossen. Begründung: Sein Vetter, ein früherer Trotzkist, war bald nach der Ermordung Kirows (Dezember 1934), die ja den Auftakt zu den großen Säuberungen bildete, verhaftet worden.

»Sippenhaft?« »Nein, ich war 1929, damals siebzehnjährig, ein paar Wochen als Mitläufer der Opposition, die sich ›leninistisch-bolschewistisch‹ nannte, mit diesem sehr viel älteren Vetter verbunden gewesen. Als aufrechter Jungkommunist hatte ich diese Episode beim Eintritt in die *Komsomol*-Organisation ausführlich geschildert. Als dann die Verhaftung des Vetters bekannt wurde, wurde ich herausgeschmissen, und gleichzeitig mußte ich die Universität verlassen.«

Da aber Mitarbeiter und Vorgesetzte seine Verdienste im Betrieb zu rühmen wußten, wurde er nach einiger Zeit wieder rehabilitiert. Der Ausschluß wurde rückgängig gemacht und in eine »strenge Rüge« wegen »Schwächung politischer Wachsamkeit« umgewandelt.

Lew hatte schon 1930, also mit achtzehn, ein gleichaltriges Mädchen geheiratet – aber er wohnte immer noch bei den Eltern, weil es für Neuvermählte keine Wohnungen gab. Als dann gerade in jener Zeit der Vater, ein Fachmann für Zuckerrübenbau, nach Moskau versetzt wurde, weil im Zuge des neuen Fünfjahresplans Zuckerrüben nun auch in Rußland und nicht, wie bisher, nur in der Ukraine angebaut werden sollten, entschlossen sich die jungen Leute, mitzugehen.

In Moskau zog die Familie – die Eltern, Lew und seine Frau sowie Lews jüngerer Bruder, also fünf Personen – in ein Zimmer von 17,5 Quadratmetern. Das Zimmer war Teil einer Wohnung, in der noch zwei andere Familien hausten: »Wir meinten, es im Vergleich zu anderen eigentlich ganz gut getroffen zu haben.«

1935 bis 1938 studierte Lew Germanistik am Moskauer Spracheninstitut und als Aspirant und Assistent zugleich Philosophie und Literatur im Institut für Geschichte IFLI, das bei der Moskauer Intelligenzija auch heute noch einen besonders guten Namen hat. Im Mai 1941 promovierte er dort mit einer Arbeit über »Schillers Dramatik und die Probleme der Französischen Revolution«. Während der gleichen Zeit erschienen seine ersten Aufsätze, Essays und Gedichte, auch hielt er bereits selbständige Kurse ab über »Sturm und Drang« und deutsche Romantik.

Nach der Promotion bekam er eine Anstellung als stellvertretender Chef der Abteilung für ausländische Dramatik bei der Theatergesellschaft in Moskau. Aber er hatte den Posten kaum angetreten, da brach am 22. Juni 1941 nun auch für die Sowjetbürger der Krieg aus. Lew, jetzt 29 Jahre alt, meldete sich sofort als Freiwilliger. Im August wurde er eingezogen und an die Nordwestfront geschickt, wo er aufgrund seiner Sprachkenntnisse »Instrukteur für Aufklärungsarbeit im Feindesheer« wurde. Die Waffen, mit denen er kämpfte, waren lautverstärkende Geräte und Flugblätter, und seine Aufgabe war es, Gefangene und Überläufer zu verhören. Als schließlich 1943 eine antifaschistische Frontschule für Wehrmachtsangehörige errichtet wurde, übernahm er dort eine Stelle als Lehrer.

Lew war, wie er selber sagt, zutiefst überzeugt, ein unbestechlicher radikaler Kommunist und Stalinist zu sein – seit 1942 als Kandidat der Partei. Er war erfüllt von den proklamierten Idealen des Humanismus und Internationalismus. Dies bedeutete für ihn »objektive, wissenschaftlich-soziologisch bestimmte Auffassung der Weltgeschichte« und »Achtung für alle Völker, Nationen und Rassen«. Natürlich mußten – das war ihm klar – für die zeitbedingte Kriegspropaganda Ausnahmen gemacht werden, natürlich war es notwendig, nationalistische Parolen zu entwerfen, an Heldentum und Patriotismus zu appellieren, aber er glaubte, daß die, die ihre Vaterlandsliebe mit Orden und Wunden – er hatte beides aufzuweisen – unter Beweis stellen konnten, untereinander offen zugeben konnten, daß dies nur ein Provisorium war. Das Ziel würde doch letzten Endes Internationalismus und Humanismus sein.

Wäre dieses sicher keineswegs einzigartige Schicksal verfilmt worden, würde der Zuschauer an dieser Stelle zum erstenmal spüren: »Das kann nicht gutgehen.« Und es ging auch nicht gut. Im Sommer 1944, Lew war damals als Major im Einsatz an der 2. bjelorussischen Front, wurde er einem *Natschalnik* unterstellt, mit dem er schon zu einer Zeit, als jener noch sein Untergebener war, manche weltanschauliche Auseinandersetzung gehabt hatte. Denn jener war ein schlauer Parteifunktionär – erfahren im Buhlen um die Gunst der Obrigkeit –, dem es stets vor allem darum zu tun war, als erster die neuesten Direktiven zu erfahren, um sie gegen jene auszuspielen, die davon noch nicht wußten. Er war ein leidenschaftlicher, brutaler Deutschenhasser, der »parteiische Wachsamkeit und rücksichtslose Disziplin« zur obersten moralischen Maxime des Politoffiziers machte.

Lew Kopelew mit seinen »obskuren Idealen« war für ihn ein »kleinbürgerlicher Intelligenzler«, ein »nichtsnutziger Büchernarr« und dazu noch ein »Sau-Jud«. Es ärgerte ihn maßlos, daß sein Untergebener die Schriften von Lenin und Stalin besser zu zitieren wußte als er selbst, auch empörte ihn, daß Lew bereit war, Unterschiede zwischen dem deutschen Volk und den Nazis zu machen.

So schürzte sich der Knoten. Noch vor dem Einmarsch in Ostpreußen hatten unter den Parteifunktionären lange Auseinandersetzungen über das Verhalten den Deutschen gegenüber stattgefunden. Als es dann schließlich soweit war und sich die bisher nur in der Theorie bestehenden Differenzen in der Realität manifestierten, war der Eklat unvermeidlich. Der *Natschalnik* und der oberste Chef genossen die »Begleiterscheinungen« des siegreichen Einmarsches. Lews Zorn aber stieg und stieg.

Er trat in der Parteizelle gegen die beiden auf; da inzwischen

Plünderungen und Vergewaltigungen vom Frontkommando unter Strafe gestellt worden waren, befürchteten sie eine Anzeige und kamen dem zuvor. Im März 1945 wurde Lew aus der Partei ausgeschlossen, seines Postens enthoben und bald darauf im Raum von Danzig im Lazarett, wo er schwer verwundet lag, verhaftet.

Die Anklage lautete: »Bürgerlich-humanistische Propaganda des Mitleids mit dem Feind. Nichterfüllung von Befehlen, Verleumdung der eigenen Truppenführung, der sowjetischen Presse, des Schriftstellers Ilja Ehrenburg und der Verbündeten.« Der Verbündeten? Lew, der ja überzeugter Kommunist war, hatte darauf hingewiesen, daß Churchill und Roosevelt imperialistische Politiker sind und daß sie daher nur provisorisch Alliierte sein könnten. Er glaubte, daß, sobald das Hitler-System endgültig zusammengebrochen sei, die Sowjets mit den deutschen Antifaschisten und Antiimperialisten den ideologischen Kampf gegen die Churchills und Roosevelts gemeinsam führen sollten, denn nach seiner Meinung hätten die deutschen Arbeiter, das deutsche Volk die wahren Verbündeten sein müssen.

Unter dem Eindruck des Kriegselends lehnte das Fronttribunal das Verfahren ab, aber die KGB-Beamten schickten die Akte nach Moskau, wo sich ein Ferngericht in Abwesenheit des Angeklagten der Sache annahm: Kopelew und mehrere Schicksalsgefährten wurden kurzerhand ins Lager abgeschoben. Verschiedene Proteste, Gnadengesuche, Bittschriften führten dazu, daß Lew – noch immer ohne Urteil – im Spätsommer 1946 zu einer neuen Untersuchung aus dem Lager in das Moskauer Gefängnis überführt wurde.

Im Dezember sprach ihn das Tribunal des Moskauer Wehrkreises frei, und am 4. Januar 1947 durfte er nach Hause gehen. Aber nach zwei Monaten hatten »die Harten« sich wieder durchgesetzt – er wurde von neuem verhaftet und die Anklage wieder aufgewärmt. Sie lautete diesmal verkürzt: »Verleumdung der Führung, Zersetzung der Truppe durch feind-freundliche Propaganda und bürgerlicher Humanismus.«

Im Mai 1947 wurde er zu drei Jahren verurteilt. Dem Staatsanwalt war das zu wenig, und so erhielt er in einer neuen

Gerichtssitzung zehn Jahre, zuzüglich fünf Jahre Entzug aller Bürgerrechte. Als er aus diesem Schock erwachte, befand er sich »Im ersten Kreis der Hölle«, zusammen mit Solschenizyn.

»Dürfen die Leute eigentlich wissen«, so fragte ich ihn einmal, »daß du in Solschenizyns Roman als Lew Rubin eine der Hauptrollen spielst?«

»Warum nicht? Nur bitte berücksichtige, daß er den Kerl noch naiver und dümmer darstellt, als ich damals schon ohnehin war.«

»Im ersten Kreis der Hölle« blieb Lew bis 1950, aber die Freiheit sah er erst im Dezember 1954, nach insgesamt neun Jahren und neun Monaten Haft, wieder. Rehabilitiert wurde er dann schließlich 1956, übrigens zugleich mit sieben Freunden, die sich für ihn eingesetzt hatten und deshalb aus der Armee und dem Lehramt ausgestoßen worden waren. Auch die Richter, die ihn freigesprochen, und die, die ihn zu milde mit nur drei Jahren bestraft hatten, waren damals entlassen worden und hatten Parteistrafen erhalten.

Seine Ehe hat die lange Trennung durch Krieg und Gefängnis nicht überdauert. Er wurde geschieden und heiratete 1956 Raja, die genauso ein Prachtstück ist wie er selber. Eine seiner Töchter aus erster Ehe ist mit Pawel Litwinow verheiratet, dem Enkel von Maxim Litwinow, der nach Tschitscherin und vor Molotow neun Jahre lang Außenminister der Sowjetunion war. Pawel Litwinow hat einige Jahre in Sibirien zubringen müssen, weil er auf dem Roten Platz für Daniel und Sinjawskij demonstriert hatte.

Endlich in Freiheit, begann Lew sofort wieder zu schreiben: Buchbesprechungen für *Nowyj Mir*, Aufsätze über deutsche Schriftsteller für die literarische Enzyklopädie: über Brecht, Böll, Thomas Mann, Anna Seghers, Erwin Strittmatter. Und er hielt Vorlesungen. 1960 wurde er wissenschaftlicher Mitarbeiter am Institut für Kunstgeschichte, wo er verschiedene Kompendien: »Die Geschichte der deutschsprachigen Theaterwissenschaft vom 18. bis 20. Jahrhundert« herausgab und viel publizierte, unter anderem eine große Brecht-Biographie.

Diese fruchtbare Periode nahm 1966 ein jähes Ende, als Kopelew zusammen mit Paustowskij und dem Linguisten und Philosophen Iwanow (der inzwischen sein Schwiegersohn geworden ist) zugunsten von Daniel und Sinjawskij protestierte und sich daran dann eine ganze Serie von Eingaben und Aktionen anschloß: 1967 ein Brief über die Zensur, den er im Nachgang zu Solschenizyns berühmtem Brief an den Schriftstellerverband schrieb; 1968, im Zusammenhang mit dem Prozeß Galanskow-Ginsburg, ein Brief über die unzulässige Einmischung des KGB und der Gerichte in ideologische und kulturelle Probleme an das ZK. Damit noch nicht genug, verfaßte er im Februar 1968 einen Artikel für das *Wiener Tageblatt* über die Rehabilitierung Stalins. Ferner 1969 einen Protest gegen den Ausschluß Solschenizyns aus dem Schrift-stellerverband, 1970 gegen die psychiatrische Verhaftung von Schores Medwedjew und 1974 gegen den Ausschluß von Lidija Tschukowskaja aus dem Schriftstellerverband.

Die Folge: Publikationsverbot, Entlassung aus dem Institut, Ausschluß aus der Partei. Daß der Schriftstellerverband ihm nur eine strenge Rüge erteilte und ihn nicht auch noch verstieß, was den Verlust des letzten Einkommens bedeutet hätte, war offenbar Bölls »Plädoyer für einen Freund« in der ZEIT zu danken.

»Was hältst du eigentlich von Solschenizyns Tätigkeit heute im Westen?«

»Ich bin tief enttäuscht. Ich finde seine Gesinnung dogmatisch und chauvinistisch. Er verficht seine Ansichten mit Intoleranz und propagandistischem Fanatismus. Offenbar teilt er die Menschheit neuerdings in zwei Kategorien ein: seine Gefolgsleute und seine Feinde, etwas Drittes gibt es nicht. Ich war ihm unendlich verbun-den, und ich weiß seine Bedeutung als Schriftsteller, der die Sprache wieder pflegt, und als Erwecker des Gewissens und Wiederentdecker alter moralischer Werte sehr hoch zu schätzen. Gerade deswegen aber bin ich über seine politischen Predigten, die er im Ausland hält, seine reaktionären Utopien und seine Rechthaberei wirklich betroffen und bitter enttäuscht.«

Lew war ein begeisterter und offenbar auch ungewöhnlich begabter Lehrer. Darum schmerzt es ihn, daß er nicht mehr lehren darf. Er muß ein hervorragender Pädagoge sein: Zufällig kenne ich zwei Deutsche – ehemalige Kriegsgefangene –, die während des Krieges in seiner Antifa-Schule waren; noch heute leuchten deren Augen, wenn sie beschreiben, was für ein Erlebnis es für sie war, wenn Kopelew alle vierzehn Tage kam und über sowjetische Literatur und Kunst zu ihnen sprach.

Im Frühjahr 1976 erschien im Westen – in der Bundesrepublik, in Frankreich und Amerika – ein Buch von Kopelew, das den Titel trägt »Aufbewahren für alle Zeit!«. Das war der Stempel, mit dem die Akten der Verurteilten während des Stalin-Regimes versehen wurden. Kopelews Buch umfaßt die Zeit vom Einmarsch der Russen in Ostpreußen 1945 bis zu seiner Verurteilung 1947.

Er schildert die Eroberung Ostpreußens, seine Verhaftung, seine Verurteilung, die Jahre im Lager. Es ist ein philosophisches Buch, der Rechenschaftsbericht eines Mannes, der als begeisterter Kommunist auszog, sein Vaterland zu verteidigen, die Faschisten zu vernichten, die Imperialisten zu entmachten, um dann mit den Rechtgläubigen – auch den Deutschen – eine neue Welt der Humanität und des Internationalismus aufzubauen.

Er brauchte lange, um voll zu begreifen, daß die Wirklichkeit anders aussieht, daß die Verhältnisse so nicht sind. Lew wurde verhaftet, unmittelbar nachdem er mit seiner Propagandatruppe ein deutsches Regiment zum Meutern und damit die Festung Graudenz zur Kapitulation gebracht hatte. Für ihn ist und bleibt es unbegreiflich, daß oft geübte Tapferkeit, unwandelbare Treue, über Jahre bewiesene Glaubensstärke durch eine einzige mutwillige Verleumdung, durch die Lüge eines Opportunisten einfach ausgelöscht werden können. Eine Ahnung, ganz vage noch, überkam ihn freilich bereits bei der Verhaftung:

»Schon damals, in der ersten Stunde, empfand ich, noch unklar zwar, jene absolut undurchdringliche Gleichgültigkeit, mit der Worte ohne jede Verbindlichkeit gesprochen werden. Eine Gleichgültigkeit, nicht einmal kalt, sondern einfach temperaturlos, farblos und sinnlos. Sie macht gewöhnliche Menschen fähig zur Teilnahme an jeder beliebigen Sache, öfter an einer bösen als an einer guten, öfter an einem Verbrechen als an einer Heldentat, obwohl sie auch bei sogenannten Massen-Heldentaten – im Krieg, in besetzten Städten, in Versammlungen, in denen wichtige, riskante Beschlüsse zu fassen sind – eine Rolle spielt. Diese Menschen werden dann zu unbeirrbaren, indifferenten Befehlsempfängern, sie sind mit dabei, bewirken etwas, sind nötig. Vielleicht können sie zu Hause oder unter Freunden sich auch freuen, traurig sein, träumen, leiden. Aber wo sie ›dienen‹, wo sie ›einen Posten bekleiden‹, ›Befehle ausführen‹, wo sie keine Namen haben, sondern Dienststellungen und Ränge, dort werden sie zu einer grausam brutalen Kraft, die anwächst, sich ausdehnt wie ein verschlammter Strom.

Damals, an jenem sonnigen April-Morgen, kam ich zum erstenmal mit dieser kalten Kraft in Berührung, spürte sie dann mit jedem Jahr deutlicher, quälender, erstickte an ihr, stemmte mich gegen sie, zappelte in dem bodenlosen, zähen Morast herum, tastete nach einem festen Punkt. Manchmal schien es, als käme ich allmählich an festes Land, noch ein bißchen, und ich fände heraus, könnte herausklettern, leichter atmen . . . Aber nein, von neuem wurde ich in den Sumpf zurückgestoßen, wieder zog, fesselte, würgte mich der zudringliche, kalte, klebrige Schlamm.«

Kein Einzelschicksal. Dutzende von Erniedrigten, Beleidigten, am System Gescheiterten kreuzten Kopelews Weg durch die Feldgefängnisse, Lager und Strafanstalten. Es ist aufregend, seine langsame Verwandlung mitzuerleben, den Entwicklungsprozeß zu verfolgen, der aus einem bedenkenlos Gläubigen erst einen zornigen, dann einen enttäuschten, schließlich aber einen furchtlosen Menschen von großer Weisheit gemacht hat.

»Damals, zur Zeit meines ersten Verhörs, war ich von einem fest überzeugt: Das Ziel heiligt die Mittel. Unser großes Ziel war der Sieg des Weltkommunismus – um seinetwillen kann man und muß man lügen, rauben, Hunderttausende, ja Millionen von Menschen vernichten, alle, die diesem Ziel hinderlich im Wege stehen könnten. Um das Regiment zu retten, muß man den Zug opfern, um die Armee zu retten – das Regiment. Für den, den es trifft, schwer zu verstehen. Aber jedes Schwanken, jedes Zweifeln in derartigen Fällen rühren nur von ›intelligenzlerischer Wehleidigkeit‹, von ›liberaler Schwäche‹ derer her, die den Wald vor Bäumen nicht sehen . . .

Die Begriffe Gut und Böse, Menschlichkeit und Unmenschlichkeit waren für uns hohle Abstraktionen. Und ich dachte nicht darüber nach, warum Menschlichkeit abstrakt sein sollte, historische Notwendigkeit oder Klassenbewußtsein aber konkret. Begriffe wie Gewissen, Ehrenhaftigkeit, Humanität, hielten wir für idealistische Vorurteile, bürgerliche und eben deswegen lasterhafte Vorurteile.

All dies erkannte ich erst viel später. Doch schon in den letzten Kriegsmonaten fühlte ich es wie eine unaufhaltsam wachsende Bedrohung. Damals begann ich zum erstenmal, wirklich nachzudenken, und kam zu dem Schluß, daß absolute, dogmatisch unerschütterliche, sittliche Normen unbedingt notwendig sind. Die Relativität der Moral: alles, was uns nützt, ist gut, alles, was dem Feind nützt, ist schlecht, die wir predigen und Dialektik nennen, schadet schließlich uns, schadet dem Sozialismus, erzieht skrupellose Handlanger des Todes.« Soweit Lew Kopelew in seinem Buch.

Was werden die Folgen der Veröffentlichung sein? Wird man Lews Motivation in Moskau verstehen? Oder wird man seine Sorge, seine verzweifelten Selbstgespräche wieder als Tatbestand des Paragraphen 58 mißverstehen: ». . . die Sowjetherrschaft zu schwächen oder konterrevolutionäre Verbrechen zu inspirieren . . . «? Und wenn dies geschähe, wer sollte dann bei uns noch glauben, daß »Normalisierung« mit Vertretern einer solchen Denkungsart überhaupt möglich ist oder je sein wird? Ich staune immer wieder über Lew, am meisten aber bewundere ich an ihm die Freiheit, die er besitzt. Vielleicht sollte man besser sagen: die Freiheit, die er sich nimmt, die er aus dem Nichts gezaubert hat: »Ich lebe *inspite of*«, schrieb er in einem seiner letzten Briefe, »das ist auch eine Art von Freiheit, denn sie gibt mir die Möglichkeit, nur das zu sagen und zu schreiben, was ich wirklich denke. Ich bin keiner Instanz verantwortlich, nur meinem eigenen Gewissen. Ich gehöre zu keiner Partei, auch nicht zu den Dissidenten. Ich glaube nicht mehr an ein allgemein verpflichtendes Programm und charismatische Verheißung. Mein Imperativ lautet, so zu leben und zu handeln, daß man sich nie mehr seiner Taten und Reden zu schämen braucht.«

Als ich diesen Essay schrieb – 1976 –, lebten Lew und seine Frau, die Amerikanistin und Schriftstellerin Raissa Orlowa, noch in Moskau. Wir, seine Freunde im Westen, haben viele vergebliche Versuche unternommen, ihn zu einem Studienaufenthalt in die Bundesrepublik zu holen; die Ausreise wurde immer wieder abgelehnt. Schließlich aber, im Oktober 1980, kam die Erlaubnis ganz überraschend. Doch das Schicksal folgte auf dem Fuß: Im Januar 1981, während er in Deutschland war, verfügten die Sowjetbehörden seine Ausbürgerung.

In der Bundesrepublik bekam Kopelew von der Gesamthochschule Wuppertal eine Forschungsprofessur; er untersuchte zusammen mit anderen Experten das Deutschlandbild der Russen in der Literatur über die Jahrhunderte, und umgekehrt das der Russen in der deutschen Literatur.

Zuvor – und dies war seine erste Begegnung mit dem westlichen Deutschland – hielt er im Sommersemester 1981 in Göttingen ein Seminar für Germanisten. Er mochte die Studenten besonders gern, war aber enttäuscht darüber, daß die jungen deutschen Germanisten so wenig von Goethe gelesen haben – in der Sowjetunion müssen sie viel mehr über ihn wissen.

»Gab es denn nicht auch Ausnahmen?«

»Doch, ein Mädchen war ganz ausgezeichnet und auch ein junger Mann.«

Unser Gespräch wandte sich dann anderen Dingen zu, aber nach einiger Zeit fiel mir ein zu fragen: »Wo kam denn das Mädchen her?«

»Aus Kasachstan.«

»Und der Junge?«

»Aus Riga.«

Lew Kopelew, der inzwischen den Friedenspreis des Deutschen Buchhandels in der Paulskirche in Frankfurt erhalten hat, kennt die deutsche Literatur besser als mancher eingesessene Literat. Darum ist sein Urteil zu diesem Thema in einer Zeit der aufgeregten Diskussion wichtig. Kopelew war immer der Meinung, daß es keine zwei deutschen Literaturen gibt, sondern nur eine Literatur plus zwei schlechte Lokal-Literaturen – im Westen beispielsweise die Landserhefte, im Osten die sozial-realistischen Tiraden: »Aber Heinrich Böll und Bert Brecht, Christa Wolf und Siegfried Lenz gehören zu *einer* deutschen Literatur.«

In einem Interview mit der *Welt* sagte er im Dezember 1989:

282

»Ein Autor kann irren. Er kann auch politisch verirrt sein, wie es Anna Seghers in ihrer Publizistik und auch in manchen Romanen war, aber als eine Dichterin, die die Wahrheit darstellt, nicht nur die ästhetische Wahrheit, sondern auch eine, die ethische Werte schafft, ist sie notgedrungen systemfeindlich.«

Aus dieser Einstellung heraus ist Kopelew im Sommer 1990 mit großem Engagement für Christa Wolf eingetreten und gegen die, »die alle Autoren der DDR, die nicht eingesperrt, nicht geflohen und nicht ausgebürgert waren, als privilegierte Stützen des Systems denunzieren«. Unbestreitbar, so meint er, sei die moralische Integrität von Gerhard und Christa Wolf, die in der Vergangenheit bittere Auseinandersetzungen im Schriftstellerverband mit der Zensur, mit Staats- und Parteiinstanzen erleiden mußten.

Für mich ist damit der Streit erledigt, denn für mich ist Lew Kopelew sowohl literarisch wie moralisch eine Autorität.

Sind Moskaus Fahnen grau oder rot?

Ernst Fischer

1972

Im Sommer 1969 feierte Ernst Fischer seinen 70. Geburtstag und zugleich das Erscheinen seiner »Erinnerungen und Reflexionen« bei Fritz Raddatz in Hamburg. Auch Ernst Bloch und seine Frau waren zu diesem Ereignis aus Tübingen gekommen. Alle vier, Ernst Fischer, seine Frau Lou und das Ehepaar Bloch, beschlossen, anschließend ein paar Tage an einem der malerischen Seen in Schleswig-Holstein zu verbringen. Dort besuchte ich sie zum Wochenende, um in Ruhe mit den Freunden zusammen zu sein. Es war ein blauer Sommertag. Unter dem großen Himmel lag das flache nördliche Land weit ausgebreitet, so wie Nolde es oft gemalt hat. Am Horizont ein paar aufsteigende Wolken. Von der Landstraße war ich in einen sandigen Nebenweg eingebogen, der durch einen hellen Buchenwald führte. Plötzlich sah ich in der Ferne die schlanke, ein wenig romantische Gestalt Ernst Fischers auf mich zukommen: Der da geht, ist wirklich ein Dichter, er gehört in diese poetische Landschaft, mußte ich denken.

Ernst Fischer war vieles: Revolutionär, Lyriker, Dramatiker, Kulturkritiker, nach 1945 für kurze Zeit auch Erziehungsminister in Österreich, aber zuallererst war er ein Dichter. Vielleicht könnte man auch sagen, er war vor allem anderen ein Rebell. Sein Lebensweg – »Es gibt kein Schicksal, nur Alternativen. Das große Vielleicht« – läßt diese Deutung zu.

Mit sechs Jahren legte er am Weihnachtsabend seinem Vater, den er im Gegensatz zu der sehr geliebten Mutter haßte, einen Brief auf den Schreibtisch: »Wenn Du zu Deiner Frau und Deinen Kindern ekelhaft bist, werde ich Dich strafen.« Unterschrift: »Das

Ernst Fischer

Christkind.« Der Vater, ein durch und durch humor- und phantasieloser, kleinbürgerlicher Mann, Oberst in der k. u. k. Armee, fuhr ihn wütend an. Später, bei der ersten Kommunion, blieb der Bub als einziger zwischen allen Knienden aufrecht stehen – von den empörten »Andächtigen« zischend zur Ordnung gerufen. Als Vierzehnjähriger richtete er die Pistole auf den Vater.

In seiner Autobiographie schreibt Ernst Fischer: »Ich las die Bibel, wie ich Shakespeare las, schon als Kind von der Größe dieses Buches ergriffen, von dem Gott, der zum Menschen wird, als Rebell vor Gericht steht, als Verbrecher am Kreuze stirbt, von dem zwiespältigen Menschensohn, der sich von seiner Familie lossagt, den Armen frohe Botschaft predigt und: ›Ich habe das Schwert gebracht‹ und: ›Mein Gott, mein Gott, warum hast Du mich verlassen!‹ Die Widersprüche störten mich nicht, sondern von Anfang an empfand ich eine rätselhafte Einheit dieser großen Gestalt.«

In seiner Schule in Graz gab er eine Zeitschrift heraus, die kassiert wurde, weil er zum hundertjährigen Jubiläum der Völkerschlacht von Leipzig nicht den deutschen Befreiungskrieg, sondern – von Heine inspiriert – Napoleon gepriesen hatte. Als dann schließlich auch noch der Vorwurf, pornographische Gedichte verfaßt zu haben, hinzukam, wurde er von der Schule relegiert.

Der Ausbruch des Ersten Weltkriegs – Ernst Fischer war damals 15 Jahre alt – spiegelte sich ihm so: »Abends gab es bei uns große Gesellschaft, nichts als Offiziere, ein General und viele junge Leutnants und Oberleutnants. Sie hatten Champagner mitgebracht. Die Herren tranken viel und waren sehr in Stimmung ... Der Trinkspruch: ›Auf die reizende Hausfrau! Auf den Sieg! Alle Serben müssen sterben!‹ Die Uniformen standen auf und hoben die Gläser.«

Zwei Jahre später – das Abitur war inzwischen nachgeholt – zieht der Rebell als Fahnenjunker der kaiserlichen Armee in den Krieg. Als Mitglied des Soldatenrats kehrt er zurück. Ein bleibendes Zeugnis dieser Zeit – eindrucksvoll und unvergeßlich – die Schilderung des Zusammenbruchs an der italienischen Front. Heimgekehrt, begann er ein Leben als geistiger Freischärler.

286

Die weiteren Etappen sind typisch für viele der Besten jener Generation: Studium der Philosophie, Fabrikarbeiter, Redakteur bei der Wiener *Arbeiter-Zeitung*. Er ist vierundzwanzig Jahre, als sein erstes Stück »Attilas Schwert« in Wien aufgeführt wird. 1929 Eintritt in die Sozialdemokratische Partei. Nach den Februar-Ereignissen 1934, mit denen der heraufziehende Faschismus sich ankündigt, Übertritt in die KPÖ; nach der Ermordung von Dollfuß im Juli 1934 Flucht nach Prag; nach dem Einmarsch der Hitler-Armee in Prag Flucht nach Moskau.

Damals beschrieb er die Ankunft an der sowjetischen Grenzstation Negoreloje so, wie sie heute kein Mensch mehr beschreiben würde: »Die ersten Rotarmisten, die Soldaten der siegreichen Revolution, Standarten über dem Bahnkörper. Das Glücksgefühl: Es gibt ein Land, in dem all das triumphiert, wofür man in den kapitalistischen Ländern erschossen, gefoltert, eingekerkert wird. Wir kommen nicht als Gäste, sondern wir kommen als Menschen, die ihre Heimat besuchen.« Selten wird der Wandel der sowjetischen Wirklichkeit drinnen und des Bewußtseins der Leute draußen so deutlich wie im Kontrast dieser wenigen Zeilen zum Heute.

Ein paar Stunden später dann die Ankunft auf dem Bjelorussischen Bahnhof. Er schreibt: »Ist das Moskau? Unsere Augen registrieren das schmutzige Grau verwahrloster Gebäude. Und grau sind die Gesichter der schlechtgekleideten, unfrohen Menschen, die auf uns warten, zum Teil Betriebsdelegationen, zum Teil Neugierige, die gekommen sind, die Ausländer zu sehen, die sagenhaften Ausländer, die auf den Barrikaden für den Sozialismus gekämpft haben. Und grau sind die Fahnen, grau, nicht rot. So registrieren es die Augen. Doch das Herz erwidert: Ihr lügt. Die Fahnen sind rot, die Gesichter leuchten uns entgegen, und die Gebäude unterscheiden sich nicht von anderen Häusern an einem anderen Bahnhofsplatz.«

Der Zwiespalt: Doppelte Wirklichkeit ist da; aber kann der ausgebürgerte, heimatlose, der mit falschem Paß eingereiste Fremde, der die Sprache nicht spricht, die Vorgänge nicht kennt, kann er die Wirklichkeit durchschauen, und wenn er es könnte, kann er sich den Zwiespalt leisten? Ernst Fischer versucht, sich anzupassen. Noch hatte der Machtapparat der Partei die absolute

Herrschaft ja nicht ergriffen, noch befand sich die Sowjetunion in der revolutionären Phase, noch waren die großen Prozesse nicht über die Bühne gegangen, noch traten die meisten alten Bolschewiki sichtbar und hörbar auf: Sinowjew, Kamenjew, Radek – Bucharin war noch Chefredakteur der *Iswestija*. Fischer, der im Hotel Lux mit den Schicksalsgenossen Togliatti, Georg Lukács, Herbert Wehner untergebracht war, unterdrückt erfolgreich gelegentliche Zweifel und kultiviert seine Begeisterung für die Revolution. Er besingt sogar Stalin in einem Gedicht.

Etwas apologetisch schreibt er 1969 in seinen »Erinnerungen und Reflexionen«: »Am 1. Mai 1934 sah ich Stalin zum erstenmal. Mein Entschluß, ihn als Inkarnation des Sozialismus zu sehen, wäre nie gefaßt worden, hätte ich damals gewußt, was wir heute wissen . . . Aber das menschliche Bedürfnis, geschichtliche Prozesse nicht nur durch anonyme Kräfte, sondern durch Persönlichkeiten dargestellt zu sehen, ist in Zeiten revolutionärer Umwälzungen besonders intensiv . . . Was Intellektuelle wie mich zu Bewunderern Stalins gemacht hat, war vor allem die in widerspruchsvollen Situationen die Stellungnahme so erleichternde Vereinfachung, der wir erlegen sind; denn nichts ist schwieriger, als zu jeder Stunde die kritische Vernunft der Denkenden mit dem Elan der Unbedingtheit der Tätigen zu vereinigen.«

An anderer Stelle, wo er über den Zwiespalt der Intellektuellen nachdenkt, also den Antagonismus, der zwischen dem Individualisten und dem Kollektiv, dem er sich verschreibt, besteht, heißt es: »Je störrischer das primäre, das anarchische Ich sich auflehnt, dieses nie verstummende Nein des ja sagenden Intellektuellen, desto heftiger wird derjenige, der sich zur Gebundenheit genötigt sieht, Disziplin – die ihm so tief zuwider ist – gegen den Ungehorsam verteidigen, also gegen sich selbst, den Ketzer, der er ist.«

Wie war es möglich, daß ein solcher Rebell, dem es doch vor allem um Freiheit und eine humane Lebensordnung ging, den stalinistischen Terror ertrug, ohne aufzubegehren? Wie war es möglich, daß er 1952 beim Slansky-Prozeß schwieg? Daß er noch im Jahre 1956 anläßlich der ungarischen Ereignisse sich weigerte, eine Protesterklärung abzugeben (woraufhin er aus dem PEN-Club ausgeschlossen wurde)?

All diese Fragen hat er sich später selber gestellt – viel unbarmherziger, als andere dies taten. Seine Antwort, die vielleicht auch für Brecht, Bloch und andere galt, lautete: Er habe geglaubt, daß nicht die Demokratie, sondern nur die Diktatur des Proletariats in der Lage sein werde, die faschistische Diktatur zu brechen. Der Haß gegen Hitler und seine KZ, gegen Terror, Rassenfanatismus und Massenverbrechen saß so tief, nahm so sehr alle Konzentration in Anspruch, daß keine Zeit blieb, die Mittel zu prüfen, mit denen jenes Ziel erreicht werden sollte.

Das Schicksal Ernst Fischers, der 1945 nach Österreich zurückkehrte, KP-Abgeordneter im Nationalrat und Mitglied des Politbüros wurde, war in der Bundesrepublik so gut wie unbekannt. Die wenigsten hatten je seinen Namen gehört. Das änderte sich erst nach dem Kongreß von Liblice im Mai 1963. Auf Initiative von Eduard Goldstücker von der Prager Karls-Universität, der im Slansky-Prozeß zu lebenslänglichem Zuchthaus verurteilt worden war, kam damals ein Treffen kommunistischer Schriftsteller aus den osteuropäischen Staaten, Frankreich und Österreich zustande. Thema: Das orthodoxe Verbot der Werke Kafkas.

Diese Konferenz, auf der Ernst Fischer mutig und sehr entschieden auftrat, hat, wie man heute nachweisen kann, entscheidend dazu beigetragen, die Erosion im Ostblock in Gang zu bringen. Dort in Liblice, wo Eduard Goldstücker, Ernst Fischer, Roger Garaudy und Roman Karst über Entfremdung diskutierten und darauf hinwiesen, daß es sich dabei nicht nur um eine Krankheit der kapitalistischen Welt handelt, dort begann jene Unruhe, die sich inzwischen längst von ihrem literarischen Ursprung gelöst hat und zu einem politischen Bazillus im Fleisch der kommunistischen Regime geworden ist. Denn in Liblice wurde nachgewiesen, daß der Kommunismus keineswegs frei von Entfremdung ist, sondern daß er genau wie alle anderen Herrschaftssysteme an jener Krankheit leidet.

Vielleicht war es dieses Erlebnis, das Fischer in seinem Glauben, Schriftsteller und Künstler seien aufgerufen, als Verteidiger der Menschlichkeit gegen Bürokraten, Technokraten und Machthaber aller Art aufzutreten, so bestärkt hat. Seine Begründung: ». . . denn gefragt wird nur: Welchen Menschen braucht die

Gesellschaft, um störungsfrei zu sein, nicht welche Gesellschaft braucht der Mensch, um Mensch zu werden«.

Die Frage der Entfremdung hat Ernst Fischer unaufhörlich geplagt. In »Kunst und Koexistenz«, einem Werk, das 1966 erschien, und auch in dem zwei Jahre später veröffentlichten Band »Auf den Spuren der Wirklichkeit« setzt er sich mit diesem Problem immer wieder auseinander.

In einem dieser interessanten Essays vergleicht er Samuel Becketts »Endspiel« mit Solschenizyns »Ein Tag im Leben des Iwan Denissowitsch«. In der Gegenüberstellung von West und Ost macht er deutlich, daß die Entfremdung des Menschen von beiden Dichtern gleichermaßen verzweiflungsvoll empfunden wird. Hinter dem Vorhang des Selbstbetrugs, so meint Fischer, werde in Ost wie in West wahrnehmbar, wie entmenschlicht diese Welt ist.

Gerade im Glanz einer von Gütern strotzenden Konsumwelt sei es das Bedürfnis des Dichters Beckett, das Innere dieser Welt, ihre Entleertheit und Verödung, ihre unsichtbare Wirklichkeit aufzudecken. Und dann ein Zitat von Solschenizyn: ». . . hinter der Gigantomanie der Monumente und Machtapparate die andere Hölle, das Gefängnis aus Stein inmitten hölzerner Baracken, das Sträflingslager, der Übermut der Ämter, der Staub auf roten Fahnen, das Grau der Negativität«.

Die Kafka-Konferenz von 1963 hatte Fischer auf das engste mit den Reformern der ČSSR verbunden. Ihnen galt danach seine große Hoffnung, die Hoffnung, es könne gelingen, den Kommunismus so menschlich werden zu lassen, wie er und seine Freunde ihn sich einst erträumt hatten. Als dann schließlich die Sowjets in Prag einmarschierten – er war zu jener Zeit noch Mitglied des ZK der KPÖ –, protestierte er im Fernsehen, in Reden und Aufsätzen und forderte den Abzug der Truppen.

Ernst Fischer prägte damals das Wort vom Panzer-Kommunismus, das den Sowjets wie ein Dolch ins Herz fuhr. Im Oktober 1969 wurde er nach 35jähriger Mitgliedschaft aus der Kommunistischen Partei ausgeschlossen. Schon im Juli hatte die *Iswestija* befunden: »Er gehört auf den Misthaufen der Geschichte.«

»Ich bin ein Berliner«

Shepard Stone

1988

Wenn es einen Amerikaner gibt, der mit Recht von sich sagen kann: »Ich bin ein Berliner«, dann ist es Shepard Stone. Er hat unser Land in vier ganz verschiedenen Epochen erlebt: Als Student mit dem ungetrübten Frohsinn eines Zwanzigjährigen, der aus der amerikanischen Provinz kam, um den alten Kontinent kennenzulernen und die Abenteuer des Geistes zu entdecken. In vollen Zügen hat er die kulturellen Möglichkeiten Berlins genossen, bis jene Ära ihre ersten Schatten zu werfen begann, die er so prägnant mit dem Ausdruck »Stiefel in der Nacht« charakterisiert hat.

Ein zweites Mal kam er als Soldat mit dem ersten amerikanischen Vorkommando, das am 6. Juni 1945 landete. Der Weg führte ihn durch das zerstörte Deutschland bis Torgau an der Elbe, wo sich Amerikaner und Russen die Hand reichten. Er war dabei, als das Konzentrationslager Buchenwald befreit wurde, ein danteskes Inferno, das zu beschreiben oder sich auch nur selbst noch einmal in Erinnerung zu rufen, er sich immer geweigert hat.

Er blieb immer sich selber treu und seiner Überzeugung, daß es solche Deutsche gibt und andere Deutsche. Und darum war die folgende Zeit, in der er mitgewirkt hat bei der Aufgabe, diesem Land wieder vernünftige, normale Maßstäbe zu geben, eine verantwortungsvolle Presse aufzubauen und alten Freunden neuen Mut zuzusprechen, so außerordentlich fruchtbar – für uns, aber auch für ihn selbst.

Im Jahr 1949 kam er dann ein drittes Mal, nun als rechte Hand des unvergleichlichen und vor allem in Berlin unvergessenen Hochkommissars John McCloy in die nun inzwischen etablierte Bundesrepublik Deutschland. Damals haben die beiden gemeinsam die politischen und geistigen Grundlagen gelegt, auf denen das Gebäude errichtet wurde, in dem wir noch heute leben. John McCloy und Jean Monnet, das waren, glaube ich, die beiden großen, moralischen Persönlichkeiten, die ihm am meisten in seinem Leben bedeutet haben.

Wenn ich mich frage, wieso während dieser drei Epochen mit ihren so ganz verschiedenen Fragestellungen und der anschließenden großen, weltumspannenden Aufgabe, die die Ford-Foundation als Herausforderung für Shepard Stone darstellte, wieso sein jeweiliges Wirken – auch heute, während der vierten Periode – von einer so erstaunlichen Kontinuität zeugt, so liegt dies, scheint mir, an der Unbeirrbarkeit, mit der er an seinen Wertvorstellungen festgehalten hat. Was immer auch die jeweiligen Aufgaben waren, stets hat er mit sicherem Instinkt seine Maximen in praktische Politik zu übersetzen gewußt. Vielleicht ebenso wichtig ist die durch nichts zu erschütternde Loyalität, mit der er unbeirrbar der Sache verhaftet ist, der er sich jeweils verschreibt.

Es gab Zeiten, in denen man überall in der Welt auf Shepard Stones Spuren stieß. Einmal vor Jahren, als ich in Neu Delhi war, befanden sich die indischen Journalisten gerade in arger Verlegenheit: Sie hatten die Absicht, eine große, internationale Pressekonferenz nach Delhi einzuberufen, um Indira Gandhis autoritäre Anwandlungen der Presse gegenüber ein wenig zu dämpfen. Aber die Prime-Ministerin, der die Einladungsliste vorgelegt werden mußte, dekretierte: »Amerikaner und westliche Korrespondenten dürfen nicht eingeladen werden – nur Osteuropäer.«

Die Inder waren ratlos, sie kannten keine Osteuropäer. Schließlich kam der Chefredakteur der *Times of India* auf den guten Gedanken, Shepard Stone in Paris anzurufen, weil der, so meinte er, ja doch alle Welt kenne. Recht hatte er. Shepard Stone stellte eine Liste von Osteuropäern zusammen, die, so ist zu vermuten, westlichen Gesichtspunkten nicht gerade ableh-

Shepard Stone

nend gegenüberstanden. So kam es, daß schließlich bei jener Konferenz, zu der keine Amerikaner zugelassen waren, ein Amerikaner festgelegt hatte, wer eingeladen wurde.

Ich frage mich, was wohl Shepard Stones Mitschüler heute denken; damals, als die Abiturienten der Highschool in Nashoa, New Hampshire, sich gegenseitig bewerteten, sagten sie ihm vor allen anderen die bedeutendste Karriere voraus. Ja, sie konnten sich sogar vorstellen, daß er es bis zum Bürgermeister von Nashoa bringen werde. Wenn Shepard Stone diesen Namen ausspricht, dann pflegt er zu buchstabieren: Nashoa, weil in Deutschland niemand jemals von diesem Ort gehört hat. Ich stelle mir vor, daß Nashoa etwa die Bedeutung von Peine in Niedersachsen oder von Husum in Holstein hat.

Shaw hat einmal gesagt: »The reasonable man adepts himself to the world; the unreasonableone persists in trying to adept the world to himself. Therefore all progress depends on the unreasonable men.« Shepard Stone gehört zu der dritten – der seltensten – Kategorie: Er ist unvernünftig genug, um noch immer nach neuen Horizonten zu spähen und zu glauben, daß man die Welt verändern könne, aber er besitzt genug Vernunft um zu wissen, daß dies nur millimeterweise möglich ist.

Er ist kein Revolutionär, sondern ein Erzieher mit einer besonderen Begabung zur Integration. Und weil er ein untrügliches Gefühl für Menschen hat, seine Neugier für Dinge, die da kommen, nie nachläßt und er den großen Problemen unserer Zeit immer auf der Spur bleibt, ist er ganz unersetzlich für Berlin im allgemeinen und für das Aspen-Institut im besonderen.

Er hat dieser Stadt immer die Treue gehalten, ungeachtet aller Enttäuschungen, die unser Land seinen Freunden zugemutet hat; ungeachtet auch der finsteren Kapitel, die zwischen dem Abschied nach der Promotion bei Hermann Oncken im Jahr 1933 und der Rückkehr mit der amerikanischen Armee liegen. Möglich war dies nur, weil sein großes Herz und sein souveräner Sinn stets der Versuchung widerstand, Haß und Verachtung für die einen auf sie alle – auf die Deutschen in ihrer Gesamtheit – zu übertragen.

Ich frage mich, was aus Berlin werden soll, wenn Shep jetzt

in seine amerikanische Wildnis zurückkehrt. Es wird jedenfalls sehr, sehr viel langweiliger werden, darauf müssen wir uns gefaßt machen.

Der Basler Gelehrte:
Verzauberer und Entzauberer zugleich

Edgar Salin

1976

Am 30. Januar 1933 brach das Dritte Reich aus. Bis zum 8. Februar 1933, also während der ersten Woche des neuen Regimes, hatte die Universität Frankfurt am Main, an der ich damals studierte, 90 Professoren und Dozenten verloren. Sie waren sofort entlassen worden oder hatten sich der Verhaftung entzogen, indem sie einfach untertauchten. Der Grund für diesen raschen Zugriff: Die Universität galt als rot und als in hohem Maße »jüdischversippt«.

Den Abend des 30. Januar 1933 werde ich nie vergessen. Obgleich nichts Außergewöhnliches geschah, hat sich mir ein Eindruck unauslöschlich eingeprägt: Ich kam mit meinem Rad von der Universität, bog in die Bockenheimer Landstraße ein, die in diesem Moment – es war schon verhältnismäßig spät – vollkommen menschenleer und still dalag. Plötzlich hörte ich jenes Geräusch, das man damals zu allen Tages- und Nachtzeiten in den Straßen vernahm: . . . rrum, rrum, rrum . . . den Marschtritt genagelter Stiefel auf dem Asphalt. (Wenn ich an die Nazi-Zeit denke, dann stellen sich bei mir als unmittelbare Reaktion nicht Gedanken oder Gefühle ein, sondern ganz bestimmte Geräusche: entweder ebenjener Nagelschuh-Marschtritt oder das Gegröle begeisterter Gefolgsleute.)

Irgendeinem Zwang gehorchend, stieg ich damals vom Rad, stellte mich unter eine der Linden, die den Straßenrand säumen, und wartete. Der ferne Marschtritt kam immer näher, wurde immer lauter und lauter, schien ganz unausweichlich, hypnotisierend. Ich hätte nicht einfach aufsitzen und davonradeln können.

Edgar Salin

Schließlich war die Kolonne auf meiner Höhe, eine Hundertschaft der Braunen zog an mir vorüber: steinerne Gesichter, zu allem entschlossen. In diesem Augenblick stand das Kommende plötzlich deutlich vor mir: Diese Stiefel würden alles, was ich liebte und achtete, zertreten. Ich beschloß, so bald wie möglich Deutschland zu verlassen und in der Schweiz weiterzustudieren.

Der geeignete Ort schien Basel, wo Professor Edgar Salin als Ordinarius der Volkswirtschaft lehrte. Eines Tages stand ich vor seinem Haus in der Hardtstraße 110, klingelte, wurde in den kleinen Flur eingelassen und betrat sein Studierzimmer, in dem ich später viele anregende Abende verbracht habe: Bücher bis zur Wölbung der Decke, ein Dante-Porträt, Goethes Totenmaske, hier und da scheinbar zufällig an Bücherrücken gelehnte Postkarten, griechische Köpfe und italienische Mosaiken darstellend; ein Schreibtisch, davor des Professors hoher Stuhl und gegenüber ein kleinerer für den Besucher, schließlich eine einfache Couch – nichts mehr. Und nichts mehr und kein Stück weniger sollte der Gast zwanzig und vierzig Jahre später dort wiedersehen.

Ob der Professor bereit sei, mich als potentielle Doktorandin anzunehmen? Gegenfrage: Worüber ich denn arbeiten wolle? Ich erklärte ihm, daß ich mich in Frankfurt am Main viel mit Marxismus beschäftigt hätte und dieses Thema gern vertiefen würde. »Marxismus?« Der Professor wurde ganz lebhaft: »Nein, über Marx wissen viele Leute vieles – wahrscheinlich mehr als Sie. Sie sollen mir einmal untersuchen, wie in den Jahrhunderten vom Mittelalter bis in unsere Tage in Ostpreußen ein landwirtschaftlicher Großgrundbesitz zusammengekommen ist.« So stieg ich denn daheim ins Archiv, wälzte zusätzlich im Staatsarchiv in Königsberg die Ordensfolianten und war für zwei Jahre staubbedeckt mit dem Entziffern altertümlicher Handschriften beschäftigt. Sosehr ich während jener Zeit meinem Professor grollte, so dankbar bin ich ihm heute, weil er mich gezwungen hat, intensiv in die Geschichte meiner engsten Heimat einzudringen, so daß ich sie – wenigstens geistig – besaß, als sie physisch verlorenging.

Basel war damals ein interessanter Platz: Karl Ebert, bis dahin Intendant der Charlottenburger Oper, hatte das Schauspielhaus übernommen und nahm mich oft zu Theaterproben mit; an der

Universität hatten viele Studenten Zuflucht gefunden, die bei sich zu Hause nicht mehr sein konnten oder mochten: Nazis aus Österreich und Anti-Nazis aus Deutschland. Über ihnen allen – soweit sie zur philosophischen Fakultät gehörten – schwebte Edgar Salin, der eine gewisse Prophetenattitüde pflegte, aber von allen respektiert, von vielen bewundert wurde.

Edgar Salin war ein großer Zauberer: ein Verzauberer, gelegentlich auch ein Entzauberer. Die »Geschichte der Volkswirtschaftslehre«, sein erstes bedeutendes Werk, 1923 erschienen – ein Stoff, durch den der Student der Nationalökonomie sich meist gelangweilt hindurchzuwühlen pflegt –, ist unter seiner Feder zu einer spannenden, abenteuerlichen Geschichte der menschlichen Gesellschaft geworden.

Er war in der Philosophie der Antike ebenso zu Hause wie in der scholastischen Theologie des Mittelalters oder der Kosten-Nutzen-Lehre moderner Nationalökonomen. Gewiß, es gibt heute Wissenschaftler hoher Kompetenz, aber Gelehrte seiner Spannweite wachsen wohl nicht mehr heran. Vier Bände Plato-Übersetzung; die »Civitas Dei«; eine Abhandlung über Nietzsche und Jacob Burckhardt; Erinnerungen an Stefan George – das sind Marksteine, die am Rande seines fachlichen Schaffens stehen. 1892 geboren, hatte der Zweiundzwanzigjährige, kurz bevor er als Freiwilliger in den Ersten Weltkrieg zog, 1914 bei Alfred Weber in Heidelberg mit *summa cum laude* promoviert.

Heidelberg war in jenen Jahren eine Stadt bewegter, außerordentlich vielseitiger Geistigkeit. Da waren Stefan George und Friedrich Gundolf, da lehrten der Philosoph Wilhelm Windelband, der Romanist Ernst Robert Curtius, der Historiker Wilhelm Oncken. Karl Jaspers beschäftigte sich noch mit Medizin, und Alfred Weber, der jüngere Bruder von Max Weber, war der Mittelpunkt eines politisch interessierten Studentenkreises. Noch lag ein Abglanz der großen Zeit der Universität über dem Ganzen, noch wohnten Wissenschaft und Musisches eng beieinander.

Der Kreis um Stefan George machte damals den Versuch, sich von einer flachen humanistischen Bildung, die nur auf das Sammeln von totem Wissensstoff gerichtet war, freizuhalten und den Menschen als Ganzes zu begreifen – Bildung sollte sich im Leben und Lehren vollziehen. Salin schreibt in seinem George-Buch »Erinnerungen und Zeugnis«: »Gegen diese vermeintliche Wissensverachtung lehnte sich Max Weber auf und herrschte uns einmal mit der Frage an: ›Wollen Sie eigentlich Banausen züchten?‹ Gundolf erwiderte: ›Nein, freie Menschen.‹ Darauf Max Weber: ›Das ließe ich mir gefallen, aber das Produkt sind nur blasse Humanisten.‹«

Nun, Edgar Salin, der in der Tradition der deutschen Sozialwissenschaft von Werner Sombart und Max Weber stand, für den also philosophische Reflexionen und ökonomisch-soziologische Analysen zusammengehörten, ist nie ein blasser Humanist gewesen. Er, für den bis in sein hohes Alter hinein die Begegnung mit Menschen, mit Dichtung und Wissenschaft ein Abenteuer war, ist stets ein leidenschaftlicher Mensch geblieben, leidenschaftlich auch in dem Wunsch, zu verstehen, zu vermitteln, zu durchdenken und mitzugestalten.

Er hat viel geschrieben, hat große, anregende Vorlesungen gehalten, war ein unübertroffener Lehrer. Allerdings auch ein gefürchteter Lehrer, weil seine Vorlesungen nicht auf das Rezeptive beschränkt blieben, vielmehr mußte man immer gewärtig sein, mit einbezogen zu werden. So konnte es ihm plötzlich einfallen, nicht nur zur Sache Fragen zu stellen, sondern die Gelegenheit zu benutzen, um unter irgendeinem Vorwand den Stand der Allgemeinbildung zu testen. Ich erinnere mich an Fragen wie diese: Wie viele und welche Friedensschlüsse gab es nach dem Ersten Weltkrieg? Welche Tiere sind welchen Evangelisten zugeordnet? Wenn Sie für ein Jahr auf eine ferne Insel verbannt würden und drei Bücher mitnehmen dürften, welche wären es? In der Debatte konnte man ohne Scheu jede Meinung vertreten – nur keine Meinung zu haben, das war verpönt.

Als ich, fünfundzwanzig Jahre nachdem ich bei ihm promoviert hatte, wieder einmal in Basel war, mußte ich feststellen, daß er noch immer die verabscheuungswürdige Gewohnheit hatte, seine Vorlesung winters um 8.15 Uhr und sommers um 7.15 Uhr zu beginnen. Ich war damals, Anfang der sechziger Jahre – gerade von einer dreimonatigen Reise durch Afrika zurückgekehrt –, von Salin eingeladen worden, in seinem Donnerstags-Kolloquium

»Für Hörer aller Fakultäten« zu sprechen. Unvorsichtigerweise hatte ich eingangs eine abträgliche Bemerkung über jene matinale Unsitte gemacht (was von den Studenten mit großem Beifall quittiert wurde), eine leichtfertige Herausforderung, der die Strafe auf dem Fuß folgte: Wahrscheinlich hatte ich etwas zu lange gesprochen, jedenfalls reichte die vorgesehene Zeit für die sich anschließende, sehr lebhafte Diskussion nicht aus, und so wurde sie zeitgerecht von Salin abgebrochen mit der Bemerkung: »Ich schlage vor, daß wir die Diskussion mit der Referentin morgen früh in der Vorlesung fortsetzen – also auf Wiedersehen morgen früh um 7.15 Uhr!«

Edgar Salin hat schon Anfang der fünfziger Jahre über die ökonomischen Konsequenzen der Atomkraft nachgedacht, er kannte die Problematik des Gemeinsamen Marktes in allen technischen Einzelheiten und hat noch achtzigjährig in Basel ein internationales Seminar über Währungsfragen geleitet, zu dem auch der erste Mann des *Federal Reserve Bank System*, Arthur Burns, aus Amerika kam.

Diese Seminare leitete Edgar Salin stets selbst – ein strenger Vorsitzender, der in höchster Konzentration und mit der Uhr in der Hand die Redner beim Thema hielt. Ich erinnere mich, wie sich einmal bei einem solchen Seminar in Frankfurt am Vormittag des zweiten Tages – man sprach über Diskont-Politik – allmählich eine gewisse Apathie ausbreitete; immer mehr Blicke wandten sich dem Fenster zu oder bekamen jenen starren Ausdruck, der den heraufziehenden Schlaf anzukündigen pflegt. Salin reagierte ganz rasch, schaltete sich in die Diskussion ein und gab aus dem Stegreif ein Blitz-Kolleg über die Rolle des Zinses von der Antike bis zu den Tagen der Bundesbank. Wie weggeblasen war da schon nach den ersten Sätzen alle Müdigkeit.

Salin war in umfassender, in einer ganz und gar nicht mehr existierenden Weise gebildet. Für ihn als Lehrer der Nationalökonomie war Volkswirtschaft nicht nur Geschichte der Theorie und der Wirtschaftspolitik, sondern stets zugleich Kulturgeschichte und Philosophie. Er wußte um die Macht der Ideen. Relativierender Empirismus war ihm ein Greuel, erschien ihm armselig und beklagenswert.

Aber dieser Höhenflug hinderte ihn nicht, mit scharfem Auge und kritischem Sinn zu beobachten, was um ihn herum vorging. Er war der erste, der die Gefahr eines dialektischen Umschlags der Marktwirtschaft zur Konzentration wahrnahm und eindringlich vor der Ansicht warnte, Wettbewerb sei ein automatischer Schutz, auf den man sich jederzeit verlassen könne. Seine leidenschaftliche Rede über die Konzentrationsproblematik bei der Tagung des »Vereins für Sozialpolitik« in Kissingen Anfang der sechziger Jahre hat damals für viele Ernüchterung in den Überschwang des Wirtschaftswunders gebracht.

Edgar Salin war in seinem Umgang mit Menschen sehr anspruchsvoll. Er war ein Meister der Freundschaft, aber er konnte auch hochmütig, ja verletzend sein, wenn es darum ging, jemanden loszuwerden, der ihn langweilte. Sein Gefühl für Menschen war unbestechlich. Wie ein Wünschelrutengänger ist er durch dieses Leben geschritten. Dabei war ihm Charakter im Sinne von Maßhalten und Gerechtsein viel wichtiger als Intelligenz – und das Musische entscheidender als das Rational-Faktische.

Das Gewissen der Politik

Theodor Eschenburg

1989

Die meisten Menschen meinen, mit der Verabschiedung des Grundgesetzes und mit Gründung der Bundesrepublik sei eigentlich das meiste schon getan. Aber vieles lag in den fünfziger Jahren noch im dunkeln, denn wir hatten wenig Erfahrung mit der Demokratie und ihren Erfordernissen.

Darum empfand die Redaktion der ZEIT damals das Bedürfnis, einen freien Mitarbeiter zu suchen, der für uns verfassungspolitische Fragen und Probleme der gesellschaftlichen Struktur kompetent bearbeiten könne. Ich war zu jener Zeit Leiter des politischen Teils der ZEIT und begann also umherzuspähen. Sehr bald war klar:

Es gibt nur einen Professor, der das, was die *res publica* ausmacht, in alltäglichen Ereignissen aufspürt und dies als Fallstudie zu durchleuchten vermag; nur einen, der darauf verzichtet, seinen Ehrgeiz auf die Proklamierung neuer Theorien zu richten. Eschenburgs Ehrgeiz ist es, Lehrstücke für den Umgang mit dem Grundgesetz abzuhandeln und die politischen Institutionen der modernen Demokratie zu analysieren, auf ihren Gehalt abzuklopfen, Schäden aufzudecken und auf diese Weise unser Regierungssystem funktionsfähig zu erhalten.

Wenn man sich heute einmal die Themen vor Augen führt, die er in den ersten zwei Jahren als freier Mitarbeiter der ZEIT behandelt hat, sieht man sogleich, wie einzigartig sein Gespür für die politischen Alltagsfragen ist: »Abgeordneten-Intervention bei Behörden«; »Parteienfinanzierung«; »Korruptionsprozesse in der Republik«; »Nebenregierung durch Verbände«; »beurlaubte

Staatsbeamte als Parteifunktionäre«; »das Problem der Abgeord-
netenversorgung«; »alle Wahlen an einem Tag?« (also die Frage,
ob Wahlen zum Bundestag und zu den Landtagen zeitlich so
abgestimmt werden können, daß nicht in jedem Jahr Wahlen
stattfinden und der Bürger aus der Unruhe gar nicht mehr herauskommt).

Für den damals ja noch jungen Staat waren die messerscharfen
Analysen des Tübinger Professors, erwachsen aus seinem unbe-
stechlichen Rechtsgefühl und unterfüttert mit einem weitver-
zweigten historischen Wissen, ganz unersetzlich. Viele haben den
strengen Präzeptor sehr gefürchtet – wir haben ihn sehr geliebt.
Wir haben unendlich viel von ihm gelernt und sehr viel mit ihm
gelacht.

Wenn er zu den Konferenzen kam, war immer etwas los:
interessante Informationen, ganz neue Gesichtspunkte zu uralten
Problemen und herrliche Geschichten aus dem alten Lübeck oder
dem neuen Bonn. Sein Erscheinen war immer begleitet von hek-
tischen Suchaktionen und telefonischen Fahndungen nach irgendwelchen lebenswichtigen Gegenständen. Entweder war der Hut
im Schlafwagen hängengeblieben oder der Mantel im Speisewa-
gen. Nur von der Pfeife trennte er sich nie.

Als ich einmal Konrad Adenauer im Palais Schaumburg besuchte, sagte er: »Jestern war de Eschenburg bei mir, isch dachte,
der plant ne Attentat.« Und dann beschrieb er, wie aus Eschenburgs rechter Jackentasche plötzlich kleine Rauchwölkchen auf-
stiegen: Der Professor hatte wieder einmal die brennende Pfeife
einfach in die Tasche gesteckt, anstatt sie im Vorzimmer auf dem
Aschenbecher abzulegen.

Der Tübinger Professor gehört natürlich gar nicht nach Tübingen, sondern nach Lübeck. Die Eschenburgs sind seit dem
14. Jahrhundert als Lübecker Bürger ausgewiesen. Wer die herrliche alte Ordenskirche St. Marien in Lübeck besucht, kann
feststellen, welche Rolle dieses Geschlecht in der alten Hansestadt
gespielt hat.

Dort haben die Eschenburgs eine eigene Seitenkapelle ganz für
sich, wie ich es sonst nur bei katholischen Grafen in Schlesien
gesehen habe. In dieser hanseatisch schlichten, protestantisch

Theodor Eschenburg

strengen Kirche sind in einer großen Nische auf weißgetünchtem Grund in schwarzen Lettern, sparsam goldumrandet, die Namen der wichtigsten Eschenburgs verzeichnet: ein Bürgermeister, mehrere Senatoren und andere Würdenträger.

Der Bürgermeister war Theodor Eschenburgs Großvater, ein bemerkenswerter, souveräner Patriarch, reichstreu, aber preußenfeindlich – mindestens behandelte er den Teil des Kaisers, der den König von Preußen repräsentierte, als nicht existent – obgleich er selbst offenbar ein überzeugendes Vorbild für alles das war, was man als preußische Tugenden zu bezeichnen pflegt.

Die Regierenden Bürgermeister der Hansestädte waren – das hat man heute ganz vergessen – bis zum Ende des Ersten Weltkrieges, entsprechend dem Hofzeremoniell, den Bundesfürsten gleichgestellt. Damit sie bei der Anrede, verglichen mit ihren Kollegen, den Königlichen Hoheiten und Durchlauchtigsten Fürsten nicht allzu nackt dastanden, hatte Wilhelm II. bestimmt, daß sie mit Magnifizenz anzureden seien. »Der Bürgermeister« – eben jener Großvater – benutzte, wie Theodor Eschenburg in seinem schönen Aufsatz über Lübeck schreibt, »für hochoffizielle Reisen den früheren Salonwagen eines thüringischen Herzogs, den der Stadtstaat erworben hatte«.

Immer wieder hat uns entzückt, wie facettenreich der Enkel das Lübecker Milieu zu schildern weiß, das er als Vierzehnjähriger erlebt hat und das Thomas Mann so unnachahmlich in den »Buddenbrooks« beschrieben hat. Man weiß, wie angefochten Thomas Mann in seiner Vaterstadt war, deren Gesellschaft in jener Phase des *Fin de siècle* er ebenso treffend wie für die Betroffenen ärgerlich charakterisiert – die Lübecker meinten: kritisiert – hat.

Der junge Theo und seine gleichaltrige Cousine genossen in Auflehnung gegen die ältere Generation den Spötter Thomas Mann. Und als sie ihrer Bewunderung eines Tages so laut Ausdruck verliehen, daß der Herr Bürgermeister nicht umhinkonnte, dies zur Kenntnis zu nehmen, sagte er mit gleichsam erhobenem Zeigefinger: »Mathilde und ich, wir haben den Roman dieses Nestbeschmutzers nie gelesen und werden es auch nicht tun.« Damit war das Thema erledigt, Thomas Mann in Acht und Bann getan und die Jungen nicht in Unklarheit darüber gelassen, daß dieser Name in Zukunft nicht mehr genannt werden dürfe.

Einer der Eschenburgs – es muß um dieselbe Zeit gewesen sein – hatte in seinem Testament verfügt, daß weibliche Familienmitglieder, die einen Offizier heirateten, nur das Pflichtteil ausgezahlt bekämen, denn Offiziere wurden in der Kaufmannsstadt geringgeschätzt und nicht als voll gesellschaftsfähig angesehen. Den spöttischen Enkel amüsiert noch heute, daß jener Hagestolz dadurch gestraft wurde, daß er ausgerechnet an dem Tag starb, an dem die Erzbergersche Finanzreform in Kraft trat. Hätte er 24 Stunden früher das Zeitliche gesegnet, wären die zu zahlenden Steuern um ein Vielfaches geringer gewesen.

Als der Professor wieder einmal bei uns in Hamburg war und an der Wochenkonferenz teilnahm, fragte ihn einer, der etwas hatte läuten hören: »Worum geht eigentlich Ihr Streit mit dem Postminister?« Eschenburg: »Hören Sie mal zu« – so fingen seine Antworten meistens an –, »da kommt doch tatsächlich eines Tages der Postbote zu mir und sagt: ›Hier ist ein Brief vom Bundespostminister – Dienstsache. Für den müssen Sie 20 Pfennige Strafporto zahlen.‹

›Nein‹, sage ich, ›Ihr Chef braucht seine Briefe nicht zu frankieren, folglich muß ich auch kein Strafporto zahlen.‹

Der Postbote: ›Tut mir leid, die 20 Pfennige sind gebucht, ich muß sie abliefern, sonst muß ich den Brief wieder mitnehmen.‹

Eschenburg, dem Neugier nicht fremd ist: ›Na gut, dann werde ich die 20 Pfennig zahlen.‹«

Nun begann ein langer Prozeß, den der institutions-besessene Professor mit wachsendem Vergnügen immer weiter trieb: Er schreibt an den Präsidenten der Oberpostdirektion, mit Durchschlag an den Referenten im Bundespostministerium, schildert den Fall, beschwert sich und erhält postwendend folgende Antwort aus dem Ministerium: »Ich habe heute bei der Ministerbesprechung Ihren Fall vorgetragen. Auch der Staatssekretär sagte: ›Ausgerechnet bei Eschenburg muß das passieren!‹«

Am nächsten Tag Anruf – erst des Präsidenten der Oberpostdirektion, dann des zuständigen Postamtes: beiderseits große Entschuldigungen. Schließlich kommt der Postbote und bringt 20

Pfennige. Eschenburg steckt sie ein und sagt: »Nun müssen Sie aber eine Quittung haben.«

Antwort: »Nein, ich habe ausdrücklich die Weisung bekommen, keine Quittung entgegenzunehmen.« Entsetzter Ausruf: »Ihr seid mir schöne Brüder, von Haushalts-Gehorsam wißt ihr offenbar nichts!«

Der Stoßseufzer des Staatssekretärs im Bundespostministerium: »Ausgerechnet bei Eschenburg . . . « ist typisch. Auch wenn er in diesem Fall nicht ernst gemeint war: unter den Ministern und in der höheren Ministerialbürokratie gibt es gewiß keinen, der diesen Fanatiker korrekten Stils nicht kennt, der diesen Plagegeist moralischer Integrität – der oft das Gewissen der Nation genannt worden ist – nicht fürchtet. Theodor Eschenburg, der stets vom konkreten Einzelfall ausgeht, hat ungleich mehr Wirkung als viele seiner Kollegen, die sich in den luftigen Höhen abstrakter Theoreme bewegen.

Und noch etwas, und das ist eigentlich sehr merkwürdig: Der Autor dieser vielschichtigen Kommentare zu Ereignissen des Tages – meist umfassen sie nicht mehr als vier bis fünf Seiten – schreibt ungewöhnlich trocken, und dennoch sind seine Auslassungen spannend, ja aufregend zu lesen, auch dort, wo es sich um scheinbar unpolitische Themen handelt. Zum Beispiel um »Tischordnung« oder um Gustav Freytags »Soll und Haben«.

Auch hat er den politischen Themenkatalog und die dafür relevante Terminologie entscheidend bereichert: Kanzlerdemokratie, Gefälligkeitsstaat, Herrschaft der Verbände – das sind Begriffe, die auf ihn zurückgehen und die zur Verständigung über die moderne Wirklichkeit ganz unentbehrlich geworden sind.

Schade, daß Meister Eschenburg nicht mehr nach Hamburg kommt. Die Konferenzen mit ihm waren stets unglaublich interessant, und – vor allem – sie waren immer lustig. Ich vermisse ihn sehr.

Erfinder, Monopolkapitalist, Mäzen, Wohltäter

Kurt Körber

1990

Ich hatte Kurt Körber zwar gelegentlich hier oder da getroffen, aber wer dieser Mann, den manche als Erfinder apostrophieren, eigentlich wirklich ist, das entdeckte ich erst, als wir beide im Frühjahr 1967 einer Delegation angehörten, die nach Rußland eingeladen war. Auf der langen Reise durch Sibirien und Kasachstan gab es genug Gelegenheit zu Gesprächen.

Vom Stichwort »Erfinder« fasziniert, fragte ich ihn, als wir nebeneinander im Bus saßen, der uns vom Flugplatz Scheremetjewo nach Moskau brachte: »Wie viele Erfindungen haben Sie denn eigentlich in Ihrem Leben gemacht?«

»Mittlerweile sind es fast zweihundert, die unter meinem Namen beim Patentamt angemeldet wurden.«

»Um Himmels willen, auf wie viele Jahre verteilt sich das?«

»Mein erstes Patent, es handelt sich um eine automatisch gesteuerte Sender-Ablese-Skala, habe ich als Schüler beim Patentamt durchgepaukt; das war ohne Patentanwalt gar nicht so einfach.«

Der damals 15jährige Körber beschäftigte sich zu jener Zeit damit, Rundfunkgeräte – die neueste Errungenschaft der zwanziger Jahre – zusammenzubasteln und zu reparieren. Und da er offenbar schon damals einen ausgeprägten Sinn fürs Ökonomische besaß, hatte der zukunftige Unternehmer zwei pensionierte Reichsbeamte angestellt, damit sein »Geschäft«, die früh erschlossene Quelle späteren Reichtums, nicht ruhte, während er in die Schule ging.

Mit 26 Jahren war er leitender Ingenieur bei der Dresdner Präzisionsmaschinenfabrik »Universelle«, die seine zweite bedeutende Erfindung in Serienproduktion nahm: ein Gerät, das optische Impulse in mechanische Bewegung umzusetzen verstand und mit dem Zigaretten hundert- oder wer weiß wievielmal rascher gepackt werden konnten, als Frauen- und Mädchenhände dies bis dato zu tun vermochten. Mit 28 Jahren wurde Körber technischer Direktor dieses sehr großen Betriebes, der bei der Zerstörung Dresdens fast völlig vernichtet wurde.

Ohne irgendwelches Zubehör kam er 1946 in Hamburg an und begann bald darauf, mit sechs Mitarbeitern in Bergedorf eine neue Existenz aufzubauen. Werkstatt und Büro waren 16 Quadratmeter groß – heute beansprucht allein sein Hauptunternehmen 150000 Quadratmeter, also rund 15 Hektar. Er ist der Zigarette treu geblieben, die sein Schicksal wurde, und baut dort die Maschinen, auf denen Filterzigaretten hergestellt werden.

Kurt Körber ist der einzige Monopolkapitalist, dem ich in meinem Leben begegnet bin: Neun von zehn Filterzigaretten, die irgendwo auf der Welt geraucht werden, sind auf seinen Maschinen hergestellt worden; auch die in der Sowjetunion fabrizierten, was, um auf unsere Reise zurückzukommen, die Russen immer besonders verblüffte.

Schon 1950 hatte der Erfinder begonnen, eine ganz neue Hochleistungsmaschine für die Herstellung von Filterzigaretten zu entwickeln, aber der Weltmarkt wurde damals von den Amerikanern beherrscht, und das Ganze war ein rechtes Hasardspiel. Doch zum richtigen Erfinder gehört ja wohl auch Fortune: Im Jahr 1954 – die Maschine war gerade soweit fertig, daß die Serienproduktion beginnen konnte –, lief eine Schreckensnachricht, durch die Massenmedien zu Donnerhall verstärkt, rund um die Welt: »Lungenkrebs wird durch Zigarettenrauchen vielleicht ausgelöst, wahrscheinlich gefördert.« Die Reklame für Filterzigaretten lief auf hohen Touren, niemand wollte mehr normale Zigaretten rauchen. 1955 nahm die Nachfrage nach Körbers Maschinen weltweites Ausmaß an. In einem Jahr mußte er hundert viermotorige Frachtflugzeuge chartern, um die Wünsche der amerikanischen Zigarettenindustrie zu befriedigen.

Kurt Körber

Bis zurück in jenes Jahr datiert auch der Beginn von Körbers vielfältigem Mäzenatentum. Damals, 1955, gründete er in Hamburg die Stiftung »Wiederaufbau Thalia-Theater«. Auch gehörte er zu den Initiatoren jener Stiftung, die sich den Wiederaufbau der Staatsoper in der Hansestadt zum Ziel gesetzt hatte. Für drei geschlossene Aufführungen, die der Belegschaft – heute über 3000 Mitarbeitern und ihren Ehefrauen – zur Verfügung stehen, mietet Kurt Körber seit 1956 alljährlich die Oper und das Thalia-Theater. Und schließlich wurde er ein unentbehrliches Mitglied des Kuratoriums »Stiftung Hamburger Kunstsammlungen«. Die Stiftung verdankt dem Bergedorfer Unternehmer unter anderem ein Werk von Gauguin und eine Bronze-Figurengruppe der 1959 verstorbenen berühmten französischen Bildhauerin Germaine Richier.

Diese Aktivitäten sind weniger bekannt. Allseits gerühmt hingegen sind seine Bergedorfer Taten, die sich dadurch auszeichnen, daß er stets sehr geschickt die Initialzündung für neue Fortbildung legte und damit dann den Staat oder die Kommune zwang, die weitere Finanzierung zu übernehmen. So gründete er in Bergedorf 1956 eine staatlich anerkannte, private Ingenieurschule für die tabakverarbeitende Industrie. Ein Jahr später legte er mit 6,3 Millionen Mark den Grundstock für eine sechssemestrige Ingenieurschule, die für 400 Studenten vorgesehen war, deren Kapazität aber auf 1200 erweitert wurde, nachdem der Hamburger Staat – angeregt durch Körbers Idee – zusätzliche Mittel zur Verfügung stellte. Inzwischen ist diese Fachhochschule so angewachsen, daß der Hamburger Staat sie übernommen hat.

Körber hatte ferner ein Lehr- und Forschungsinstitut gegründet, in dem Industrieführungskräfte ausgebildet wurden; mit ihrer Hilfe hat er unter Zuziehung ihm befreundeter Professoren neue medizinische Geräte hergestellt, die dringend benötigt werden. Im Zusammenhang damit hat er ferner eine neue Spezies von Experten herangebildet: Bio-Ingenieure. Die ersten 30 dieser Gattung hat er selbst ausgebildet, dann hat der Staat erkannt, wie nützlich diese Leute sind, und darum die Weiterführung übernommen.

Schließlich gibt es heute das sogenannte Körber-Kolleg, in dem

Hochschulabsolventen im Rahmen eines 18monatigen Trainee-programms für die führenden Positionen der Körber-Betriebe herangebildet werden. Zur Zeit befinden sich dort zusätzlich zehn Russen – alles *post graduates* –, die für Managerpositionen in der Sowjetunion präpariert werden; der großzügige Körber sorgt dafür, daß sie ein paar Monate auch in seinen Betrieben in Frankreich und Amerika verbringen können.

Eine seiner Erfindungen, die mir besonders imponierte, ist folgende: Um sich allmählich zu loszulösen, andererseits aber die Führung seines Unternehmens nicht abrupt aus der Hand zu geben, hat er nach dem Schema des binomischen Lehrsatzes einen Zehnjahres-Urlaubsplan entwickelt, der ihn seit seinem 55. Lebensjahr jedes Jahr soviel mehr Wochen Urlaub machen ließ, daß er schließlich an seinem 65. Geburtstag das Ziel »365 Tage Freiheit« erreichte.

Aber ein so einfallsreicher, ruheloser Geist kann nicht abschalten. Nachdem jener Zeitpunkt erreicht war, hat er es fertiggebracht, sich noch ein zweites Monopol zuzulegen, und das kam so: In Bergedorf gab es einen kleinen Betrieb, dessen Besitzer Blohm Schleifmaschinen herstellte. Das Unternehmen kränkelte und brach schließlich zusammen. Die Belegschaft – es ging um über 200 Leute – sollte nicht auf der Straße enden, schon darum nicht, weil Bergedorf Helmut Schmidts, des damaligen Kanzlers, Wahlkreis war. Körber übernahm den Betrieb und kaufte das Grundstück.

Blohm hatte sich als Hersteller von Flachschleifmaschinen einen Namen gemacht. Körber setzte aber auf die Entwicklung von modernen Schleifzentren für die Turbinenbranche und die Automobilindustrie, dort hatte er große Zukunftschancen ausgemacht. Er forschte und experimentierte drei Jahre lang und erfand eine Maschine, die den Prozeß, der bisher zwölf Operationen auf einer Vielzahl Maschinen benötigte, derart reduzierte, daß sie von einem rechnergesteuerten Schleifsystem verrichtet werden konnten – überwacht von lediglich einem Anlagenführer. Nach einigen Mühen gelang es dem Erfinder, diese Produktionsstraße in England und Amerika einzuführen, und heute ist er der in der Welt führende Lieferant dieser Schleifmaschinen. Die Gesamtinvestition in die ehemalige Firma Blohm von 100 Millionen DM beginnt sich heute zu rentieren.

Als Körber 1961 zum erstenmal zu einem »Bergedorfer Gespräch« einlud, dachten manche Intellektuellen: »Ja, wenn's Hamburg wäre, aber wer wird schon nach Bergedorf gehen?« Doch mittlerweile sind diese Gespräche zur festen Institution geworden (im Jahr werden drei bis vier abgehalten), findet sich die geistige Prominenz Europas, die doch inzwischen eher diskussionsmüde ist, in Bergedorf zusammen – allerdings seit Jahren nicht mehr nur in Bergedorf, sondern in vielen Städten West- und Osteuropas und in Übersee –, um Grundprobleme der freien Industriegesellschaft zu diskutieren. Die behandelten Themen? »Bedroht die Pressekonzentration die freie Meinungsbildung?« – »Freiheit als Störfaktor in einer programmierten Gesellschaft« – »Planung in der freien Marktwirtschaft«.

Der Erfinder, kinderlos, hat sich vor über dreißig Jahren entschlossen, die Körber AG, die acht selbstgegründete Betriebe und elf hinzuerworbene umfaßt (1,2 Milliarden Umsatz, 7000 Mitarbeiter, keine Schulden), in eine Stiftung einzubringen, deren Erträge ausschließlich für Gemeinschaftsaufgaben verwendet werden dürfen. Die Stiftung stellt jährlich rund sieben Millionen DM für wissenschaftliche, kulturelle und soziale Zwecke zur Verfügung. Die Zwecke sind übrigens nicht nur sinnvoll, sondern meist auch spitzfindig ausgetüftelt. So geht es bei einem Schülerwettbewerb, an dem seit 1973 etwa 50000 Schüler teilgenommen haben, um deutsche Geschichte; man kann also annehmen, daß nun wenigstens jene 50000 sich intensiv mit der Geschichte ihres Landes beschäftigt haben.

Vorbildlich erscheint mir ein Geschenk, das er der Stadt Hamburg zu deren 800. Geburtstag gemacht hat, weil es fortzeugend Gutes muß gebären. Um die alten, dem Verfall anheimgegebenen Deichtorhallen zu erhalten, hat Körber 25 Millionen DM gestiftet. Aber der »Anstifter«, wie er sich selber gerne nennt, läßt es nicht dabei bewenden – um seine Mitbürger zum Mäzenatentum zu erziehen, ersann er folgende List:

Bei den Restaurierungsarbeiten wurde im Kellergewölbe ein Wald von 150 Stützpfeilern entdeckt, Körber ließ sie mit Kacheln

314

verkleiden und erklärte, jeder Hamburger Bürger könne seinen Namenszug und das Geburtsdatum gegen Zahlung von fünf Mark auf einer solchen Kachel verewigen. Den Betrag, der dabei zusammenkomme, werde er durch eigene Zahlung verdoppeln und den Gesamterlös dann einem Fonds zuführen. Der daraus erwachsende Zinsgewinn – in diesem Jahr wird es eine fünfstellige Zahl sein – soll unter den »Deichtorhallenträgern« verlost werden. Der Gewinner darf seinen Gewinn aber nicht einfach einstecken, er muß ihn vielmehr einem gemeinnützigen Zweck zuwenden. Dabei malt Körber sich mit Vergnügen aus, wieviel Freude der Betreffende daran haben wird, plötzlich auch Mäzen sein zu können.

Er selber kennt diese Befriedigung aus vielfachen Ehrungen. Seine Stiftung stellte bisher mehr als 200 Millionen DM für die verschiedensten Zwecke zu Verfügung. Wahrscheinlich gehört das Geschenk, welches er im vorigen Jahr der von ihm geliebten Stadt Dresden zukommen ließ, zu seinen besonderen Freuden. Während die meisten Wohlmeinenden nur Hilfen erwogen und von Zuwendungen gesprochen haben, hat Körber sogleich gehandelt. Er hat drei Mercedes-Seitenkipper-Lastwagen, beladen mit elf Putzmaschinen zur Herstellung von Außen- und Innenputz, ferner zehn Schnellaufzüge für Dacharbeiten sowie Hochdruckdampfgeräte zum Reinigen von Fassaden nach Dresden geschickt, »um wenigstens einen Anfang zu machen«.

Nach dem Umbruch in der DDR mietete die Körber-Stiftung das Gästehaus der Stadt Dresden, um, wie Kurt Körber sagte, »für Stiftungsaktivitäten gleich vor Ort zu sein«. Das schöne Gebäude war dringend renovierungsbedürftig, und so kam es, wie es kommen mußte: Körber, der während der ersten Monate einen Großteil seiner Zeit in Dresden verbrachte, hat mit der Renovierung schon begonnen.

Als ich Körber, kurz bevor er den Entschluß verkündete, eine Stiftung zu gründen, die alle Anlagen und sein Privatvermögen erbt, fragte, was er denn für die wichtigste Bestimmung seiner Verfügung halte, antwortete er: »Die wichtigste hätte ich beinahe vergessen. Ich habe sie gerade nachgetragen, nämlich, daß ich mit 75 Prozent der Stimmen eines Gremiums, das sich aus leitenden

Mitarbeitern und Arbeitnehmervertretern meiner Firma, dem Arbeitgeberverband, der Gewerkschaft, meiner Stiftung, der Hausbank und dem Wirtschaftsprüfer zusammensetzt, abgesetzt werden kann – denn das Gefährliche ist ja, daß man selber nie merkt, wenn man zu vertrotteln beginnt.« Diese Regelung galt für die Körber-Unternehmen als Kommanditgesellschaft. Heute, nach erfolgter Umwandlung der Unternehmensgruppe in eine Aktiengesellschaft, übt der Aufsichtsrat seine Funktion aus, zu der auch die Bestellung des Vorstandsvorsitzenden als Körbers Nachfolger gehört.

Kurt Körber, der mit geflissentlicher Selbstironie behauptet, er erwache jeden Morgen mit dem Wort »Profit« auf den Lippen, kennt eigentlich nur ein Begehren: Er möchte das moralisch-ethische Bewußtsein seiner Zeitgenossen wecken und schärfen; er möchte vor allem seine Kollegen, die Unternehmer, zum Stiften anregen und dazu, materiellen Nutzen in geistige Werte umzuwandeln. »Die marktwirtschaftliche Gesellschaft darf sich nicht im Verdienen erschöpfen, sie muß die gewonnenen materiellen Mittel für ethische und kulturelle Werte einsetzen.«

Namenregister

Die kursiven Seitenzahlen verweisen auf Porträtfotos

317

319

Abbildungsnachweis

Archiv für Kunst und Geschichte, Berlin: 23 (Fotograf: Erich Lessing, Wien);
255 (Fotograf: Bruni Meya)

Marion Gräfin Dönhoff Privatbesitz: 127 (Fotograf: Klaus Kallabis, Hamburg)

Ullstein Bilderdienst, Berlin: 249 (Poly-Press, Bonn)

Trotz größter Sorgfalt konnten die Urheber des Bildmaterials in vielen Fällen
nicht mehr ermittelt werden. Es wird gegebenenfalls um Mitteilung gebeten.